GAIGE KAIFANG
XINSHIQI DE

改革开放新时期的
德育理论与实践研究

DEYU LILUN YU SHIJIAN YANJIU

张文杰 著

陕西新华出版

陕西人民出版社

图书在版编目（CIP）数据

改革开放新时期的德育理论与实践研究 / 张文杰著.
—西安：陕西人民出版社，2023.6
ISBN 978-7-224-14943-2

Ⅰ.①改… Ⅱ.①张… Ⅲ.①德育—研究
Ⅳ.①G41

中国国家版本馆 CIP 数据核字（2023）第 090511 号

责任编辑：许晓光
　　　　　焦　阳
整体设计：姚肖朋

改革开放新时期的德育理论与实践研究

作　　者	张文杰
出版发行	陕西人民出版社
	（西安市北大街 147 号　邮编：710003）
印　　刷	广东虎彩云印刷有限公司
开　　本	787 毫米×1092 毫米　1/16
印　　张	14.25
字　　数	220 千字
版　　次	2023 年 6 月第 1 版
印　　次	2023 年 6 月第 1 次印刷
书　　号	ISBN 978-7-224-14943-2
定　　价	56.00 元

目录

第一章 绪论 \ 001

第一节 研究意义 \ 005

一、理论价值 \ 005

二、现实意义 \ 005

第二节 相关概念界定和阐释 \ 007

一、德育 \ 007

二、德育与德育工作 \ 008

三、改革开放新时期德育理论 \ 009

第三节 国内外相关研究述评 \ 010

一、国外相关研究综述 \ 010

二、国内相关研究综述 \ 012

第二章 追溯与生长:改革开放新时期德育理论的思想渊源 \ 021

第一节 对马克思主义经典作家德育思想的继承 \ 023

一、马克思恩格斯的德育思想 \ 024

二、列宁的德育思想 \ 028

三、毛泽东的德育思想 \ 030

第二节 对中国传统儒家德育思想的批判继承 \ 036

一、先秦儒家的德育思想 \ 037

二、后世儒家的德育思想 \ 040

三、中国传统儒家德育思想的主要特征 \ 043

四、对中国传统儒家德育思想的批判继承和发展 \ 044

第三节 对西方德育思想的扬弃 \ 047

一、古希腊先哲的德育思想 \ 047

二、中世纪德育思想 \ 050

三、近代资本主义德育思想 \ 052

四、西方德育思想的主要特征 \ 054

五、邓小平对西方德育思想的借鉴和吸收 \ 056

小　结 \ 057

第三章　内因与外因：改革开放新时期德育理论的生成条件 \ 059

第一节 改革开放新时期德育理论生成的客观条件 \ 061

一、对新中国成立以来德育经验教训的总结 \ 61

二、对苏东剧变思想文化根源的反思 \ 064

三、对西方"和平演变"战略的应对 \ 066

第二节 改革开放新时期德育理论生成的主观条件 \ 070

一、坚定的马克思主义信仰 \ 070

二、以天下为己任的人民情怀 \ 072

三、追求实效的工作作风 \ 076

四、勇于突破的创新精神 \ 077

五、面向未来的远见 \ 081

小　结 \ 085

第四章　萌芽与孕育：改革开放新时期德育理论的历史脉络 \ 087

第一节 改革开放新时期德育理论的萌芽(1975—1978年) \ 090

一、对教育科学文化领域的整顿 \ 090

二、对德育的拨乱反正 \ 092

三、打破教育战线上"左"倾思想禁锢 \ 093

第二节 改革开放新时期德育理论的酝酿(1978—1987年) \ 094

一、德育工作的新起点 \ 094

二、德育工作社会主义方向的确立 \ 095

三、德育工作的精神文明向度 \ 096

四、基层德育工作的全面开展 \ 098

第三节 改革开放新时期德育理论的发展(1987—1992年) \ 102

一、思想政治教育与德育关联的再反思 \ 102

二、德育工作社会主义方向的再强化 \ 103

三、党性教育的德育之途 \ 105

第四节 改革开放新时期德育理论的成熟(1992—1997年) \ 107

一、德育评价论 \ 107

二、德育效用论 \ 108

三、德才兼备论 \ 109

四、德育功能论 \ 110

小 结 \ 111

第五章 革新与突破：改革开放新时期德育理论的内容架构 \ 113

第一节 "四有"新人的德育目标 \ 116

一、理想信念教育 \ 117

二、基本道德规范的自律教育 \ 118

三、科学文化知识教育 \ 120

四、遵纪守法的他律教育 \ 121

第二节 "三个面向"的德育价值维度 \ 123
　一、面向"现代化"的传统价值 \ 124
　二、面向"世界"的民族价值 \ 126
　三、面向"未来"的现实价值 \ 128

第三节 德育的文明之基 \ 129
　一、社会主义物质文明是德育的现实基础 \ 129
　二、德育是社会主义物质文明的精神动力 \ 130
　三、德育是社会主义精神文明的重要组成部分 \ 131
　四、德育与社会主义精神文明具有协调共生性 \ 133

第四节 德育的政治保证 \ 135
　一、社会主义道路是德育的政治方向 \ 135
　二、无产阶级专政是德育的制度保障 \ 136
　三、中国共产党领导是德育的组织保证 \ 137

小　结 \ 138

第六章　反观与表达：改革开放新时期德育理论的基本特质及方法论特色 \ 139

第一节 改革开放新时期德育理论的基本特质 \ 141
　一、解放思想与实事求是的辩证统一 \ 141
　二、继承性与创新性的辩证统一 \ 142
　三、政治性与思想性的辩证统一 \ 144
　四、理论性与应用性的辩证统一 \ 145

第二节 改革开放新时期德育理论的方法论特色 \ 146
　一、说服教育与示范教育相结合 \ 146
　二、物质鼓励与精神鼓励相结合 \ 147

三、批评与自我批评相结合 \ 149

　　四、自律与他律相结合 \ 150

小　结 \ 151

第七章　转化与融合：改革开放新时期的德育实践研究 \ 153

第一节　江泽民对改革开放新时期德育建设的原创性贡献 \ 155

　　一、将"三个代表"重要思想融入德育教育内容 \ 157

　　二、发挥知识分子在德育中的作用 \ 158

　　三、重视社会主义民主法制教育 \ 160

第二节　胡锦涛对改革开放新时期德育建设的原创性贡献 \ 161

　　一、将社会主义荣辱观融入德育教育内容 \ 161

　　二、强调"以人为本"的精神要义 \ 162

　　三、倡导社会主义核心价值体系 \ 162

第三节　习近平对改革开放新时期德育建设的原创性贡献 \ 163

　　一、将立德树人融入德育教育内容 \ 163

　　二、处理好大德、公德与私德之间的关系 \ 165

　　三、提倡构建人类命运共同体 \ 166

小　结 \ 167

第八章　共进与创新：改革开放新时期德育建设的当代价值 \ 169

第一节　"求用尚效、聚焦民心"为依据的实用价值 \ 171

　　一、解放生产力与发展生产力为根本 \ 172

　　二、倡导物质利益与革命精神相结合 \ 174

　　三、实现人民共同富裕的理念 \ 175

第二节　"对话沟通、和而不同"为意旨的交往价值 \ 179

　　一、打破两种社会制度的意识形态壁垒 \ 179

二、汲取人类德育文明的优秀成果 \ 181

三、抵御各种腐朽文化思想的侵蚀 \ 182

第三节 "崇实尚行、与时俱进"为要旨的实践价值 \ 184

一、依法治国与以德治国相结合 \ 184

二、德育为全面深化改革提供思想保证 \ 186

三、德育与社会主义精神文明建设协调统一 \ 188

第四节 "求知求做、德文合一"为判据的人文价值 \ 188

一、德育与自由相结合 \ 189

二、德育与人的解放相结合 \ 190

三、德育与人的全面发展相结合 \ 192

四、德育与劳动相结合 \ 198

第五节 "薪火相传、形上诉求"为旨意的情感价值 \ 199

一、德育的爱国主义情怀 \ 201

二、德育的集体主义观照 \ 203

三、德育的社会主义聚焦 \ 205

小 结 \ 207

结 语 \ 208

参考文献 \ 210

第一章

绪 论

改革开放新时期的德育理论与实践，是对我国社会主义德育建设经验的归训总结和实践指南，主要回答新时期中国特色社会主义现代化建设中"什么是德育、如何开展德育"这一重大时代课题，为党的德育工作主动迈向中国的现代化指明发展的方向。改革开放新时期的以邓小平为代表的中国共产党人站在社会主义初级阶段的基本国情的历史方位上，用科学社会主义的理论与实践审视我国的现代化建设，剖判社会主义的本质，提出要不断满足人民日益增长的物质文化需要。在社会主义现代化建设的过程中，我国新时期的德育工作也随着社会变革得到全新的发展，涵盖社会主义"四有"新人、物质文明和精神文明"两手抓、两手都要硬"、四项基本原则、"三个面向"等内容，形成具有中国特色的德育理论。本书把改革开放新时期德育理论与实践作为研究主题的主要依据如下：

第一，我国德育关涉培养社会主义建设者和接班人的重大问题，根本在于解决好培养什么样的人，核心是解决好人的思想政治问题和道德品性问题。这是因为，"培养什么人，是教育的首要问题"[①]。德育不同于其他一般性的人文社科教育，是一种涵盖思想教育、伦理教育、政治教育和品德教育等内容的教育活动。同时，人的思想政治状况会直接或间接地影响社会生产力的良性发展和社会主体正当利益的实现，这是德育工具性的职能体现。改革开

[①]《习近平在全国教育大会上强调 坚持中国特色社会主义教育发展道路 培养德智体美劳全面发展的社会主义建设者和接班人》，《思想政治工作研究》2018年第10期。

放以来，我国社会整体迈入常规化稳态运行的过程中，德育的思维视角也发生了相应的变化，中国特色社会主义德育逐步实现从服务于社会主义现代化建设到德育现代化的功能性转变，内在要求处理好建设高度的物质文明和高度的精神文明之间的辩证关系，致力于培育全面发展的社会主义"四有"新人。

第二，对改革开放新时期德育理论的研究有助于更加全面地把握中国特色社会主义理论体系。改革开放新时期德育思想作为中国特色社会主义理论体系的思想内容之一，是关于德育工作的基本观点和主要内容，也是当代马克思主义德育理论在中国的科学运用与发展。它在遵循社会主义德育基本规律的基础上，不断解决改革开放以来德育实践出现的新情况、新问题和新要求，是新时期我国德育工作的指导思想。本书立足于改革开放和社会主义现代化建设新时期的伟大实践，挖掘德育实践背后蕴含的理论内容，把握改革开放新时期德育发展的历史地位和现实意义，阐发改革开放新时期德育的当代价值，进一步加深和丰富对中国特色社会主义理论的理解。

第三，新时代，我国社会实践中的德育建设还存在的问题是对改革开放新时期德育思想展开研究的现实依据。党内生活中的形式主义、官僚主义、享乐主义、奢靡之风的思想观念问题，青少年中存在的理想信念丧失、价值观扭曲、精神空虚、迷茫等心理问题，社会生活中的利益至上、信任危机、道德滑坡、道德沦丧等道德问题的出现都需要科学的德育理论的指导。对此，改革开放新时期德育思想中蕴含的爱国主义教育、集体主义教育和社会主义教育、党的基本路线教育、社会主义民主法制教育、艰苦奋斗的理想信念教育、社会主义道德风尚教育、反对资产阶级自由化的思想等理论内容对新时代中国特色社会主义德育建设仍具有借鉴意义。

因此，改革开放以来，由于社会运行状态的变化，德育工作的要求和重点也随之变化，德育思维从服务于革命运动转变为服务于社会主义建设和人的自身建设。改革开放新时期的德育思想对我国改革开放和社会主义现代化德育建设具有重大贡献和历史价值，也对关注人的德性修养和德性建设产生时代价值。近年来，德育建设在中国特色社会主义现代化建设中的地位越来越高，加强对改革开放新时期德育理论与实践的研究，是遵循社会主义德育建设基本规律的表征，是探索德育建设新思路的有效前提。这是一个德育理论创新的研究过程,也是对德育具体实践经验的总结过程。

第一节 研究意义

一、理论价值

改革开放新时期德育理论孕育和产生于社会主义现代化建设的历史进程中,是我国德育实践迈向现代化的精神产物。随着时代环境的变迁,马克思主义德育理论必然在思想重点、思维方式、理论内容、理论形态、德育方法论、德育目标等方面发生转变。受到社会历史条件的制约,从马克思、恩格斯、列宁、斯大林到毛泽东,主要是鼓励采取革命斗争和政治运动的方式解决德育问题,这样的方法对于革命和战争年代的社会平稳运行曾产生过积极的效应。20世纪80年代以来,世界社会主义国家的发展虽不稳定,但和平与发展的主题已经成为时代演进的总趋势,改革开放新时期德育正是在这样的历史背景下形成与发展起来的,它是针对我国改革开放以来思想战线和理论战线中的德育问题而概括出来的历史经验,具有鲜明的中国特色和中国立场。邓小平把德育工作从"以阶级斗争为纲"的思想中解放出来,从马克思主义理论联系实际的唯物史观出发,以解放思想、实事求是的思想路线为先导,把德育贯穿于改革开放和社会主义现代化建设的过程中,开创了德育建设创新与发展的新局面,形成适应中国国情和时代诉求的德育思想体系。

二、现实意义

20世纪80年代之后,我国逐步将国家和社会发展的主要任务转移到经济建设上,此时,德育的历史贡献主要体现在服务于社会主义经济建设的总目标。1982年,党的十二大的召开成为德育工作的重要转折点,提出要把物质文明与精神文明共同纳入社会主义现代化建设过程中。德育作为社会主义精神文明建设的重要组成部分,邓小平提出关于"四有"新人、"三个面向"的社会主义人才培养目标,致力于为社会主义现代化建设做好积极的人才应对战略。之后,在面对国内外敌对势力的袭扰和部分青年学生思想混乱、学潮迭起的现实困境下,邓小平强调,要坚持四项基本原则的思想教育,批判资产阶级自由化的错误倾向,及时扭转德育工作的不利局面。20世纪90年代,在

"南方谈话"与党的十四大精神的引领下，德育工作随着改革开放的深入发展转移到与社会主义现代化建设相适应的更完善的平台上。因而，改革开放新时期德育思想是建立在社会实践和历史积淀的基础上，紧扣德育工作面临的重大理论与实践问题，对德育的现代化建设做出科学化和合理化的剖判，把握历史的契机和使命，推动社会的平稳运行和持续发展。对于改革开放新时期德育理论与实践的研究，具有以下几方面的现实意义：

第一，改革开放新时期德育理论主要是针对建设中国特色社会主义事业中具体的思想问题和道德问题而提出的。改革开放以来，追求利益最大化的心理诱发了官僚主义、拜金主义、享乐主义和个人主义等错误思想，尤其是资本主义意识形态和价值观念的输入诱导产生的崇洋媚外思想、西方"和平演变"思潮中渗透的资产阶级自由化思想对我国社会的维稳与健康发展造成诸多消极影响，甚至使一部分人对改革开放的政策产生质疑。国内思想政治状况的一系列不安定因素加速了邓小平德育理论的形成，以解决我国思想道德领域和意识形态领域出现的新矛盾、新情况和新问题。

第二，有助于解决我国在社会主义现代化建设过程中长期以经济建设为中心而忽略德育建设的现实困境。我国在社会主义初级阶段以经济建设为中心，一方面，极大地转变国内的经济发展状况，改善人们的物质生活状态；另一方面，无法规避地给人们的精神生活带来了一定的负面影响，思想困惑、精神萎靡、迷茫困顿、道德滑坡、抑郁焦虑等。在改革开放和社会主义现代化建设走向成熟的过程中，德育建设从服务于社会主义经济建设逐步转变为德育现代化的主体性地位，有利于深化当代中国特色社会主义德育理论的创新性发展和创造性转变，实现社会主义精神文明和社会主义物质文明齐抓共管的历史性转变。

第三，有利于实现培育具备社会主义和共产主义信仰，对国家有使命感和责任感的社会主义新人的德育目标。邓小平在继承马克思主义德育思想和毛泽东德育思想的基础上，构建出全员育人、全过程育人和全方位育人的"大德育"框架，分析和解决我国新时期德育工作的新问题和新情况，提出培养有理想、有道德、有文化和有纪律的社会主义"四有"新人的德育目标。

第四，改革开放新时期德育理论来源于中国改革开放和社会主义现代化建设的伟大实践，具有强大的生命力和现实指导意义，对当前新时代德育工作的发展和实现中华民族伟大复兴的中国梦具有一定的启示意义。我们党对社会主义精神文明中德育的重视是长期从事中国革命、建设和改革实践的经验总结的结果。深入挖掘改革开放新时期德育理论的当代价值，把坚定正确的政治方向作为德育的首要目标，培育为社会主义现代化建设服务的建设者和接班人，有利于我国改革开放和社会主义现代化事业沿着科学化的方向发展。

第二节 相关概念界定和阐释

一、德育

对核心概念的具体性界定是本书全面展开的前提条件。"德育"概念的演变是一个不断扩大内涵与外延的过程。"德育"从狭义上是指道德教育。"德育"的概念最早始于1902年《钦定京师大学堂章程》，"外国学堂于知育体育之外，尤重德育"①。尔后，王国维、唐钺、王克仁、余家菊等在书中均将"德育"一词界定为"道德教育"。新中国成立后，由于受到国内外政治环境的综合影响，"德育"的内涵主要是被认定为政治教育。到了20世纪80年代，纯粹性的政治教育无法真正地解决人们的思想问题和道德问题，其中的政治教育与思想教育选取的教育方法、教育路径、教育手段和教育内容等都存在较大的差异。于是，管理世界观、价值观与人生观的思想教育从政治教育中得以分化出来，被引入到德育概念中。从1988年到1995年，对"德育"概念的界定加入了"品德教育"。在《中共中央关于改革和加强中小学德育工作的通知》（1988年12月25日）中强调："德育即思想品德和政治教育"。在《中小学德育工作规程》（1998年3月）中规定："德育即对学生进行政治、思想、道德和心理品质的教育。"

总之，这里的"德育"既具有意识形态性，也具有人文性和育人性。第一，德育在外延上属于教育活动，具有较强的意识形态性但也并不完全属于政治

---

① 班华：《现代德育论》，安徽人民出版社2001年版，第9页。

活动或者宣传工作，是一种培育正确的世界观、人生观和价值观的教育行为；第二，其内涵丰富，囊括了道德教育、政治教育、劳动教育、思想教育、纪律教育、心理教育和法制教育等；第三，德育目标是为了培育社会或统治阶级所需要的合格人才，在我国主要表现为培育有理想、有道德、有文化、有纪律的社会主义建设者和接班人。

二、德育与德育工作

由于"德育"和"德育工作"的概念在内涵和外延上有非常密切的联系，长期被当作同一概念来使用。对"德育"和"德育工作"概念的探讨和研究，有助于廓清理论误区，扩展理论空间，便于构建中国特色社会主义德育理论体系。

第一，在概念定义上，这里关于"德育工作"的主要内容，与思想政治工作的内容相近。1940年3月，在延安抗日军政大学第五期学生的毕业大会上，陈云第一次提出"思想政治工作"的概念，指的是端正党的路线、方针和政策[①]。周中之、石书臣认为思想政治工作是"政治工作中的思想部分和思想工作中的政治部分的总和"[②]；冯刚认为思想政治工作是无产阶级政党在革命、建设和改革过程中为引导人们学习、认同和掌握马克思主义的科学理论而进行的动员、宣传、教育等诸方面的工作[③]。而这里的"德育"主要指与"思想政治教育"相接近的内容。关于"思想政治教育"的概念：1950年，"思想政治教育"的概念最早是在第一次全国学校工作会议上被提出来；邱伟光、张耀灿认为思想政治教育是"思想政治工作的主要的或基本的内容"[④]；2016年版的马克思主义理论研究和建设工程重点教材《思想政治教育学原理》中提出："思想政治教育是教育者与受教育者根据社会和自身发展的需要，以正确的思想、政治、道德理论为指导，在适应与促进社会发展的过程中，不断提高思想、

[①] 刘建军、曹一建：《思想理论教育原理新探》，高等教育出版社2006年版，第1页。

[②] 周中之、石书臣：《现代思想政治教育理论与实践探微》，人民出版社2009年版，第9页。

[③] 冯刚、曾永平：《"思想政治工作"与"思想政治教育"概念辨析》，《思想理论教育》2018年第1期。

[④] 邱伟光、张耀灿主编：《思想政治教育学原理》，高等教育出版社1999年版，第4页。

政治、道德素质和促进全面发展的过程。"①

第二,二者在内涵和外延上也存在不同之处:在内涵上,德育比德育工作更加强调育人性、理论性和系统性。其一,育人性就是指针对具体的人的思想心理特征,德育会吸收很多教育学的观点和方法来培育和提高人的思想道德素质。其二,理论性是指德育更加强调基础理论的研究,是一种包含政治教育、思想教育、道德教育、心理教育、法制教育等内容的教育活动,更强调理论性;德育工作与之相比更加注重实证研究,是对德育的具体工作的实践部署,指的是在坚持党的指导思想的理论前提下,引导人们形成科学完善的世界观、人生观和价值观,更强调实践性。其三,系统性是指德育试图不断构建一个相对完善的宏观的理论体系,而德育工作是具体性的实践活动的总和。在外延上,德育工作的适用范围比德育更广,它包括宣传、党建、精神文明建设、组织和维稳等相关性的工作。

第三,在主体上,德育是指学校德育、家庭德育、社会德育等,注重人才的全面发展;德育工作一般指代的是社区、军队以及企业的德育工作等,注重解决国家、社会、不同社会群体中的具体现实问题。总之,没有把握德育工作与德育两者的本质特征,实质上磨平了两者的根本区别。

三、改革开放新时期德育理论

德育的过程是一个把统治阶级的意识形态内容社会化的过程。然而,德育与意识形态是两个有着细微差异的不同概念:意识形态是伴随国家和统治阶级的产生而萌芽延展,德育的关键则在于"育",通过开展对于人的德育观及其行为实践的研判,揭示人的德性修养的理论根据和形成条件,揭示德育运动规律的前提性根据和实现形式,发掘德育观形成、运演、发展的价值合理性和历史正当性,是一条事关思想教育、道德教育和政治教育的重要路径。本书主要是针对改革开放新时期的德育思想和德育工作的历史脉络展开研究,需要注意的是,改革开放新时期德育理论不只是针对青少年的道德教育,而是一种针对全社会视阈下的道德教育,其道德教育的内容渗透和散见于具体性的德育工作中,要想比较全面地纵观改革开放新时期德育理论体系的全貌,

---

①郑永廷:《大学生思想政治教育理论与实践》,高等教育出版社2009年版,第2页。

必须深入而全面地挖掘关于德育工作的具体部署,并且,应把对改革开放新时期德育思想的研究归放在德育史的境遇下考察,全面地认识其历史地位与当代价值。在对文献梳理的过程中,常常发现学术界对改革开放新时期德育理论和德育工作的概念存在认知上的偏差,对此,将对两者的关系进行力所能及的甄别与解释。

第三节 国内外相关研究述评

一、国外相关研究综述

由于国外对改革开放新时期德育理论与实践的研究资料有限,这一部分的综述内容主要从与我国德育相类似的公民教育的角度入手,通过分析德育与公民教育的异同,说明德育与公民教育是具有差异性的两个概念。

德育和公民教育都具有鲜明的意识形态性,具有维护统治阶级的政治秩序和传播主流思想观念的功能。纵观人类社会的发展,任何阶级社会中的统治阶级为了满足维护自身统治地位的政治目的,会把其意识形态通过各种教育的途径渗透到社会群体中,使主流意识形态能够得到普遍认同。"意识形态"的概念最早是由法国哲学家德崔希伯爵于1796年提出的,指的是"观念的科学"[1]。之后这一概念很快在哲学、政治学领域中流行起来,但是一直未有人对其进行概念的阐释。到了20世纪中期,意识形态领域的各种斗争愈演愈烈,一些社会主义国家的理论工作者和思想家开始试图对其进行概念性的解释。葛兰西和阿尔都塞认为意识形态的社会职能不仅能够维护当下现存的社会和政治秩序,而且更重要的是可以形塑各种政治文化和思想,将意识形态的价值与内涵植入人民的思想观念,形成特定的世界观和价值观,以此作为促进国家统治合法性和巩固政权的基础。[2] 这充分展示了意识形态的政治职能。意识形态具有解读国家权力和国家意志的功用,而这也成为国家政治建设中价值体系和信仰的一部分。因此,马克思主义认为意识形态是统治阶级

---

[1]《简明大不列颠百科全书》(第九卷),中国大百科全书出版社1986年版,第101页。
[2] 曹海军:《中国共产党意识形态建设的政治理论分析》,《中国青年政治学院学报》2009年第1期。

为其自身的根本利益、巩固其阶级统治的政治秩序而构建起来的思维体系，反映的是掩盖社会矛盾、曲解实践生活和歪解人类历史的虚假概念。

世界上的多数国家一般采用公民教育的方式来完成意识形态的政治职能。法国、意大利、匈牙利、西班牙、荷兰、新西兰等国将公民教育作为当下整体课程改革的一部分；韩国、日本和新加坡则将公民教育作为政府倡导的一项改革内容，把争论和讨论等方法引入课程中；美国、德国和瑞士的公民教育相对来说比较稳定；英国已经将公民教育纳入国家教育的课程；澳大利亚政府正在大力推动全国的公民教育，并且竭力提升公民教育在学校和社会中的地位；加拿大政府过分强调技术、科学和数学等相关学科的重要性，造成公民教育没有得到应有的重视，在当地的许多省份成为边缘课程①。而在世界全球化趋势的催促下，各国的教育模式也发生了变化，从单一化转变为相互借鉴和相互补充的发展趋势，试图在各种公民教育的模式中寻求最佳的教育途径。如东亚、北亚和中欧、西欧地区的公民教育从关注正规教育转变为关注和鼓励学生积极参与，即从"有关公民的教育"②转变为"通过公民的教育"③；澳大利亚的公民教育向"有关公民的教育"转变，突出了对本国宪法和历史的学习。

在我国，德育起着维护政治和社会秩序以及把党的意识形态体现的价值诉求和思想内涵转化为社会认同的主流意识形态的功能。随着中国现代化的发展，"淡化意识形态""去意识形态"的观点和本着创新德育的目的来提倡公民教育以代替德育的观点颇为流传。首先，定义不同。公民教育侧重于公共生活中对公民的关于政治知识、政治品质和政治能力的培养，构建良好的公民意识，促进公民更好地参与到社会主义民主生活中，行使人民当家做主的

---

①洪明、许明：《国际视野中公民教育的内涵与成因》，《国外社会科学》2002年第4期。

②有关公民的教育(education about citizenship)这类公民教育将重点放在如何做公民的知识性学习上，强调对国家历史、政体结构和政治生活过程的理解(洪明、许明：《国际视野中公民教育的内涵与成因》，《国外社会科学》2002年第4期)。

③通过公民的教育(education through citizenship)主要是指让学生通过学会如何做公民的行动，即通过积极参与学校和社会的活动来获得公民教育，这种学习不仅有助于所学的知识性内容的强化，而且有利于学生公民行为的养成(洪明、许明：《国际视野中公民教育的内涵与成因》，《国外社会科学》2002年第4期)。

权利；德育是一种意识形态的教育，培育人们树立马克思主义世界观、人生观和价值观。其次，价值取向不同。德育强调的是爱国主义和集体主义的精神内涵和道德要求，强调个人服从国家与集体；公民教育更加注重个人的政治权利，如何看待个人与国家、社会以及其他公民之间的关系。最后，教育内容不同。公民教育主要通过公民知识教育、公民品质教育和公民能力教育产生对国家和法律制度的认同感；德育则是从政治、思想、道德、心理、法制等层面对个体的世界观、人生观和价值观进行教育，以改善人们的思想政治状况和道德品质情况。因此，不能简单地将公民教育与德育混为一谈，用公民教育代替德育。

二、国内相关研究综述

相对于国外对改革开放新时期的德育理论的研究成果来说，国内主要集中的是对邓小平德育理论的研究，并已经取得一定的成果，这些参考资料对本课题的研究具有重要的参考价值。但是从掌握的文献资料来看，对改革开放新时期的德育理论体系和历史脉络还有待于进一步地归纳和完善，并且对于改革开放新时期的德育理论及其当代价值的研究还未显现。

（一）关于邓小平德育理论的主要文献

1. 专著类

主要包括以下三本：吕志敏的《邓小平德育观》（西安出版社1999年版），该书是我国第一部较为系统和全面地研究邓小平德育理论的力作。全书总共18章，分为三大部分：第一部分是总论（第1—4章），详细论述了马克思主义德育思想、德育的指导思想、德育与精神文明的关系、邓小平对传统德育的继承和发展等；第二部分是分论（第5—15章），主要论述了邓小平在德育问题上的具体观点，涵盖思想道德教育、政治教育、爱国主义、集体主义、艰苦奋斗、为人民服务、教育目标、价值观、把社会效益放在首位、效率与公平问题、经济伦理等，这部分是邓小平德育观的主要内容；第三部分是综合论述（第16—18章），主要研究德育与反腐败、德育与法律以及人权思想等，三大部分共同构建起相对完整的邓小平德育观的思想体系。

李康平、张吉雄的《邓小平德育思想研究》（中国社会科学出版社2001年版）在坚持德育的科学规定性的前提下，坚持德育内容的层次性，从德育工作的地位和作用、德育发展的战略构想、德育的主要内容、德育的原则和方法、思想政治工作的领导和建设以及德育理论的运用和发展等方面介绍邓小平德育理论的内容，结合新时期党的德育工作和思想政治工作的新特点，指出全员德育的新思路，具有突出的创新意义和现实意义。

李雪梅的《传承与超越——毛泽东邓小平思想政治教育理论比较与当代价值》（安徽大学出版社2014年版）通过分别阐释毛泽东思想政治教育理论体系和邓小平思想政治教育理论体系的形成与发展历程、基本内容、理论特色、历史贡献、经验教训等，揭示中国共产党思想政治教育的内在规律，论述了两大理论体系之间的辩证关系，并且结合新的实践探索当前思想政治教育的指导思想、理念与方法、理论内容等。

2. 论文类

通过在CNKI中文期刊全文数据库搜索篇名为"邓小平德育理论"的文献，共有215篇（以2021年6月6日搜索的结果为准）。从论文的类型来看，大部分为期刊论文，少数是学位论文。其中包含1篇博士学位论文：2010年吉林大学董蕾的《邓小平德育思想发展研究》；5篇硕士学位论文分别为：2003年东北师范大学王祖红的《邓小平德育理论及在新时期的实践与创新》、2004年延边大学刘云山的《邓小平新时期德育思想创新理论及其发展研究》、2005年西南师范大学党亚莲的《邓小平以人为本德育思想研究》、2005年东北林业大学李文秋的《邓小平、江泽民德育思想比较研究》、2007年河北大学张敏的《邓小平德育思想研究》。从论文发表的时间来看，主要是在1994年到2016年之间。其中在知网上关于此课题发表最早的是何坤在1994年第2期《高校理论战线》上的《简论邓小平的德育思想》。论文发表的高峰期是在1997年到2000年，其中1997发表17篇，1998年发表20篇，1999年发表24篇，2000年发表22篇，2001年发表15篇，2002年发表12篇，2003年发表6篇。2004年是邓小平诞辰100周年，之后的相关研究进入低潮期。2009年发表2篇，2010年发表4篇，2011年发表2篇，2012年发表1篇，2015年发表1篇，2016年发表2篇。由此可知，学术界从1994年开始对邓小平德育理论展开研究，虽然取得了一定的学术成果，但是总体研究热度不高，鲜少有人对邓小平德育理论做出全面而细致的内容梳理。

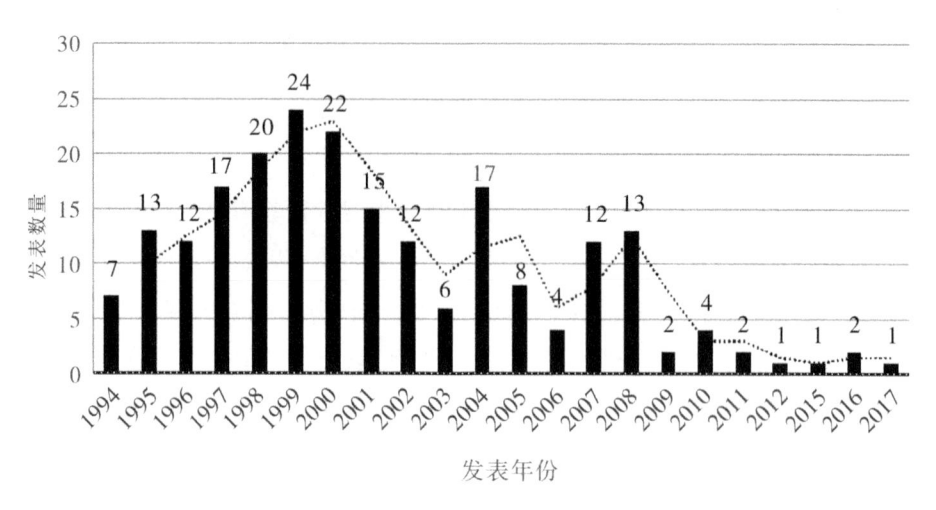

图1 1994—2017年关于邓小平德育理论的期刊论文发表情况

(二)国内学术界关于邓小平德育思想的主要内容和基本观点

1. 邓小平德育理论的立论基础

大部分学者谈论的立论基础主要包括理论基础和实践基础。学术界普遍认为邓小平德育理论在思想上继承和发展了马克思主义的德育理论、毛泽东的德育理论以及中国传统文化中的优良德育传统。李康平、张吉雄认为邓小平的德育理论继承了马克思主义的思想政治工作理论和毛泽东的思想政治工作理论①。李迪认为邓小平德育理论的思想基础是以中华民族的传统德育思想、马克思恩格斯的德育思想和毛泽东的德育思想为支撑进行创新②。而陈泽勤认为邓小平的德育思想一方面坚持了实事求是的思想路线，对马克思主义、毛泽东思想的原理和方法论进行了实践应用和理论深化，包括物质和意识的辩证关系、经济基础和上层建筑的辩证关系、认识论、实践论、人的全面发展学说等，形成了邓小平德育理论的理论基础；另一方面，从国情出发把握社会主义初级阶段的基本情况，从世情出发把握和平与发展的时代主题，形

---

①李康平、张吉雄:《邓小平德育思想研究》，中国社会科学出版社2001年版，第3页。

②李迪:《邓小平德育思想对大学生德育的指导意义》，《武夷学院学报》2016年第5期。

成了邓小平德育理论的现实依据①。赵艳霞认为邓小平德育理论的思想来源是马克思恩格斯的德育思想、列宁的德育理论、毛泽东关于德育的论述,其实践基础是同中国革命和社会主义建设紧密联系在一起的②。因此,邓小平德育理论的实践基础是我国处于并将长期处于社会主义初级阶段的基本国情和和平与发展的时代主题。但是,在对文献整理的过程中发现,关于邓小平德育理论的立论基础主要是关于其理论渊源的探讨,而没有对其经验基础展开深入的分析与梳理。

2. 邓小平德育理论的发展历程

关于邓小平德育理论的发展过程,李雪梅将其主要分为开始形成阶段(从"文化大革命"的结束到《关于建国以来党的若干历史问题的决议》的通过)、发展与充实阶段(从1982年党的十二大到1987年党的十三大)、成熟与完善阶段(从1987年党的十三大到1992年邓小平南方谈话)③。董蕾在其博士毕业论文里将邓小平德育理论的发展历程概括为在历史转折中奠定基础,在全面改革背景下形成轮廓,在反对西方思潮中深入发展,在社会主义市场经济建设背景下走向成熟,在中国特色社会主义旗帜下创新发展④。笔者认为,邓小平德育理论的发展进程是以邓小平理论体系的脉络为依托而逐步展开的,在具体的阶段划分上可以以社会主义精神文明中德育思想的具体发展变化为主线,按照我国德育工作的发展状况为基准来进行。

3. 邓小平德育理论的主要内容

李康平提出邓小平的德育内容反映了时代要求,包含有坚持党的基本路线教育、新时期社会主义道德风尚、批判拜金主义和极端个人主义的思想、鼓励先富带动后富、改善社会风气、爱国主义教育、民主法制和纪律教育等⑤。陈兴华认为邓小平的德育内容涵盖四项基本原则教育、法制教育、道德

---

① 陈泽勤:《邓小平德育思想的立论基础》,《广东社会科学》2000年第4期。
② 赵艳霞:《邓小平德育思想的当代价值》,《思想政治教育研究》2007年第6期。
③ 李雪梅:《传承与超越——毛泽东邓小平思想政治教育理论比较与当代价值》,安徽大学出版社2014年版,第120—131页。
④ 董蕾:《邓小平德育思想发展研究》,吉林大学2010年。
⑤ 李康平:《邓小平德育思想:指导德育创新的科学理论》,《教育研究》2004年第9期。

和纪律教育、艰苦奋斗教育等①。王增国、夏士雄、管红杰、易汝玲提出改革开放新时期德育工作的主要内容包括对人民的坚持四项基本原则的教育、共产主义的理想教育和纪律教育、对青年的爱国主义教育、艰苦奋斗的创业精神教育、法制教育②。邱伟光认为邓小平的德育观内容包括"三个面向"的战略观、"四有新人"的目标观、德育为首的地位观、学用一致的实效观、齐抓共管的合力观、言传身教的示范观③。赵艳霞将邓小平德育理论的内容概括为高度重视德育的战略地位、理想信念与纪律教育、艰苦奋斗与民主法制教育、爱国主义与国情教育、加强与改进新时期德育工作④。张艳、李彦虎认为邓小平德育理论以加强马克思主义的理想信念教育为根本,以开展党的基本路线教育为主线,以坚持爱国主义、集体主义和社会主义教育为主题,以坚持社会主义民主、法制和纪律教育为保障,以坚持开展社会主义道德教育为基础⑤。

4. 邓小平德育理论的基本特征

在研究邓小平德育理论的过程中能够发现很多关于邓小平德育理论的基本特征的论述,包括:科学性、前瞻性、时代性、辩证性、发展性、创新性和民族性等。如戴艳军、孙卓华、黄秀珍认为邓小平德育理论的科学体系具有科学性、务实性、前瞻性、民族性、开放性的时代特征⑥。张耀灿评价邓小平德育理论是"超越了传统,与时代共进;超越了时空,与人类文明共进;超越了物质主义,强调德育的经济和社会价值"。⑦ 李康平认为邓小平德育理论主要包含四个理论特色:解放思想与实事求是、理论性与应用性、科学性与

---

① 陈兴华:《邓小平德育思想初探》,《东北大学学报(社会科学版)》2000年第2期。

② 王增国、夏士雄、管红杰、易汝玲:《邓小平德育思想体系结构初探》,《中国矿业大学学报(社会科学版)》2001年第3期。

③ 邱伟光:《邓小平德育观的理论贡献和实践意义》,《思想·理论·教育》2004年第9期。

④ 赵艳霞:《邓小平德育思想的当代价值》,《思想政治教育研究》2007年第6期。

⑤ 张艳、李彦虎:《邓小平德育思想刍议》,《重庆教育学院学报》2011年第2期。

⑥ 戴艳军、孙卓华、黄秀珍:《邓小平德育思想的时代特征》,《大连理工大学学报(社会科学版)》2001年第1期。

⑦ 张耀灿:《研究新时期德育指导性理论的力作——评<邓小平德育思想研究>》,《江西行政学院学报》2002年第2期。

党性、创新发展与超越性的辩证统一①。王富平从着眼全局、抓住关键的认识特征，面向实际、务求实效的实践特征以及坚持标准、确保质量的绩效特征来阐明邓小平德育理论的时代特征②。郭平认为邓小平学校德育思想的特征表现为德育地位上的战略性、德育内容上的时代性、德育目标上的层次性、德育方法上的辩证性等③。

5. 邓小平德育理论的价值意义

学术界普遍认为邓小平的德育思想具有重要的指导意义。很多学者论证了其在跨世纪的新时期为我国的德育工作指明正确的发展方向，指导和培育社会主义"四有"新人，确保我国改革开放和社会主义现代化建设事业的持续推进。具体代表性的观点有：

刘涛雄认为可以从通过加强理想信念教育突出德育的核心，从社会发展对人才需求的角度具体化德育的目标，围绕提高学生的素质落实德育的实效性，打造"两个课堂"④统筹扩宽德育的渠道，将教育与管理有机结合起来优化德育⑤。李迪认为以人为本是德育教育的根本所在，而人的全面发展需要德育与智育、体育、美育的共同配合⑥。赵艳霞认为邓小平的德育思想能够有效地指导高校的德育工作，在育人为本的发展观中坚持德育为先的教育理念，把德育与其他教育协调发展，坚持全员育人、全过程育人、全方位育人，不断提高德育工作者的自身素质⑦。笔者认为，如果把邓小平德育理论体系看作是一个封闭的系统，那就会使其失去发展的生机，错失为中国特色社会主义建设服务的历史机遇。所以，要在深入分析邓小平德育理论的前提下，挖掘

---

①李康平：《论邓小平德育理论的特征》，《江西师范大学学报》2001年第2期。
②王富平：《试析邓小平德育思想的时代特征》，《教育探索》2005年第7期。
③郭平：《邓小平学校德育思想的主要特征》，《毛泽东思想研究》2007年第4期。
④两个课堂分别指的是第一课堂教学环节和第二课堂课外活动的劳动环节和实践环节（刘涛雄：《用邓小平教育思想指导高校德育实践》，《清华大学学报（哲学社会科学版）》2004年第3期）。
⑤刘涛雄：《用邓小平教育思想指导高校德育实践》，《清华大学学报（哲学社会科学版）》2004年第3期。
⑥李迪：《邓小平德育思想对大学生德育的指导意义》，《武夷学院学报》2016年第5期。
⑦赵艳霞：《邓小平德育思想的当代价值》，《思想政治教育研究》2007年第6期。

其能应用于中国特色社会主义德育实践的理论内容,解决好"培养什么人""怎样培养人"以及"为谁培养人"的德育根本问题。

6. 邓小平德育理论的工作方法

在建立和发展社会主义市场经济的条件下,要不断改进德育的方法,讲究德育的艺术,才能提高德育的教育效果:王增国、夏士雄、管红杰、易汝玲提出要改进新时期德育的工作方法,包括民主的方法,批评和自我批评的方法,齐抓共管、全员育人的方法,言传身教、以身作则的方法①。马凤琴、康秀华主张采取尊重人的德育工作方法和民主地对待人的方法②。黄建水认为德育工作要有正确的方针、政策和原则,还要有科学的方法论:模范带头、以身作则的方法,理论联系实际、反对形式主义的方法,依靠群众、关心群众的方法,批评与自我批评的方法③。陈兴华认为德育可以从坚持"双百"方针、充分重视和发挥教师的作用、坚持理论与实践的统一、要"齐抓共管"四个方面来实施邓小平德育思想④。杨天一提出邓小平的德育方法主要包括以下四个方面:第一,发扬民主的精神,提倡正面教育;第二,把先进性和广泛性结合起来;第三,把说服教育和严格管理结合起来;第四,要从小事抓起,从具体事件抓起。⑤

(三)关于邓小平德育理论有待深入研究的几个方面

综上所述,学术界关于邓小平德育理论的相关问题研究已经取得了一定的学术成果,如对邓小平德育理论的立论基础、主要内容、基本特征、工作方法等问题的研究做出了比较充分详实的思考,形成一定的共识。然而,自2004年之后,研究邓小平德育理论的学者越来越少,对于此问题的关注度趋于停滞。笔者认为关于研究停滞的原因主要有:一方面,一些学者认为对于邓小平德育理论的研究已经比较透彻明晰,没有深入研究的必要性;另一方

---

① 王增国、夏士雄、管红杰、易汝玲:《邓小平德育思想体系结构初探》,《中国矿业大学学报(社会科学版)》2001年第3期。

② 马凤琴、康秀华:《邓小平的德育思想原则和德育方法》,《延边大学学报(哲学社会科学版)》1999年第4期。

③ 黄建水:《邓小平德育方法论的特色》,《思想教育研究》1999年第4期。

④ 陈兴华:《邓小平德育思想初探》,《东北大学学报(社会科学版)》2000年第2期。

⑤ 杨天一:《论邓小平的德育理论》,《科学社会主义》2009年第1期。

面，可能没有意识到邓小平德育理论的价值所在，认为它已经过时，不再重要。然而，邓小平德育理论作为邓小平理论不可分割的一部分，其主要内容对中国特色社会主义建设具有重要的时代价值，并且，德育作为社会主义精神文明建设中的组成部分，也是改革开放和社会主义现代化建设的重要内容。在对以往的文献资料进行搜集整理的过程中发现，研究成果数量有限，且内容以评述为主，缺少一定的理论深度和广度。在人大复印报刊资料的数据库里，只发现 7 篇关于邓小平德育理论的研究成果，分别是李康平的《邓小平德育思想：指导德育创新的科学理论》(2004 年 12 期)、梁柱的《试论邓小平德育思想的若干特色》(2000 年 09 期)、王业祯的《邓小平现代德育思想略述》(2000 年 04 期)、李斌《论新时期邓小平德育理论形成的基础》(1999 年 01 期)、吴敏英《试论邓小平德育思想的理论和实践价值》(1998 年 06 期)、周英《德育在邓小平教育思想中的地位》(1998 年 04 期)、李康平《论邓小平德育思想的特点及内容方法》(1998 年 03 期)。可以看出，相较于邓小平理论中的经济理论、政治理论、外交理论、军事理论等，关于邓小平德育理论的研究还比较薄弱，值得挖掘的地方还有很多。本书将从以下几个方面展开进一步的研究：

第一，厘清基本的概念性问题。正确认识"德育""德育工作""思想政治教育"和"思想政治工作"之间的关系，并且明晰四者的概念界限及其适用范围，能够有助于改革开放新时期的德育理论的系统化和科学化研究。在对论题展开研究的具体过程中可以发现，有的学者常常将德育、德育工作、思想政治教育和思想政治工作四者混用，容易造成理解上的混淆，不利于形成准确完整的理论体系。

第二，加强对改革开放新时期德育理论在内容上的层次性分析。重新对改革开放新时期的德育理论的具体内容进行归纳总结，是对改革开放新时期的德育理论的探索性分析。理清改革开放新时期的德育理论内容的层次，尤其是学术界关于改革开放新时期的德育理论发展的历史脉络方面争议较大，还没有形成一个相对完整的定论，这就需要在对坚持四项基本原则教育、反资产阶级自由化、"四有"新人、"三个面向"、德育与社会主义现代化建设的关系、"两手抓"等理论内容和德育实践进行合理归纳和总结的基础上，重新理清改革开放新时期的德育理论的历史脉络，以完善改革开放新时期的德育理论体系，促进中国特色社会主义德育史的发展。

第三，理论研究要与时俱进，要积极探索改革开放新时期的德育工作对党的十八大以来德育理论及其实践的当代价值和指导意义。学术界对改革开放新时期的德育理论的研究大多停留在 20 世纪 90 年代，对改革开放新时期的德育理论的研究还不全面，往往浮于表面，并且研究趋于停滞的状态，这也为今后进一步打开改革开放新时期的德育理论的大门创造了条件。因此，改革开放新时期的德育理论的研究还有待挖掘，有望填补相关学术研究的一定空白，探析其对新时代中国特色社会主义德育的建设性意义。

第二章

追溯与生长：改革开放新时期德育理论的思想渊源

第二章 追溯与生长：改革开放新时期德育理论的思想渊源

在一部几千年的人类文明史上，一切伟大的理论成果都会存在其传承系统。这个理论或是与不同的民族文化相关联，或是存有不同学理角度的阐释，抑或是处于时代变革的发展需要，从而产生不同的传脉。改革开放新时期德育理论的形成不是一个一蹴而就的过程，而是纳百家之长，继承和发展了马克思主义经典作家德育思想、中国传统德育思想以及西方传统德育思想。

第一节 对马克思主义经典作家德育思想的继承

马克思主义经典作家德育思想是马克思主义理论体系的重要组成部分，同马克思主义理论共同产生于19世纪中叶。伴随国际共产主义运动和各国社会主义事业的不断发展，马克思主义德育理论经历了一个不断深化和逐步完善的历程。改革开放新时期德育思想在继承马克思主义经典作家德育理论的基础上，得以更为科学化、系统化、专业化地发展。在粉碎"四人帮"之后，"左"的思想带来的影响还没有得到完全消除，党内的极少数人并未意识到有人散布否定和怀疑四项基本原则消息的政治面目，相反，却给予了不同程度的支持和同情。对此，邓小平在理论上澄清党内外对毛泽东思想的错误理解，并对企图否定毛泽东思想的指导地位的错误思潮进行强烈的抨击和谴责。在邓小平看来，要坚持和作为"行动指南的是马列主义、毛泽东思想的基本原理，或者说是由这些基本原理构成的科学体系"。① 他从阶级斗争的角度指出资产阶级自由化思潮与四项基本原则是根本对立的，揭示右倾思想对我国现代化建设的危害，认为其是国内外敌对势力企图颠覆我国社会主义制度和社会主义现代化事业的思想武器。邓小平认为，资产阶级自由化思潮的本质是妄图变革我国的社会制度，将我国的四个现代化建设引向歧途。社会主义现代化建设是一个全面、动态、复杂的系统工程，只有运用马克思主义和现代科学的思维方式去认知世界，了解这项系统工程的特点、方法和规律，才能更好地改造世界。因而，马列主义、毛泽东思想是我国社会主义现代化建设事业的思想保证，也是我国社会主义德育事业的指导思想，对于营造安定团结的社会环境具有重要的战略意义。

一、马克思恩格斯的德育思想

客观而言，德育思想的发展要符合社会历史发展的一般规律。在马克思主义产生之前，由于其历史与阶级的局限性，没有产生一种科学的理论能够揭示德育的规律和本质，直到马克思主义德育观的形成才具备德育理论迈向唯物主义的起点。马克思恩格斯从辩证唯物主义和历史唯物主义的根本立场出发，批判资产阶级的道德，论证了资产阶级道德的不平等和不公正，总结无产阶级的道德，确立无产阶级道德的基本原理和行为规范，形成马克思恩格斯的德育思想。

(一)德育本质与规律论

马克思恩格斯科学揭示了历史唯物主义中社会存在与社会意识、物质生产与精神生产之间关系的基本原理，是社会主义国家德育建设的理论依据。马克思强调，人们的社会存在决定社会意识，物质生活的生产方式制约了政治生活、社会生活和精神生活的全部过程。② 这一基本原理关系着德育的本质，这是因为人类社会必须首先解决基本的吃、穿、住、行，在保障物质生产的基础上才能进行精神生产活动，包括德育活动。德育实质上属于上层建筑的范畴，受到社会物质生活条件和一定社会关系的制约。当社会物质生产力发展到一定的历史阶段之后，会与现存的生产关系发生矛盾，于是生产关

---

① 《邓小平文选》(第二卷)，人民出版社1994年版，第171页。
② 《马克思恩格斯选集》(第2卷)，人民出版社2012年版，第2页。

系就演变成生产力的桎梏。随着经济基础的变革,全部的上层建筑也会发生或快或慢的变革,包括德育也是如此。这就说明,各个时代的德育思想是社会发展到一定具体历史阶段的精神产物。但是,德育作为所处社会阶段的精神产物并不是完全消极被动的,而是具有相对独立性,能够反作用于社会存在。因而,我们判断一个变革时代不能以它的社会意识为依据,而要从物质生活表现出来的社会矛盾中去解释;我们判断社会所处阶段的德育问题,不能只停留在社会意识层面,也要从物质根源中得以解释。

(二)道德阶级论

马克思和恩格斯批判资产阶级道德,倡导无产阶级道德。马克思曾言辞激烈地指责资产阶级的金钱至上论和利己主义,指出资产阶级使人与人之间的关系除了冷酷无情的利害关系外,没有任何其他的联系。他认为资产阶级把一切社会联系都淹没在利己主义的冷漠之下,指出"资产阶级文明",是"建立在劳动奴役制上的罪恶的文明"。[①] 随着资本主义生产在工场手工业时期的迅速崛起,资产阶级毫无羞耻地夸耀一切资本积累的手段,金钱万能论成为资产阶级信奉的道德价值论,人与人的关系几乎完全沦为物与物的关系,获取和交换利益成为至高无上的存在。这就造成资产阶级标榜的人道和博爱具有相当大的虚伪性和欺骗性。马克思进一步揭露了资产阶级自由与平等的本质,自由是资本人格化的自由,即资本家的自由。这种自由对工人来说就意味着被迫出卖劳动力,而对于资本家而言就是自由地支配工人的劳动能力。自由逐步演变为劳动者的不自由和资本家的自由。相应地,资产阶级的平等也意味着劳动者的不平等和资本家的平等。马克思和恩格斯从无产阶级的社会地位出发,指出为大多数人谋利益才是无产阶级的道德基础。无产阶级具有高度团结和无私奉献的精神品质,他们的目光并不局限于本民族,而是放眼于整个世界,能够为绝大多数人的根本利益而奋斗,为谋求全人类的解放和幸福而斗争,具有国际主义的高尚精神。马克思认为,作为无产阶级先锋队的共产党人,应当献身于无产阶级的运动中,无私地为无产阶级革命事业而奋斗。共产党人要坚持真理,修正错误,满怀希望地为共产主义事业冲锋

---

① 《马克思恩格斯选集》(第 3 卷),人民出版社 2012 年版,第 120 页。

陷阵。马克思和恩格斯关于资产阶级道德和无产阶级道德的论述，不仅对于理解和认知道德阶级论具有理论价值，也对今天的中国特色社会主义德育建设具有启示意义。

(三)德育发展阶段论

马克思在批判费尔巴哈的抽象人性论时，强调人的本质不是个体固有的抽象存在物，应是一切现实的社会关系的总和。他从唯物主义的角度揭示了人的本质应当是具体的、历史的。德育思想的发展与人的本质理论的进步具有关联性，根据马克思关于人的本质的理论，在考察德育对象的时候就必须将其放置在一定的历史条件下，包括宗教信仰、民族传统、家庭习惯、经济关系、政治关系和法律关系等，以便有效地考察德育对象的思想状况。恩格斯在考察资本主义生产及其交换方式的历史基础上，对人的真正本性进行了展望。他认为资本主义创造的高度发达的生产力能够为消灭工业与农业、脑力劳动与体力劳动、城市与乡村的三大差别，为实现个人的自由和全面发展创造相应的物质条件。在此物质基础上建立起来的社会，劳动异化的现象将逐步被消灭，劳动从负担转变为快乐，成为解放人的一种手段，使人得到自由而全面的发展。人能够自觉发展成为自身的主人，也是社会和自然界的真正主人。这是无产阶级的历史使命和共产主义运动的最终目标，即培养自由而全面发展的人。社会发展与人的自由而全面发展是互为条件的。人的自由而全面发展会推动社会的行稳致远，与此同时，随着社会的不断进步，人的自由而全面发展的阻碍也会越来越少。无产阶级在推翻资产阶级之后夺取政权以及建设社会主义的各个历史阶段，都需要其自身素质的提高。这里的素质不但包括体力和智力发展，而且包括共产主义的道德品质、人生诉求和思想觉悟的提升。因此，德育发展阶段论是马克思和恩格斯对社会主义德育理论的重大贡献，也是培养社会主义新人的基本理论。

(四)道德范畴论

马克思和恩格斯的道德范畴论主要从善与恶、动机与效果、自由与必然、资产阶级幸福与无产阶级幸福四个方面展开论述：第一，善和恶是道德领域中一对相互对立的范畴。不同的时代能够产生不同的善恶观，不同的阶级也能够产生不同的善恶观。马克思和恩格斯认为代表先进阶级利益的属于善的一面，而代表腐朽没落阶级利益的属于恶的一面。无产阶级的道德能够代表大多数人的利益，是道德发展向善的方向；资产阶级的道德代表少数剥削者的利益，属于道德向恶的方向。但是，这种对立并不是绝对的，恶在一定具体条件下也能对社会发展起推动作用。例如，人类在进入文明社会之后，贪欲与原始社会的无私心相比是一种历史的倒退，但却推动了时代的进步。第二，马克思和恩格斯从辩证唯物主义的角度论证了动机与效果之间的关系。他们认为人们行为的真实动机取决于其在社会所有制中的地位，而不是自己的主观愿望。判断一个政党或者一个个体的动机可以采纳阶级分析的方法去分析其代表的阶级利益。但是，动机并不能作为判断一个政党或者个体的主要依据，也不能用良好的动机抹杀事物的性质，或者为卑劣的行为辩护，而应当看他做出哪些具体行为，产生怎样的行为效果，强调行为效果的重要性，使动机与效果达成统一。第三，自由和必然是道德领域的基本问题。马克思和恩格斯将自由建立在对自然改造的实践活动的基础上，认为自由在于能够认识自然规律，使自然规律为人的目的而服务，自由的程度取决于对自然规律的认识和掌握程度。人们的行为依据自然规律办事，看似是不自由，实质上是真正的自由；人们不按照自然规律办事，看似是自由，但最终会归于失败，实质上并不是真正的自由。人们获得自由的过程是一个不断认识自然和改造自然的实践过程，是从必然王国进入自由王国的历史进程。而人类获得道德自由的过程与人类获得真正自由的过程是同步进行的，当人类从必然王国进入自由王国，并且成为自然、社会以及自己的主人时，人类才获得了真正的道德自由。第四，马克思主义的幸福观是建立在科学的世界观的基础上，认为追求幸福的过程需要物质手段和精神手段，并且对幸福的定义和要求具有鲜明的阶级性和时代性。在资本主义社会中，无产阶级和资产阶级都具有平等追求幸福的权利，然而，由于无产阶级不具备实现幸福的社会条件，无产阶级的幸福无法真正得以实现。无产阶级要想实现自身的幸福就必须消灭生产资料私有制，建立无产阶级政权，最终达到共产主义社会，以实现人类真正的幸福。从这个角度来说，无产阶级的幸福必须依靠阶级斗争才能实现。总之，马克思和恩格斯在批判唯心主义的过程中确立起科学的历史唯物主义德育观，实现了人类德育史上的革命性变革，但是他们还未完成如何应对建设社会主义德育的历史课题。随着俄国十月革命的胜利和社会主义事业的蓬勃发展,马克思主义德育观在列宁斯大林时期得到进一步丰富。

二、列宁的德育思想

道德理论的灌输和传播必须通过德育才能被人民群众掌握以变成物质的力量。列宁对德育的地位和作用保持着深刻的认知,提出"对人民进行政治教育——这就是我们的旗帜"。[①] 列宁将马克思主义的基本原理与俄国的革命实践相结合,总结社会主义国家德育建设的基本经验,进一步完善和发展马克思主义的德育理论体系。他批判资产阶级等剥削阶级的旧道德,主张无产阶级道德,第一次提出共产主义道德的科学概念并论述了它的基本原则、意义和方法。

(一)批判旧道德,提倡新道德

十月革命胜利之后,苏俄在社会主义建设过程中仍面临着几千年来私有制形成的"人人为自己,上帝为大家"的旧观念和旧传统势力的困扰。列宁号召与这一滞后观念进行不流血的和平斗争,依靠教育手段,向广大群众灌输无产阶级的道德,并且发扬星期六义务劳动精神,逐步克服把劳动看作是个人为谋利的"私事而斤斤计较"的恶习,以"大家为一人,一人为大家"的新道德和新准则替代"人人为自己,上帝为大家"的旧道德和旧准则。列宁认为要消除社会主义建设的思想障碍,必须肃清资产阶级的自由和平等的遗毒,维护马克思主义的自由观和平等观。这是因为资产阶级的自由是一种资本的自由,是剥削无产阶级的自由。而苏维埃的自由是要否定资产阶级的自由,保障无产阶级和广大劳动人民出版、集会、维护自身利益以及参与管理和建设国家的自由。资产阶级的自由观与无产阶级的自由观在性质上有本质的区别,其平等观也是如此。资产阶级的平等实质上是一种伪善的平等,会造成资产阶级的平等和无产阶级的不平等。无产阶级要想实现平等,就必须消灭阶级,消灭工农之间的阶级差别,达到事实上的平等,最终实现"各尽所能,按需分配"。

在批判旧道德以及总结星期六义务劳动彰显出的高尚精神的基础上,列

---

① 《列宁全集》(第13卷),人民出版社2017年版,第169页。

宁第一次提出"共产主义道德"的概念，并分析了其道德本质和阶级基础。他强调道德自身具备鲜明的阶级性，共产主义道德就是从无产阶级的斗争中引申而来的，其本质是反对私有观念和剥削。以往的旧道德与共产主义道德有着本质的区别：一是阶级基础不同。旧道德是为地主和资产阶级等剥削阶级的利益服务，而共产主义道德是为反对剥削阶级、维护无产阶级和广大劳动人民的利益服务，是为完成和巩固共产主义事业而斗争。二是思想基础不同。旧道德实质上是以唯心主义或者宗教神学为理论基础，共产主义道德实质是以唯物主义为理论基础，认同马克思主义的世界观。三是道德原则不同。列宁把旧道德的原则归纳为"人人为自己，上帝为大家"，这与私有制和剥削阶级的利己主义原则相适应，同时，他把共产主义的道德原则概括为"大家为一人，一人为大家"，这与公有制和集体主义的原则相适应，是道德发展史上的新成就。除此之外，列宁还论述了爱国主义、集体主义以及国际主义的道德原则。在列宁看来，集体主义是调节个人利益与集体利益关系的道德准则，既可以作为社会主义国家理论范式依托的核心价值理念之一，也可以作为其制度基础。而列宁对爱国主义道德原则的理解与国际主义是相关联的，他反对小生产者那种颇具局限性的爱国情感，主张马克思主义的国际主义精神和爱国主义情怀。

(二)共产主义道德教育

列宁重视共产主义教育，注重培养一代新人，"使培养、教育和训练现代青年的全部事业，成为培养青年的共产主义道德的事业。"①共产主义道德教育就是要反对和克服旧社会遗留下来的根深蒂固的利己主义心理和行为习惯，使共产主义的思想意识深入广大人民群众，教育青年不仅要学习科学文化知识，而且要成为具有共产主义品质的一代新人。列宁还提出关于共产主义道德教育的有效方法和具体途径，例如，理论联系实际的方法，共产主义道德教育和社会主义新人的培养要同无产阶级和劳动群众反对资本主义制度结合起来，在实践斗争中循序渐进；要同建设共产主义的实践活动结合起来，积极开展社会主义竞赛，参与社会主义建设，组织共产主义的星期六义务劳动。

---

① 《列宁全集》(第39卷)，人民出版社2017年版，第338页。

除此之外，还包括树立先进的榜样和典范进行榜样示范教育以及采取社会主义法律惩治教育等。列宁还特别重视对社会主义时期共产党员的素质培养。作为无产阶级先锋队的共产党员，他们的道德面貌是共产主义道德的具体表现，直接关系到党在群众中的威严和形象，关系到社会主义事业的成败。他强调，共产党员要对党忠诚，坚守共产主义事业，把党的根本利益放在首位，为维护党的纪律而斗争，努力遵守党的纪律和规范。共产党员要具有革命的胆略和热忱，学习经济建设和经济管理，在群众中自我教育、自我修养和自我改造，带领群众共同推动社会主义建设事业。

三、毛泽东的德育思想

以毛泽东同志为核心的党的第一代中央领导集体，立足于社会主义革命和建设的基本国情，开启马克思主义理论在中国萌芽和发展的新征程，形成独具特色的毛泽东思想，其思想体系带有明显的历史烙印和战争特色。毛泽东在革命和建设实践中，考虑到当时德育发展的现实状况，总结德育思想的理论内容和发展经验，进一步丰富和发展马克思主义德育史，形成具有中国特色的马克思主义德育思想，即毛泽东德育思想。毛泽东关于德育建设的基本内容和实践经验，对邓小平的德育思想具有借鉴价值和启示意义，例如，在革命战争年代，毛泽东就意识到人的因素比武器的因素要重要得多。他在《中国共产党红军第四军第九次代表大会决议案》中提出："红军党内最迫切的问题，要算是教育的问题。"[①]1942年7月，毛泽东在《山东有可能成为战略转移的枢纽》中明确提出："掌握思想领导是掌握一切领导的第一位。"[②]此时，毛泽东已然意识到思想教育和政治教育在国家革命和建设过程中的重要地位。

（一）协调国家、集体和个人的关系

毛泽东在发展斯大林集体主义思想的基础上，提出要处理好国家、集体以及个人之间的关系，实行"三兼顾"的原则，也就是革命时期的"军民兼顾""公私兼顾"等。这一原则要求整体利益高于局部利益，长远利益高于眼前利益，国家和集体的利益高于个人利益；个人对社会和国家履行应尽的义务，不应当过于计较个人的得失和地位。坚持"三兼顾"的原则要反对小团体主义、

---

① 《毛泽东文集》（第1卷），人民出版社1993年版，第94页。
② 《毛泽东文集》（第2卷），人民出版社1993年版，第435页。

分散主义、个人主义，但并不意味着忽略个人的正当利益，而是能够在充分尊重个人利益的基础上考量到国家利益和集体利益。正如刘少奇强调："国家的利益则是劳动人民的共同利益，也是每个劳动人民最根本的利益。"①邓小平认同毛泽东关于国家、集体和个人关系的"三兼顾"原则，提出在满足个人正当物质利益的前提下，兼顾国家利益与集体利益。"三兼顾"原则是调节国家、集体以及个人之间关系的社会主义道德原则，它不只是对先进分子的政治要求，也是对广大人民群众的普遍要求。

(二)关注物质利益与精神利益的关系

毛泽东第一次提出并阐述了无产阶级革命的功利主义，认为给予人民物质利益以改善人民的生活是合乎道德的。他批驳汉代董仲舒"正其谊不谋其利，明其道不计其功"的唯心主义观点，强调：一切空话是无用的，必须给人民看得见的物质福利。革命的功利主义与剥削阶级的功利主义是划清界限的，无产阶级革命的功利主义者是以最广大人民的眼前利益与长远利益的统一为出发点，而不是只看到局部利益和眼前利益的狭隘的功利主义者。毛泽东还将为人民谋利益的动机和效果相统一，从而把动机和效果统一于最广大人民利益的基础上，丰富了马克思主义的道德评价学说。邓小平吸收毛泽东关于物质利益的正确观点，比较完整地理解和领会马克思主义德育理论的精神实质，并对其展开进一步发展，确立社会主义富德观。他将"社会主义"与"富裕"、"富"与"德"紧密联系起来，并且把"先富""共同富裕"以及"消除两极分化"有机结合起来，打破了新中国成立以来社会主义建设实践中把人们对富裕的欲望和追求当作资本主义生活方式的错误理念，提出贫穷不是社会主义的本质，富裕才应当是社会主义本质理论的题中之义。邓小平在充分认识贫穷社会主义危害的基础上，科学规定了社会主义的本质是解放生产力和发展生产力，消灭剥削，消除两极分化，最终实现共同富裕。并且，他结合我国的具体国情，大胆提出实现社会主义致富的具体途径：改革从打破平均主义开始，让一部分人和一部分地区先富起来，然后带动大部分人和地区加速发展，最终实现共同富裕。邓小平认为社会主义的特点并不是贫穷落后，而是

---

①《刘少奇选集》(下卷)，人民出版社2018年版，第199页。

富裕，合理致富和正当致富是道德的。他在我国社会主义发展史上第一次将致富与道德联系起来，给予致富道德合理性，提出致富不是一种罪过，而是为大多数人谋利益的功德，从而恢复社会主义的基本精神，给予社会主义现代化建设新的动力和活力。

邓小平关注物质利益与精神利益的关系还表现在第一次提出要建设社会主义精神文明的重要论断。邓小平认为社会主义精神文明涵盖的内涵是丰富的，不仅包括科学、文化、教育，而且包括共产主义的理想、信念、思想、纪律、道德、革命的原则、人与人之间同志式的关系等。与之对应，社会主义精神文明建设的内容涵盖了理想建设、理论建设、文化建设、道德建设、民主法制建设等多项内容。邓小平认为，社会主义精神文明要坚持以马列主义、毛泽东思想为指导，遵从社会主义现代化建设的精神需求，培养有理想、有道德、有文化、有纪律的社会主义公民，提升整个中华民族的思想道德素质和科学文化素质。如何强化社会主义精神文明建设已经成为社会主义现代化建设中的一个重要课题。首先，两手抓，两手都要硬。既要重视社会主义物质文明的建设，又要重视社会主义精神文明的建设；其次，要改进思想政治工作，培育人们特别是青少年树立科学的世界观、人生观和价值观；最后，在贯彻"百花齐放，百家争鸣"的前提下，继承和弘扬中华民族的优秀传统文化，吸收和借鉴一切先进的文化知识和文明成果，但绝不搞全盘西化。邓小平提出：要在建设高度的物质文明的同时，提升全民族的科学文化水平，丰富发展高尚的文化生活，努力建设高度发展的社会主义精神文明。邓小平准确把握物质文明与精神文明之间的紧密关系：发展社会主义经济建设，一旦社会风气出现问题，会反过来影响整个社会经济的发展，容易造成贪污、腐化、盗窃、不平等、不公正等社会问题；而不讲社会主义物质文明建设，社会主义精神文明也会沦为空谈。因而，单纯依靠物质文明或者精神文明试图改变社会主义的发展状况，我国的革命与建设都不可能取得成功。我国在建设社会主义国家的历程中必将发展高度的物质文明与高度的精神文明有机结合起来。

(三)提出社会主义道德教育的不同层次

研判并确立思想道德建设在社会主义现代化建设中的地位，可以从共产主义思想体系和社会主义制度的协调统一入手。毛泽东曾经论述新民主主义、社会主义以及共产主义之间的关系时，提出中国共产党领导的革命运动分两步走，"在现在，新民主主义，在将来，社会主义"①，两者都是为共产主义的思想体系所指导。毛泽东认为，共产主义是无产阶级的思想体系，也是一种新的社会制度。这些论断使得思想体系与社会制度相结合，也使思想道德建设与社会主义制度相联系，导致加强思想道德建设具有紧迫性和长期性。这是因为旧社会的意识形态不会随着旧的经济基础和旧的上层建筑被摧毁而自动消失，反而会凭借其在意识形态中的传统优势与社会主义反复较量。同时，一些涌现出来的新的错误的意识也会不断地侵蚀和阻碍社会主义的思想道德建设。新中国成立前夕，毛泽东预见到夺取全国胜利只是万里长征的第一步。他警戒全党要严防敌人糖衣炮弹的攻击，做好同国内外剥削阶级的意识形态作斗争的长期准备，警惕帝国主义培植"自由主义者或民主个人主义者"②，必须继续保持谦虚、谨慎、不骄、不躁的作风和艰苦奋斗的作风。1940年1月，毛泽东在陕甘宁边区文化协会第一次代表大会上提出："当作国民文化的方针来说，居于指导地位的是共产主义的思想"③。要在工人阶级中弘扬社会主义和共产主义的思想，同时，有步骤地用社会主义思想教育农民和其他人民群众。在1954年10月到1955年9月期间，我国的大中城市都在积极展开"培养青年共产主义道德，抵制资产阶级思想侵蚀"的德育活动。这是自新中国成立以来首次进行的大规模的道德教育活动，促使广大青年的集体主义观念、法纪观念、劳动观念等社会主义公德观念有所加强，道德风貌和精神面貌明显得到改善。此后不久，毛泽东亲笔题词"向雷锋同志学习"，号召全国人民尤其是广大青年要以雷锋同志为榜样，发扬爱国主义、集体主义以及全心全意为人民服务的革命精神。因此，20世纪60年代，全国涌现出许多"活雷锋"的典型事例，社会主义和共产主义的道德风尚广为流传，成为我国德育史上成功的教育范例。毛泽东还特别注重加强马克思主义理论教育的建设，提倡系统地学习马列主义理论。随着马列主义著作和毛泽东著作的

---

① 《毛泽东选集》(第二卷)，人民出版社1991年版，第686页。
② 《毛泽东选集》(第四卷)，人民出版社1991年版，第1495页。
③ 《毛泽东选集》(第二卷)，人民出版社1991年版，第704页。

公开出版，广大人民群众尤其是在青年学生中兴起了学习马列主义和毛泽东思想的高潮，加速了马列主义理论的传播与发展，对于培育青年形成科学的世界观、价值观和人生观，提高共产主义思想觉悟具有重要的德育意义。

由于长期以来受到"左"倾思想的影响，我国在道德教育和道德宣传方面一直存在一定的问题。例如，在具体的德育实践过程中没有顾及社会发展的现实状况和广大人民群众的思想道德状况，只提及"共产主义道德"，很少提到"社会主义道德"，甚至用共产主义道德的高标准要求小学生，造成的结果就是脱离了大多数人的思想实际，产生可望不可即的负面效果。为此，邓小平从我国的基本国情、人们的心理素质以及思想觉悟出发，明确区分道德的不同层次，提出了道德的先进性和广泛性，在理论上第一次对社会主义道德和共产主义道德进行区分，在实践中将两者紧密结合起来，进一步发展马克思主义道德理论。邓小平认为社会主义社会存在不同层次的道德要求，即一般要求、基本要求以及最高层次的要求。对于共产党员，可以要求其具备高层次的共产主义道德，即全心全意为人民服务、大公无私、国而忘家、敢于斗争、勇于牺牲、具备崇高的共产主义理想等。但是这样高层次的道德标准并不是要求在社会主义初级阶段中人人都可以做到。对于广大人民群众，可以要求其具备爱祖国、爱人民、爱劳动、爱科学、爱社会主义的基本道德要求。而社会主义社会还具备一般的道德要求，即诚实守信、团结友爱、言行一致、遵守公共秩序、发扬社会主义的人道主义精神等社会公德。这三个社会主义道德层次在道德建设中并不是互相分离的，而是应当从具体实际出发，鼓励先进分子发扬崇高的共产主义道德，促使人民群众遵守基本道德要求和一般道德要求，把先进性和广泛性结合起来。

（四）确立培养人才的标准

发展教育和科技有赖于建立一支具有共产主义理想的知识分子队伍。毛泽东重视知识分子的培养，他提出要想在科学文化和经济上能够赶上世界水平，必须培养一批干部以及数量足够和优秀的科学技术专家[①]。1953年，毛泽东指出：我们的教育方针就是要使受教育者在智育、德育、体育等多方面

[①]《毛泽东文集》（第7卷），人民出版社1999年版，第2页。

都得到发展，能够成为有社会主义觉悟的有文化的劳动者。"优秀团干部""三好学生"等成为党组织思想政治教育以及培养青少年健康成长的一个重要标准。毛泽东认为无产阶级革命事业的接班人应该是德智体全面发展，走又红又专的社会主义道路。其中的"智"和"专"是指具有专业技能或者高度的文化知识；"德"和"红"是指思想政治素质，具备马克思主义的世界观，团结人民群众，全心全意为人民服务，保持谦虚谨慎和不骄不躁的作风，勇于自我批评，及时改正错误；"体"是指身体素质和心理素质，要有强壮的身体和健康的体魄。毛泽东还提出在革命和建设的实践中培养社会主义新人的方法和途径：提高个人的道德品质、道德修养以及政治觉悟，能够自觉抵制资产阶级自由化等错误思想的侵蚀；通过在道德教育上抓典型，弘扬良好的社会风气，提升社会的道德风尚，以培养社会主义一代新人。毛泽东关于培养德智体全面发展的社会主义新人的思想，丰富了马克思主义关于人的全面发展学说，形成具有中国特色的社会主义德育思想。

毛泽东确立了共产主义的一般道德规范，即"五爱"。在《中国人民政治协商会议共同纲领》中明确规定："提倡爱祖国、爱人民、爱劳动、爱科学、爱护公共财物为中华人民共和国全体国民公德。"纲领中还对思想政治教育的内容和任务进行规范：新民主主义的教育必须是民族的，要反对帝国主义侵略，维护本民族的尊严，肃清民族投降主义和封建奴化的思想，牢固树立爱国主义的思想；新民主主义的教育必须是科学的，追求马列主义的普遍真理，发展先进的科学技术，建立"爱科学"的公德意识；新民主主义的教育必须是大众的，要以工农利益为出发点，建立为人民服务的道德观。在确立社会主义的道德目标后，我国开展土地革命运动、"三反""五反"运动、抗美援朝运动，进一步肃清帝国主义、封建主义和官僚资本主义的消极影响，逐步形成为人民服务和劳动光荣的思想，并且表现出崇高的爱国主义精神和高度的革命觉悟，涌现出一大批具备社会主义精神和共产主义精神的先进典型和模范人物。毛泽东重视我国德育的发展，在教育内容上，他提出马克思主义理论教育、为人民服务教育、共产主义教育、爱国主义和国际主义教育、红与专相统一的教育、艰苦奋斗教育、人格教育等；在教育途径上，毛泽东主张参加实践锻炼、榜样引导、走与工农相结合的道路、学习理论、报告教育、说服教育等。为促进社会主义经济建设的稳步发展，邓小平领导党和人民对"文化大革命"中的个人崇拜、特权思想、宗法观念、反动血统论等进行彻底的肃清，深入批判并清除"四人帮"说假话、抓辫子、扣帽子、说空话、打棍子的恶劣作风，提倡坚持实事求是，以理服人。为提高全社会的道德水平，改善社会主义道德风尚，邓小平在总结过去经验教训的基础上，在全国范围内开展以"五讲""四美""三热爱"为主要内容的社会主义道德教育和共产主义道德教育，即"讲文明、讲礼貌、讲卫生、讲秩序、讲道德"的"五讲"内容；"心灵美、语言美、行为美、环境美"的"四美"内容；"热爱社会主义、热爱共产党、热爱祖国"的"三热爱"内容。此后还开展了文明礼貌月的活动，全国的环境开始绿化、净化、美化，人们的道德风貌和人与人之间的关系都发生了积极转变。在广泛开展社会主义和共产主义道德活动的过程中，邓小平在理论上也做出了精辟的论断，逐步形成具有中国特色的改革开放新时期的德育理论，丰富了马克思主义德育思想的理论内容。

第二节 对中国传统儒家德育思想的批判继承

人类德育的历史古老而悠久，早在远古时期的原始社会已然存在。由于那时的生产力水平落后，生产方式单一，造成了德育内容和形式的简单化，比如与大自然作斗争的顽强勇敢的精神，原始社会的集体主义、民主和平等的观念，人与人之间的团结友善，原始的宗教思想和长期形成的风俗习惯，等等。这个时期并没有专门机构和专业人员承担德育活动，其德育思想主要是人们在社会生产和集体生活中共同创造出来的，是集体智慧的体现。随着私有制的出现，全社会中的权力和财富越来越集中在少数人手中，人与人之间的关系由平等转变为压迫与被压迫、剥削与被剥削，维护统治阶级的最高利益逐步成为德育思想的主流。从此，人类从淳朴的道德高峰急转直下，德育沦为为统治阶级服务的工具。经过几千年私有制的不断发展，直到无产阶级夺取政权，建立起社会主义性质的社会，人类的德育才进入一个新的发展阶段。然而，由于东方和西方社会发展道路的不同，两者的德育思想也各具特色。邓小平在批判地继承中外德育理论的基础上，提出了一套相对完整的德育理论体系。在几千年的中国文明史中,各种思想流派相互斗争、相互交流、相互融合,逐步形成了以儒家文化为主流的中国传统思想文化,造就出以儒家德育思想为主流的内容丰富和体系完整的中国传统德育思想。

一、先秦儒家的德育思想

先秦时期是中国古代德育史上的繁荣阶段,从以周公旦为先驱,到春秋战国时期的"百花齐放,百家争鸣",儒、墨、道、法、兵、阴阳家、纵横家、杂家等众多流派阐述自身的治国理念和育人之道,形成以孔孟为代表的儒家学派在历史上长期占据统治地位。

(一)周公旦的德育思想

周公旦,姓姬名旦,是周文王之子,周武王之弟。在军事上,他曾协助周武王灭商伐纣,而后辅佐周成王治国平乱,对西周政权的稳固起到了关键的作用;在政治上,完善了分封制、宗法制度、井田制和嫡长子继承制等;在思想文化上,被尊称为"元圣"和儒学先驱,成为历史上著名的思想家,其包含的德育思想主要有四点:第一,以德配天、敬德保民。一方面,他在继承殷人天命思想的基础上,将德与天结合起来,创造出以德配天的理论;另一方面,吸取殷人悖逆民情而灭亡的教训,提出敬德保民的思想。他认为国家安危和社会治安关键在于统治者能否敬德。敬德可胜,失德必败。第二,制礼作乐,提倡礼乐教化。周公旦所作之礼,主要是西周的典章制度,包括政治制度、宗教礼仪、生活方式、言行举止以及待人接物等多方面的规范。周公旦的礼乐不仅包括舞蹈、乐曲、诗歌等艺术和文学内容,还包括宗教、政治、人伦五常等道德规范教育。中国一直以来享有"礼仪之邦"的美誉,与他的制礼作乐是分不开的。第三,改制突出父权和夫权,确立了嫡长子继承制。他把君权和孝道结合起来,使父权占有相当大的优势,形成君权、父权和夫权三位一体的思想,为封建社会"三纲"的确立打下基础。第四,重视对统治者的道德教育。周公旦反对统治阶级骄奢淫逸、粗暴治国,提倡勤勉执政、廉洁简朴,并且注重德才兼备、综合考核。他认为"德"是评价最高统治者和考核官吏的重要标准,统治者的道德品行关系到政权的兴衰存亡。总之,周代是中国德育初步形成的时期,而周公旦是夏、商、周三代德育思想的集大成者,在我国传统德育史上具有开创性的意义。他对以孔孟为代表的儒家德育思想产生深远的影响,从一定意义上来看,周公旦可以称作中国古代儒家德育的先驱。

(二)孔子的德育思想

孔子是我国古代儒家学派的创始人,他哀叹春秋末期礼崩乐坏的乱世,力图恢复周礼,实行德治,创立以"仁""礼""孝"为行为准则的较为完整的德育学说,提出"仁"的本质是对人的关爱和宽恕,希望人们之间友善互爱。"礼"是指尊重西周的典章制度和奴隶主阶级的道德规范,一切以"非礼勿视,非礼勿听,非礼勿言,非礼勿动"为行为规范。"孝"是指孝顺父母、顺从师长、亲近有仁德的人,使君臣、父子、兄弟、邻居、友人、人与人之间各遵其德,和谐相处。孔子扩大了道德教育的对象,认为应当将"德"由统治阶层推广到全体人民,所有人都应当接受教育包括道德教育。孔子从不以财物的多寡和身份的贵贱作为区分人的标准,而是以道德境界的高低看作是人与人之间的主要差异。

孔子在道德实践的过程中总结出一系列的德育原则和方法。在道德目标上,他提出:"知者不惑,仁者不忧,勇者不惧"①,这也是个体道德修养的价值追求和基本目标;在道德认知上,孔子强调学礼,主张"不学礼,无以立"②;在道德意志上,他注重立志乐道,"朝闻道,夕死可矣"③;在道德情感上,孔子提倡仁爱,强调培养学生的"爱"与"憎";在道德修养上,他注重学与思的结合,认为"学而不思则罔,思而不学则殆"④;在德育课程上,他提出文教和行教,既包括文化典籍的书本知识学习,也包括实践活动的学习;在德育方法上,提倡推己及人的忠恕之道,即通过自省体会他人的感受和处境。他强调严格要求自己,克己内省,自我监督,以达到慎独的人生境界。此外,孔子还提出言行一致、因材施教、改过迁善、学而不厌等德育方法。这些德育思想和方法经过后世的扩充和发展,逐步成为塑造和影响社会价值取向和规范系统的中国文化。中国一直以来以伦理为本位的社会文化,以忠

---

① 〔春秋〕孔丘:《论语·子罕》,杨伯峻译,中华书局2008年版,第156页。
② 〔春秋〕孔丘:《论语·季氏》,杨伯峻译,中华书局2008年版,第310页。
③ 〔春秋〕孔丘:《论语·里仁》,杨伯峻译,中华书局2008年版,第54页。
④ 〔春秋〕孔丘:《论语·为政》,杨伯峻译,中华书局2008年版,第22页。

孝仁义为思想基础的价值体系，以及对社会教化和个体道德修养的重视，都可以在孔子的道德学说中找到依据。这也充分体现孔子伦理学说的入世精神和实践关怀。

(三)孟子的德育思想

孟子作为孔子的嫡传弟子，是儒家思想的忠实传承者。他以卫孔为己任，强调"义"，进一步发展了孔子的德育思想，尤其是发展孔子关于"仁"的学说，将"仁"与"义"结合起来，把"仁义"看作是最高的道德思想和道德原则。孟子是我国思想史上第一位提出"性善论"的哲学家。根据孟子的性善论，人对道德的追求是有基础和可能性的，而且是普遍的、必要的。他认为人天生就存在良知和善心，仁、义、礼、智是人心固有的，"恻隐之心，仁也；羞恶之心，义也；恭敬之心，礼也；是非之心，智也。"①孟子提出保持并发展好四端，就能够成为一个品德高尚的人，形成了一整套带有主观唯心主义性质的思想体系。孟子还从"性善论"的角度提出人可以成为圣人的方法论。他认为人人皆可成尧舜，要做到修身养性、存心寡欲、知耻改过、一心向善即可。他强调大丈夫要"富贵不能淫，贫贱不能移，威武不能屈"。②为激励仁人志士成为德才兼备的人，他还提倡"明人伦"，把尊卑、男女、贵贱、朋友、长幼归纳为"五伦"，主张父子之间有骨肉之亲，夫妻之间有内外之别，君臣之间有礼义之道，朋友之间有诚信之德，长幼之间有尊卑之序。在五伦中，尤其以父子之间的尊卑和兄弟之间的长幼为重，实质是亲亲和敬长，即仁和义。由此，孟子初步确立起儒家的道德规范体系，强调道德教育的重要性，把对道德的追求看作是个体为学受教的主要目的和人生使命，认为道德教育处于教育体系的核心位置，整个教育体系服务于道德教育，甚至将教育在较大程度上等同于德育。

(四)荀子的德育思想

荀子是战国末期的儒家代表人物，他在发展孔子关于"礼"的思想基础上，提出礼为最高的道德原则，是维护封建等级制度的重要力量，赋予"礼"普遍的价值规范。荀子所提倡的礼并不是指孔子的周礼，而是指社会成员共同遵

---

① [宋]朱熹集注：《孟子·告子上》，上海古籍出版社2013年版，第153页。
② [宋]朱熹集注：《孟子·滕文公下》，上海古籍出版社2013年版，第76页。

守的具有普遍意义的行为准则。尊重各个国家、地区和民族的道德文化的差异性，不代表它们之间不存在共通性。道德教育的任务是在全社会弘扬具有普遍意义的道德价值观。与孟子相反的是，荀子看到人性的另一面，提出"性恶论"。他认为"从人之性，顺人之情，必出于争夺，合于犯分乱理而归于暴"。[①] 因此，他主张通过礼和乐的教育手段，改善人本性中的恶，化恶为善。荀子还提倡"以公义胜私欲"的原则培养人们的公德，克制人们内心的私欲，达到转恶为善的教育效果。他倡导人要时常自省，时刻省察自身的言行，以培养良好的道德情操，形成完善的人格。荀子在选拔人才和任用官吏的过程中倡导"尚贤使能"的人才观，对批判奴隶制和世袭制起到积极的作用。

(五) 儒家经典中的德育思想

儒家在战国末期和西汉初年产生一部总集《礼记》，其中的《大学》《乐记》《中庸》等包含有丰富的德育思想。《大学》是儒家德育思想的总纲，它概括了德育的途径、步骤、目的以及规律等，即"三纲领"和"八条目"。"三纲领"是指"大学之道，在明德，在亲民，在止于至善"，即通过道德教育真诚地爱人民，才能达到至善崇高的道德境界。而实现"三纲领"要经过格物、诚意、致知、正心、修身、齐家、治国、平天下的"八条目"的具体方法和实现途径，以修身为本，把个人修养和国家、社会以及家庭教育紧密联系起来，在中国古代德育史上产生深远影响。《乐记》是儒家关于乐教理论的总结，它认为音乐是情感的自然流露和德性的表现形式，既有披露腹心的抒情作用，又有潜移默化的教育作用。由于音乐具有影响风俗和感化人心的特质，先秦儒家把乐和礼一同纳入封建教育中，推崇礼乐教化，使音乐成为道德教育的工具。《中庸》是儒家处世哲学的代表。中庸之道教育人们在为人处世和待人接物方面都要有所节制，无过无不及，不偏不倚，修炼好仁、智、勇"三达德"，并且实行"五达道"，妥善处理"五伦"之间的关系，做到"君惠臣忠""父慈子孝""夫义妇顺""兄友弟悌""朋友有信"，最终达成"和为贵"。

二、后世儒家的德育思想

自我国由奴隶社会进入封建社会后，出现了以董仲舒、朱熹和王阳明等

---

① [唐]杨倞注：《荀子·性恶》，上海古籍出版社2014年版，第153页。

为代表的儒家思想大师。

(一)董仲舒的德育思想

董仲舒为适应西汉统治者巩固封建中央集权专制的政治需要,提出"罢黜百家,独尊儒术"的主张,确立了儒家思想的统治地位。董仲舒将天道与人道结合起来,以"天人合一"为根据提出"天人感应"的理论,他认为封建道德和封建专制的统治秩序是天意的表达,具有神圣性和永恒性。"仁义制度之数,尽取之天"。① 这样的主张使封建纲常获得了至高无上的权威。并且,董仲舒进一步丰富和完善了以"三纲五常"为核心的德育思想。"三纲五常"虽早在先秦时期就已被提出,董仲舒将其重新排列顺序,他把"信"和"仁义礼智"组合起来称为"五常",又将五伦关系中的君臣、父子、夫妇界定为"三纲"即"君为臣纲,父为子纲,夫为妻纲",从而,构成以"三纲五常"为核心内容的封建社会德育思想的基本定型。

(二)王阳明的德育思想

王阳明在继承陆九渊心学德育思想的基础上,认为"良知"是道德的本体,人具有光明的良知就能履行孝、悌、忠的善行,反之,人的良知被蒙蔽之后,便会产生功利之心和私欲之心。昭明的良知是善的来源,被蒙蔽的良知是恶的因由。王阳明提出"破山中贼易,破心中贼难",要想"破心中贼",必须修身养性以加强自身品性修养。他认为人要不断地驱除内心的杂念,放下欲望,唤起人们心中的良知,自觉地遵守封建社会的道德规范,走向内心纯净,以达到知行合一。王阳明的道德哲学与先贤们的道德哲学虽有继承,但又有鲜明的特别之处:其一,注重美育和心理教育在道德教育中的作用。王阳明强调在审美教育的实践中将学习知识与道德修养结合起来,"存天理、灭人欲"是出于审美主体主动的道德修养和内在自觉,而不是程朱所认为的由感性到理性的道德认识。他还从心理学的角度提出"知、情、意、行"的道德教育的四阶段说,认为要充分认识到学生的情感体验、主体人格和审美性格对道德教育的意义。其二,尊重和发扬道德主体的主观能动性。王阳明充分认可人的主体性,强调道德主体的自愿、自律、自学,提出良知自律学说。其三,

---

① 〔清〕董天工笺注:《春秋繁露·基义》,华东师范大学出版社2017年版,第175页。

强调学生的道德践履，注重知行合一。王阳明认为，道德教育不能只是对善观念的认知，落实到实际行动中的善才是真正的善。良善的心理和良好的行为是在道德认知和道德践履相互影响、互为体用的状态下得以形成的。总之，他重视美育、道德教育和知行统一，强调人的主观能动性和"省察克治"对人的德性发展具有重要价值。在王阳明的倡议下，明朝的儒学逐步转变为心学，对封建社会后期乃至近代社会德育思想的发展都产生相当影响。

（三）朱熹的德育思想

朱熹作为南宋时期的教育家、哲学家、思想家，是我国理学思想的集大成者。在朱熹的教育思想中，关于德育占据相当大的比重，与二程具有颇多相似之处，对传统德育的主要贡献在于提出"存天理，灭人欲"的德育宗旨，心论和人性论是其德育思想的主要基础。他沿袭二程"性即理也"的思想，认为天地万物和人皆有内在的本性，这种本性是与生俱来的，把人性分成"天地之性"和"气质之性"，"天地之性"是指天理，即仁、义、礼、智、信；"气质之性"是指人欲，即喜、怒、哀、乐、情。他认为，其一，"天地之性"是善良的，是每个人先天具备的，因而每个人都有可能成为圣贤，这给后天的道德教育提供了可能性；其二，"天地之性"是存在于每个具体的个人身上，受到气质的影响，人性便会有善恶之分，这为道德教育提供了必要性。在人性说的基础上，朱熹还以"心"为范畴解释道德教育的作用，将心分为"人心"和"道心"两个不同方面，"道心"是指禀受仁义礼智等内容的本性的心；"人心"是指禀受形气之私的人欲之心，道德教育的功用就在于培育人的"道心"，以"道心"去支配"人心"。朱熹从唯心主义角度认为天理为善，人欲为恶，两者具有相互对立和相互排斥的特质，必须"革尽人欲，复尽天理"，才能扬善抑恶，保持"天地之性"。现代社会的德育所面临的环境要比朱熹所处时代更具有矛盾性、复杂性和冲突性。在这种状况下，相信人性深处"善"的本性能够增强德育主体的主观信心，在此基础上关注社会的道德困境，关照对人们身心成长造成的不良影响的道德因素，直面不良道德现象的存在，以此展开道德教育，可能会比单纯的正面教育取得更好的德育效果。此外，他还提倡"立志""主敬""省察""力行"等德育方法，对今天的德育仍具有借鉴意义。

三、中国传统儒家德育思想的主要特征

中国传统的德育思想经历了从奴隶社会到封建社会的历程和积淀，表现出鲜明的时代特征。

(一) 重集体轻个体

在中国传统的社会政治结构中表现出两个突出性的特点：专制主义森严和以血缘关系为基础的宗法制度的系统化。这样的政治结构造就中国传统德育形成相对稳定的伦理型范式，一方面具有增强民族凝聚力、关注道德修养的正向价值，使中华民族有"礼仪之邦"的美称；另一方面则使三纲五常的伦理规范成为中国文化得以进一步发展的一大障碍。并且，中国传统社会结构的专制型特征也造成中国传统德育形成一定的政治型范式，一方面产生国家利益至上的观念、中华民族的整体观念以及民族心理上强烈的文化认同感，另一方面也使国人产生颇为严重的服从心理，对权力和权威的迷信，缺失个人的判断力和自信心。中国的传统德育存在浓厚的集体主义价值导向，会把个人的命运与国家和民族的命运紧密联系在一起，以"三纲五常"为载体，强调个体对集体的义务，忽略个人的权利。故而，忠和孝被抬高到至高无上的地位，"君为臣纲"和"父为子纲"要求个人绝对地服从封建统治的集体。这是缘于自然经济时期较低的劳动技术水平的条件下，人们不得不依靠群体联合解决生存问题，个人命运主动或被动地维系在社会群体中，人必然是对社会负责任的，这也在无形之中控制和鞭策着人们的道德行为。在这样的价值导向下，形成了中华民族爱国主义和集体主义的民族心理，一方面造就出一批为国牺牲、舍己为国的民族英雄，另一方面维护了等级森严的封建统治秩序，禁锢人们的思维方式，抹杀人的个性和创造力，不利于自由、平等和公正的德育思想的形成。

(二) 重情理轻法理

儒家伦理以仁爱孝悌为核心，强调人伦，注重亲情。孔子曾提出"为尊者讳，为亲者讳，为贤者讳"[①]；孟子甚至将国法与亲情的处理原则界定为"重私而不废公"。这样的做法虽竭力保护亲情，却失去了"理"和"法"的公正。

---

① 陈冬冬校注：《〈春秋公羊传〉通释》，四川大学出版社2015年版，第185页。

情与法的关系在中国古代社会没有被妥善解决，公平、公正、合理和法律在情理面前显得微不足道。情理重于法理的思想传统映射出我国古代儒家思想中维护封建统治秩序的决心与强势，使得"王子犯法与庶民同罪"成为百姓心中的美好心愿。重情理轻法理的观念至今影响到我国社会主义法制建设的健全和完善。

（三）重义轻利

儒家为维护"三纲五常"的仁义道德和服从集体主义的价值导向，必然会产生重义轻利的价值观。在长期的义利之辨中，墨家的"义利合一"，道家的"义利两绝"，法家的"贵利贱义"等观点都难以与儒家的"以义制利"的思想相抗衡。孔子强调见利思义；孟子提倡去利怀义，甚至舍生取义；朱熹甚至趋向于禁欲主义，主张"革尽人欲，复尽天理"。因而，"重义轻利"的原则逐步成为以牺牲个人利益为代价，无条件服从统治阶级整体利益的义利观。这种道德思想的优势在于能够培养出为国而忘家和公而忘私的高尚品格，达到一种舍生取义的崇高境界，凝聚中华民族强大的向心力，其劣势在于往往牺牲个人的合理诉求，重义务轻权利。

（四）崇德轻力

墨家曾提出德力并重，道家认为德力双弃，但是这些思想都未占据统治地位。儒家认为修身养性最为重要，并不关心力的锻炼，甚至在评价一匹马的时候也是先看其德行，而不看其力气。不仅如此，儒家还重文轻武，认为劳心者治人，劳力者治人。这一观点逐步演化为"学而优则仕""万般皆下品，唯有读书高"，导致大批青年才子埋头苦读圣贤书，希望通过读书获取功名利禄，但却压抑了一部分人的内在潜能，阻碍了我国科学技术的进步和工业文明的到来。

四、对中国传统儒家德育思想的批判继承和发展

中国传统儒家德育是一种伦理本位的文化样态，道德伦理涉及政治、经济、法律、文化、社会等各个领域，形成中国德育与西方德育的鲜明差异。邓小平在批判地继承中国传统儒家德育思想的基础上，形成了具有中国特色的德育理论体系。

第二章 追溯与生长：改革开放新时期德育理论的思想渊源

（一）注重实效

注重实效，注重事实，一切从社会主义初级阶段的国情出发是改革开放新时期德育思想的总原则。我国的社会性质决定了德育的社会主义特征，由于现阶段处于并将长期处于社会主义初级阶段，德育的基本要求和主要目标应当与现阶段的社会发展状况相匹配。因而，邓小平主要从以下三个方面提高社会主义德育建设的实效性：

第一，德育与物质利益相结合。在义利关系上，中国传统的德育思想一直倡导重义轻利。儒家的基本态度是以义制利，"君子喻于义，小人喻于利"①，提倡在道义和物质利益的选择上要"见利思义"。然而，先前儒家并非完全否定物质利益，是在承认物质利益合理性的前提下，强调用道义限制对私利的追求。"富与贵，是人之所欲也；不以其道得之，不处也。"②在我国的传统文化中，孔子认为见利思义；孟子强调去利怀义，甚至舍生取义；朱熹则趋向于禁欲主义，主张"革尽人欲，复尽天理"。邓小平在批判地继承儒家德育思想的基础上，认为"义"与"利"两者并不冲突，不能否定个人利益存在的合理性，强制以"义"代替"利"的做法是不可取的。马克思指出："思想、观念、意识的生产最初是直接与人们的物质活动、与人们的物质交往"③相联系的。德育的社会主义性质内在要求既要兼顾国家和集体的利益，又要兼顾个人利益。我国在德育实践过程中要把物质鼓励与精神鼓励相结合，邓小平强调："我们实行精神鼓励为主，物质鼓励为辅的方针。"④精神鼓励实质是一种政治上的荣誉，能够有效激发劳动者的自信心和创造力，而物质鼓励能够激发劳动者关心自身创造的劳动成果，产生更强烈的责任感和积极性。毛泽东强调要诚心诚意地为人民群众谋利益，解决人民群众的生产和生活困难，具体包括米的问题、盐的问题、衣服的问题、房子的问题、生小孩的问题，等等。邓小平也认为我们党和国家要尽力帮助人民群众解决一切可以解决的问题，暂时无法解决的问题要向人民群众耐心诚恳地解释清楚，使人民群众

---

① 〔春秋〕孔丘：《论语·里仁》，杨伯峻译，中华书局2008年版，第58页。
② 〔春秋〕孔丘：《论语·里仁》，杨伯峻译，中华书局2008年版，第50页。
③ 《马克思恩格斯选集》（第1卷），人民出版社2012年版，第151页。
④ 《邓小平文选》（第二卷），人民出版社1994年版，第102页。

放下思想上的包袱，把精力放在社会生产上。

第二，德育与经济建设相结合。改革开放以来，邓小平把德育工作的重心从"以阶级斗争为纲"转移到服务社会主义经济建设的轨道上，实现德育工作指导思想的战略转移。这是因为，社会主义建设离开以经济建设为中心，就有失去与之相匹配的经济基础的风险。我国社会主义德育建设的理论内容不是凭空而来的，是由物质文明作为经济基础。社会主义物质文明的发展能够改善人们的生产和生活条件，从而影响人们的思想观念和精神风貌，助力社会主义德育建设的发展实效。反之，加强社会主义德育建设，提倡艰苦奋斗的作风，建设高度发展的社会主义精神文明，反哺物质文明，使物质文明和精神文明形成合力，共同服务于社会主义现代化建设。

第三，德育与"三个有利于"相结合。"三个有利于"是衡量人们一切工作是非得失的重要标准。德育与"三个有利于"标准的结合体现了邓小平德育理论中注重实效的基本原则。在邓小平看来，"正确的政治领导成果，归根结底要表现在社会生产力的发展上，人民物质文化生活的改善上。"[①]德育工作的实效性也要看是否有利于发展社会主义生产力，是否有利于增强国家的综合国力，是否有利于提高人民的生活水平。德育可以通过宣传教育、榜样教育、说服教育、案例教育以及批评与自我批评等方式，将消极因素转变为积极因素，使人们投身于中国特色社会主义的伟大实践中，建设富强、民主、文明、和谐的社会主义现代化强国。

(二) 崇德尚法

邓小平认同儒家注重德育的思想传统，将德育放在社会主义教育的首要位置，在肯定中国传统文化崇尚德育的前提下，摒弃传统德育中落后封建的内容，发扬传统德育中积极进步的内容，并且将马克思主义与新时期的德育实践相结合，对我国的德育工作做出深刻的具体论述。德育要用先进的道德观念、崇高的理想信念和科学的世界观念武装人们的头脑，提高人们对资产阶级自由化、享乐主义、利己主义和拜金主义等错误思潮的辨别力和抵抗力，营造良好的社会秩序和道德风貌。邓小平以改革家的政治眼光意识到德育工

[①]《邓小平文选》(第二卷)，人民出版社1994年版，第128页。

作的重要性，德育是党的各项工作得以落实的思想保障，是提高人的思想道德素质和政治觉悟的有效方式，也是反对封建主义的落后思想、资产阶级自由化、各种精神污染的有效途径。但是，单纯地依靠德育工作解决人们的思想认识问题也存在一定的局限性，邓小平改变过去重情理轻法理的思想传统，提出要加强立法工作，不断完善社会主义民主法制建设。他曾强调，思想政治教育可以与行政和法律手段相结合，一要靠教育，二要靠法律。对思想上或者行为上犯错误的情况，能够采取教育方法时尽量采取教育的形式，针对反复教育而不知悔改、甚至走向违法乱纪道路的极端情况，必须采取行政或者法律的强制手段进行惩戒。

(三) 提出社会主义"四有"新人的人才标准

邓小平根据社会主义现代化建设的现实需求和发展趋势，否定传统儒家崇德轻力的思想偏见，重新考量关于社会主义建设者和接班人的培育标准，在继承毛泽东倡导的培养德智体全面发展的劳动者的基础上，进一步提出培养有理想、有道德、有文化、有纪律的社会主义"四有"新人的德育目标。他强调要教育青年成为"四有"青年，教育干部成为"四有"干部，教育人民成为"四有"人民，这是关系到改革开放和社会主义现代化建设事业全局性的政治要求，要号召全党、全军、共青团、妇联、学校、社会团体等，在加强理想信念的道德教育的同时，重视人们的智育、体育、美育等综合发展，塑造能够顺应时代发展趋势和实现自身价值的社会主义"四有"新人。

第三节 对西方德育思想的扬弃

从古希腊时期开始，西方哲学就以其博大精深的思想内容产生深远的影响。经历了中世纪、文艺复兴、近代资本主义以及现代资本主义的演变，诞生了一批批闻名世界的思想家和哲学家，形成了丰富而完整的西方德育思想体系。

一、古希腊先哲的德育思想

古希腊时期是西方传统德育思想形成的初期。古希腊诞生了苏格拉底、柏拉图、亚里士多德和德谟克利特等杰出的思想家和哲学家，其德育思想为西方德育的发展奠定了思想基础。

(一)苏格拉底的德育思想

苏格拉底是古希腊奴隶制共和国时期著名的唯心主义哲学家。作为古希腊"三杰"之首,他强调美德就是知识,并且认为美德是一种善,知识包括一切的善。人的德性和优越感来自于有知识,因为获得正确的知识才会产生正确的行为。他认为没有人会懂得善而不行善,也没有人会明知恶而故意作恶,败德辱行的人是因为不懂得什么是善,什么是恶。苏格拉底将道德教育、知识、美德三者联系起来,奠定了西方传统文化中重视知识、倡导理性的思想基础。行善抑或是为恶是从知识中而来,知识依赖于教育,道德教育的目的在于培养有智慧有理性的人。在治理国家方面,苏格拉底提出"知识救国"的主张,提出应当由有智慧和有美德的人治理国家,而不是通过世袭制或者选举制的方式,更不能依靠欺骗和暴力的手段。苏格拉底把美德、知识与幸福统一起来,各种美德从根本上说都是知识,知识可以被学习和被传播。拥有知识就知道该害怕什么,不该害怕什么,行为上才能够勇敢无惧;拥有知识就知道欲望有节制,了解哪些是合理的欲求,哪些是不合理的欲求;拥有知识就懂得遵纪守法才是正义的行为,了解哪些是合乎法纪的正确行为,哪些是不合乎法纪的错误行为。勇敢、节制、正义等美德都来源于智慧,有智慧的人才是幸福的,因为智慧的人懂得自己欲求什么,拥有什么,该做什么,怎样去实现。所以,苏格拉底强调"认识你自己"。"认识你自己"式的道德内省法也成为苏格拉底道德教育的一种重要方法。苏格拉底认为,承认自己的无知是一种至善的道德境界,也是发现真理的前提。通过不断地省察自身,认识到自己的无知,才能充分发挥人的主观能动性,追求真理和达成至善,成为有智慧、有道德之人。

(二)柏拉图的德育思想

柏拉图作为古希腊时期伟大的教育家和思想家,与苏格拉底、亚里士多德被世人尊称为"古希腊三贤"。他既是苏格拉底的学生,也是苏格拉底的忠实信徒。第一,柏拉图主要从客观唯心主义的角度出发,提出理念论,即理念是事物的制造者,而善是最高的理念,是真理和知识的源泉。合适的教育能够使国家中公民的人性得以改造,使健全性格的人成为更好的人,惠及后代。为了维护城邦制度，建立理想的国度，防止人性的堕落和社会的混乱，就必须通过教育使公民保持良好的美德。第二，柏拉图提出德育内容"四德目"，包括智慧、勇敢、节制和正义。他认为人是有等级的，在其设想的理想国中将公民分为统治者、武士和农工商人。三个等级的公民具有不同的道德层次，统治者的品德是智慧，武士的品德是勇敢，而农工商人的品德是节制。如果三者同时具备相应的美德，各司其职，不互相僭越，社会就能够保持正义，人们就可以得到幸福，从而创造一个正义和谐的国度。柏拉图认为道德教育的目的就是实现这样的理想国，为此，他强调德育要从儿童时期抓起，循序渐进地培养他们节制、勇敢以及智慧的美德，成为正义之人。第三，在道德教育的方法上，他是"寓学习于游戏"的最早倡导者，认为可以将游戏与道德教育相结合，养成儿童遵守纪律和服从美德的习惯。总之，柏拉图作为西方教育史上的开创者，其德育思想对西方乃至世界的道德教育都产生深远的影响。

(三) 亚里士多德的德育思想

亚里士多德信仰"我爱我师，更爱真理"的精神，对柏拉图的"理念论"进行一系列的反驳，并建立起自身的德育思想体系：第一，灵魂论成为亚里士多德伦理学的思想基础，根据人的发展应当遵循身体到情感、再到理智的顺序，将人的灵魂发展阶段分为营养灵魂、感觉灵魂和理性灵魂三个部分。他认为高尚的灵魂比拥有财富和健康的身体更可贵，在西方德育史上阐述了德育、体育、智育的关系以及人的全面发展教育，并且最早提出按照人的年龄特征进行分阶段教育的设想，首先发展德育，塑造良善的灵魂，而后发展体育，培养良好的习惯，使人们拥有健康的体魄，最后发展智育，培养全面发展的人。第二，亚里士多德强调道德实践在道德教育中的作用，指出实践是道德教育的重要途径。他认为在道德方面不仅要有认识，更要有切身实践，实践高于理性。他将美德分为理智的美德和实践的美德，分别是"智德"和"行德"。亚里士多德认为一个人高尚的品德必然产生良好的行为，但是良好的行为不一定就代表一个人拥有高尚的品德，他可能是出于某种目的而表现出良善的行为。因此，亚里士多德认为理智美德造就完人，实践美德培养善民。第三，亚里士多德强调中庸、中道，蕴含丰富的辩证色彩。他从量的角度对道德规范加以规定，认为情感或行为只有在一定的范围内才能称之为道德，超过一定的量会引起质变，善反而变成恶，恶也能变成善。与孔子理念相同，他提倡中庸，认为美德即适中，即道德德性就介于过度与不及之间的适度。例如，节制是纵欲和禁欲之中道，慷慨是铺张浪费和吝啬小气之中道，勇敢是莽撞和怯懦之中道，自信是自负和自卑之中道，等等。一个人能够做到中庸，用理性克制人性，便是具有美德之人。总之，亚里士多德的德育思想是对古希腊德育思想的总结，也开启西方德育和公民教育发展的新阶段。

(四) 德谟克利特的德育思想

德谟克利特是古希腊时期伟大的唯物主义哲学家，关心的问题已经从自然界转向伦理道德。德谟克利特的伦理道德的中心是能够得到精神上的宁静，认为幸福不在于财富和占有畜群，而在于净化灵魂。他虽不是禁欲主义者，却已经主张理性节制对个人幸福的重要性，而这也成为他针对拯救奴隶民主制开出的一剂"伦理处方"。人的天性不分善恶，而是依靠后天的教育，高尚的精神生活可以培育聪明才智，陶冶情操，改善人性，造就出品德良好的公民。对于道德与经济之间的关系，他提出："一切亲人并不都是朋友，而只是那些有共同利害关系的才是朋友。"[①]德谟克利特认为物质利益对于人与人之间的关系有决定性作用；在论述道德与环境之间的关系时，他提出处于坏人的社会中就会助长坏的风气；在论述道德与智慧之间的关系时，他主张追求知识是最高尚的道德修养，并从智慧中引申出三种德性：很好的思想、很好的行为、很好的说话。他认为只靠嘴而不实干的人是虚伪和假仁假义的人，强调知与行、言与行的和谐统一。除此之外，他还提出关于义务、良心、幸福、动机、效果、反省等一系列问题的论述，在西方德育史上都具有重要的思想价值。

二、中世纪德育思想

中世纪的基督教神学在政治上和思想上占据着统治地位，使得哲学和科学都沦为神学的"婢女"。僧侣获得了知识的垄断地位，导致教育也带有神学的性质，德育成为为神学服务的工具。古希腊德育的首要标准是对神的崇拜，

[①] 北京大学哲学系外国哲学史教研室编译：《古希腊罗马哲学》，商务印书馆1982年版，第111页。

对封建专制和教会权威的绝对服从以及骑士的"侠义"行为。德育的主要内容在于宣传博爱、仁慈、公正，倡导禁欲、服从和容忍，鼓吹来世、报应和天国。德育的方法是采取经院式的粗暴机械的形式压制人性，目的是造就愚昧盲目的顺民。

神学教父奥古斯丁比较系统地阐述基督教的教义和道德思想。他认为上帝才是人类存在的根源，通过上帝创造亚当和夏娃，进而才有整个人类。原罪说和拯救论成为奥古斯丁德育思想的思想基础，认为每个人生来都是有罪的，人依靠自己不能得救，只能虔心地爱上帝、依靠上帝、信仰上帝才能得救，才能获得幸福。奥古斯丁强调信仰高于理性，理性只在于强化信仰，信仰是知识和行动的出发点，也是其归宿。他在《论三位一体》中详细论述对上帝的爱、理解和记忆，认为爱上帝才能产生博爱，上帝应当是人们最终的归宿，并通过亲身经历论述皈依上帝的幸福。他在柏拉图倡导智慧、正义、勇敢、节制的美德基础上增加了三个神学的德性，即热爱、信仰和希望，进而形成"七"这个神圣数目的道德规范。他认为人们只要从事善行修养，修炼美德，就能克服劣根性，以求永生之乐。奥古斯丁的思想和经历对我国德育的启发主要表现在：一方面，心生信仰，体悟道德。奥古斯丁的人生转变，皆源于内心信仰的重塑。在皈依教会前，他追名逐利、玩世不恭，是被情欲和物欲征服的典型的"坏小子"；而在皈依教会后，他经历深刻的精神洗礼，决心做追随上帝的人。这能够说明在德育过程中，可以培育一种适当的信仰，引导人们在心中建设一个积极健康的精神世界，成为提升德育成效的一种方法。另一方面，集体约束，互敬互爱。奥古斯丁到了晚年时期，主持多个修道院，通过制定相应的规章制度力图将修道院打造成良性的社会团体。奥古斯丁通过集体强有力的约束力，强调道德改造和道德内化之间的相互影响，启示我们在集体互动之中提升道德水平的发展。

托马斯·阿奎那是基督教神学的集大成者。托马斯·阿奎那以"灵魂不死""来世幸福""天命论"等宗教道德和禁欲主义构成西欧中世纪后期德育思想体系。和奥古斯丁一样，托马斯·阿奎那强调上帝是最高的存在，是至真、至善、至美的结合，君权来源于上帝，理性也来源于上帝，俗人必须敬重和服从君主。阿奎那强调爱，认为人类的道德活动和美德的中心内容就是博爱，一个人既要全心全意爱上帝，也要爱所有的人。但是，他受亚里士多德人性论的思想影响，对神性和人性具有不同的理解。他强调，人作为有生命力的自然存在物，具有物质性和精神性，并且，人天生具备参加政治活动的自然本性。阿奎那认为教育应当优先发展人的物质性，在人的维持生命、自我保护、繁衍后代和健康成长等自然属性得以满足的基础上，才能充分发展人的理性，克服人的愚昧和无知，进而在心中形成对上帝的敬畏、虔诚和信仰。阿奎那关于人的物质性和精神性的理解，对于今天改善德育工作的方法具有启示意义。他还提出，人既应该像蛇一样勇敢、明智、节制、公正，又应当像鸽子一样具备单纯、仁爱、信仰、希望等自然的德性，强调智育与德育相结合。

到了欧洲文艺复兴时期，西方德育的发展步入一个新的阶段。新兴的资产阶级要求民主、科学，提倡对人给予尊重，充分发展人的个性和才能，主张发展德育和美育，以培养完善的人格、高尚的情操和审美能力。文艺复兴的宗旨是反对宗教神学，要求由面对上帝转变为面对现实，回到世俗的人间。人文主义强调的是个人至上、理性至上、意志自由，提倡以个性解放反对封建统治，以享乐主义反对禁欲主义，以理性主义反对蒙昧主义等。总之，文艺复兴时期的人文主义思想为近代资产阶级德育思想的发展奠定了基础。

三、近代资本主义德育思想

随着西方社会科学技术的进步、社会生产力的发展以及资本主义制度的建立，资产阶级逐步形成了一套崭新的德育思想体系。他们反对封建宗教道德，倡导自由、科学、平等，功利主义和个人主义盛行，此时的西欧充满了一种进取的精神。

（一）英国思想家的德育思想

17世纪的弗朗西斯·培根认为"真理能够印出善德"，善可以使人获得幸福。托马斯·霍布斯公开提倡利己主义，提出"人与人之间像狼一样"，必须依靠契约组成国家，依据统治阶级的意志判断善恶是非。洛克主张人在追求幸福的时候要把个人利益与社会利益、眼前利益与长远利益结合起来，人生要以追求最大最长远的幸福为目的。洛克从他的"白板说"（指人的心灵最初就像白板一样，没有任何标记和观念，一切标记和观念都来自后天教育）出发，强调后天教育的重要性，包括德育、体育、智育的"绅士教育"，要求人们做有智慧、懂礼仪、有道德、有学问的气质俱佳的绅士。到了18世纪，功利主义的代表人物边沁提出快乐本身是唯一的善，痛苦本身是唯一的恶，人的本性是趋乐避苦。他把外物所具备的能够满足人们趋乐避苦的特点称为功利，功利是道德选择和道德评价的标准，最高的善就是多数人获得最大的幸福。19世纪的穆勒对边沁的功利主义做了重要的修正，强调精神的快乐高于感官的快乐。

(二)法国思想家的德育思想

自17世纪至19世纪的法国思想家们，特别是启蒙主义的代表人物宣称人是自然的产物，人的本性就是自爱自利，人生而平等，追求自由才是人的权利。他们试图建立一个博爱、自由、平等的"理性王国"。笛卡尔认为人人都具有理性，人人平等是天赋人权，使人的理性得以充分发展，使人的意志完全自由是人道的最高标准。孟德斯鸠强烈反对宗教和专制政权，提出实现个人的自由和平等是最人道的社会。伏尔泰站在资产阶级立场上抨击封建专制、特权和教会，认为人的私有财产不可侵犯，社会上分为穷人和富人是天然合理的。卢梭认为人是生而自由和平等的，每个人都应当享有经济上和政治上的平等，立法的最终目的就是使每个人都获得最大的幸福。他强调德育的任务是培养具有正确判断、善良情感和良好意志的人。

法国启蒙运动的后期还出现了一批唯物主义者。狄德罗强烈抨击教会盲目的禁欲主义和信仰主义，认为每个人都有享受生活的权利，也有追求平等、自由、幸福的权利。他希望改变旧教育，采取新教育启发人性，培养逻辑思维能力，培育创造的精神。爱尔维修尤其注重环境对人的影响，认为人的品质和性格是后天环境的产物。因此，他提倡"教育万能，立法万能"。爱尔维修还提出趋利避苦和追求个人的利益与幸福才是人的本能，这是自爱。自爱是一种自然和不容侵犯的权利，如果自爱会损害其他人的利益，那么它就是不道德的；如果能够有益于社会，它就是道德的，美德应当是个人利益与社会公共利益的结合。他明确提出，合理的利己主义思想实质上是资产阶级的个人主义观念，个人利益才是其核心。

(三)德国思想家的德育思想

18世纪到19世纪的德国思想家期望从教会和专制王权索回失去的人的自由和尊严,指出人的自由是最高的原则,属于天赋人权。他们力图用道德和理性教育民众,以促使人的素质逐步提高和完善,建立一个没有压迫和剥削的人人彼此相爱的理想社会。代表人物康德指出启蒙运动的目的就是唤醒人们的理性,让人们可以运用自己的理性和愚昧专制作斗争。他特别重视教育对人产生的作用,认为人只有靠教育才可以成为人。康德还提出"人生来自由""善良意志""人是目的""至善"等命题以肯定人的核心地位。莱辛提出通过教育克服人类自身的弊病和缺陷,使人成为真正的人。而在哲学领域,费希特坚持为人类的自由而斗争,提出要用立法保证个人的财产和自由,并期望把教会改造成促进人道德完善的力量。黑格尔认为哲学的最高目的就是提高人的地位,在经济、道德、法律、美学、历史等领域全面探讨人的问题,对人的解放给予高度的关注。而费尔巴哈彻底揭露了宗教的欺骗性和虚伪性,要求用新宗教代替旧宗教。并且,他提倡既能让自己幸福,也能让他人幸福的合理的利己主义,坚决反对残忍的、邪恶的、冷酷无情的极端利己主义。

四、西方德育思想的主要特征

与中国传统德育产生于相对封闭的社会环境不同,西方传统德育产生于开放的社会环境中。众多民族间的经济往来频繁,各种文化意识的交流传播,增强个体的自主意识,崇尚个人主义的价值观,主张人的自然权利,突出人的物质利益。西方传统德育思想与中国传统德育思想有着鲜明的区别,具有自身独特的时代特征。

(一)天赋人权,提倡平等

古希腊的智者学派苏格拉底大力提倡:"认识你自己",普罗泰戈拉提出"人是万物的尺度",这两个重要的命题奠定了西方传统德育思想重视自我的基本特征。文艺复兴时期的思想家们争相歌颂人的个性解放、意志自由以及独立自主,倡议追求个人的幸福。法国的思想家们宣传天赋人权,人人生而自由,生而平等。资产阶级用"自由、平等、博爱"的旗帜反对封建专制和等级特权,但是这样的旗帜实质上是为资产阶级的核心利益服务的,当其统治受到威胁的时候,他们就毫不犹豫地采取"步兵、骑兵、炮兵"代替"自由、平等、博爱",具有虚伪性和欺骗性。

(二)尊重知识,崇尚科学

自古希腊时代起,西方就出现了崇尚知识的发展倾向。苏格拉底提出"美德即知识",认为"知识救国"。柏拉图、亚里士多德以及德谟克利特都强调知识是美德的德育思想。基督教大师奥古斯丁提出在智慧中人们创造了一切,强调人类智慧的力量。英国唯物主义的代表人物弗朗西斯·培根倡导知识就是力量,为西方近代工业的兴起奠定了思想基础。自文艺复兴以来,西方科学技术的日新月异与崇尚知识和重视科学的思想传统有着密不可分的关系,天文学、物理学、地理学、数学、生物学等成就显著。总之,西方传统德育思想具有尊重知识、崇尚科学的基本特征。

(三)金钱至上,拜金主义

牟取暴利、金钱至上是资产阶级为人处世的价值标准。马克思曾提出,资本主义社会中人与人之间的关系除了赤裸裸的利害关系以外,难以找到任何其他的联系。人格、良心、尊严、同情、博爱等在金钱面前往往不值一提,人们依据利益范围排定尊卑座次,确定相应的社会地位。金钱是最高的善和最大的幸福,这就意味着人们成为金钱的奴仆,无休止地崇拜金钱,不择手段地谋取利润成为资产阶级全部的道德真相和物质基础。金钱至上论也导致资产阶级的自由是金钱的自由,其平等也不是真正意义上的平等,是建立在工人阶级被压迫和被剥削基础上的"平等"。

(四)利己主义,个人主义

西方文化的核心理念之一是强调个体间的竞争,在一定程度上为个体的生存与发展赢得较好的客观条件,也能够促进社会财富的积累,改善整个社会的生产方式。利己主义抑或是个人主义都是资产阶级最高的行为准则,其理论根据为人的本性即自私,追求个人的幸福和个人利益是至善至美的。近代功利主义者把个人利益作为道德的标准,提出本性自私的人追求和满足个人利益是合乎道德的。费尔巴哈和爱尔维修也从道德上肯定并美化资产阶级的剥削本质,公开强调合理的利己主义。个人主义和利己主义的提出,虽然有助于摆脱封建专制主义、禁欲主义和宗教神学的束缚压抑,但却忽略社会利益和他人利益的合理性,过于强调个人利益,容易造成人人为己和相互敌视的社会风气。

五、邓小平对西方德育思想的借鉴和吸收

邓小平在借鉴与吸收西方传统德育思想的基础上，结合我国新时期改革开放和现代化建设的德育实践情况，深化对社会主义德育发展规律的认知，创造性地开启中国特色社会主义德育思想的发展之路。

(一)提出社会主义义利观

针对国内长期存在的去利怀义的价值观和"四人帮"鼓吹的所谓精神万能论，一方面，邓小平提出无产阶级从事的革命和建设事业是为争取本阶级和劳动者的共同利益，其中最基础的是物质利益，革命和改革也是在物质利益的基础上得以产生的，否则，只讲牺牲精神就会陷入唯心主义的困境中。这一论断从唯物主义的角度肯定了物质利益存在的合理性；另一方面，邓小平的德育思想与西方德育中金钱至上、个人主义和利己主义思想截然不同，并不是只讲个人的物质利益，而是提倡每个人在认同国家和集体的利益的基础上获取合理的个人利益，这一点也彰显了社会主义在制度上的优越性。他赞同毛泽东关于"人是要有一点精神的"理念，在人民群众中宣传奉献精神，号召有革命觉悟的先进分子为了国家和集体的利益而牺牲个人的利益。在党的十四届六中全会上，关于加强精神文明建设问题的决议明确规定社会主义义利观是指：在发展社会主义市场经济的过程中要坚决反对唯利是图和见利忘义，逐步形成把国家和人民的利益放在首位，同时又充分尊重公民个人利益的义利观，形成健康有序的社会生活规范。这是我们党在文件中第一次用明确清晰的语言概括在社会主义市场经济中全社会应当遵循的基本原则。它有力地坚持集体主义的价值导向，体现出爱国主义的思想情怀，在一定程度上有效抵制了损人利己的个人主义和利己主义思潮，激发人民群众的生产和生活积极性，促进国民经济的健康有序发展。

(二)重视教育，尊重人才

邓小平看到西方德育崇尚知识、重视科学的思想传统为国家发展带来的重大改变，在把握中国和世界的时代精神脉搏的前提下，明确提出教育要面向现代化、面向世界、面向未来。他意识到国家要强大，就必须大力发展科学技术。1978年3月18日，邓小平在全国科学大会的开幕式上强调："四个现代化,关键是科学技术的现代化。"①这是因为,新科技革命在世界范围内方兴未艾,知识经济的时代即将到来,科学技术的发展能够有效推动社会生产力的发展和生产方式的快速变革,同时改变人类的思维方式、交往方式、生活方式等。邓小平明确提出科学技术是第一生产力,强调尊重知识和尊重人才,将科学技术置于社会主义生产力和经济发展的首位。未来世界的竞争归根到底是科学技术的竞争和人才素质的竞争。他不仅提出尊重知识、尊重人才的教育思想,而且创造性地提出培育"四有"新人的德育理论,并以此作为社会主义道德教育和人才培养的基本目标。邓小平重视教育、尊重人才的德育思想,正是他放眼看世界、勇于学习包括西方发达国家在内的一切优秀文明成果的显著体现。

小 结

总之,改革开放新时期的德育理论以宽广的世界视野和历史的深邃意识观照德育的发展变化,在吸收中外传统德育思想的基础上,把人类德育思想发展到一个新的高度,其德育理论高瞻远瞩,面向现实,面向未来,勇于创新,吸纳和关注人类德育文明的发展成果,用开放的世界意识和宽阔的全球眼光认识、剖析和处理德育问题,成为塑造21世纪中华文明新形象的总纲领,彰显了改革开放新时期德育建设"求知求做、德文合一"为判据的人文价值和"对话沟通、和而不同"为意旨的交往价值。

---

①《邓小平文选》(第二卷),人民出版社1994年版,第86页。

第三章

内因与外因：改革开放新时期德育理论的生成条件

第三章　内因与外因：改革开放新时期德育理论的生成条件

改革开放新时期德育理论的形成过程并不是一蹴而就的，是在主客观条件共同作用下的历史产物。中国共产党人以坚定的政治信仰面对我国德育建设中的多重矛盾，以面向未来的远见卓识分析德育问题，突破新中国成立以来对德育工作的羁绊，贯彻追求实效的工作作风，展现出以天下为己任的人民情怀。

第一节　改革开放新时期德育理论生成的客观条件

改革开放新时期德育思想是适应时代德育发展需要的智慧成果，它的形成受到客观条件的综合影响，涵盖对新中国成立以来德育经验教训的总结、苏东剧变思想文化根源的反思以及对西方"和平演变"战略的应对。

一、对新中国成立以来德育经验教训的总结

在近现代，尽管不同国家对思想教育和政治教育的教育内容并不相同，然而都重视其在社会发展和学校教育中的地位，把德育作为维护阶级统治的主要途径。比如，在世界社会主义发展史上，列宁在俄国的革命实践中提出学校教育最重要的是课程的政治方向是否正确；毛泽东在我国的革命和建设过程中更是将德育看作是社会主义发展中的重要组成部分；在改革开放和社会主义现代化建设时期，邓小平立足于新时期我国德育建设的基本情况和现实问题，剖析新中国成立以来德育地位的变化，重新审视集体利益与个人利益的关系，批判过度采取政治运动的德育方法，深刻总结新中国成立以来德

育建设的经验教训。

(一) 德育地位的变化

在"文革"十年浩劫中,我国德育的发展经历了一个曲折而漫长的过程:德育的地位被过度抬高,以德育代替智育;而在粉碎"四人帮"之后,社会上又产生忽视甚至否定德育的倾向。在拨乱反正时期,邓小平在继承毛泽东"德育首位"思想的前提下,对德育在"文革"中全面异化的根源进行深刻的反思,总结新中国成立以来德育建设的经验教训,重新确立了德育在社会主义建设中的科学地位。

1. 德育地位被无限抬高

"文化大革命"时期,极左思想的泛滥使我国的德育事业受到重创。其实早在20世纪50年代,"以阶级斗争为纲"的思想就使德育逐步成为政治运动的附属物,失去其教育的根本意义。以"斗、批、改"为主要方法的教条主义和形式主义占据舆论的制高点,使我国的德育事业完全被纳入"以阶级斗争为纲"的轨道。而进入"文革"时期之后,思想战线和理论战线的混乱甚至影响到我国教育的正常秩序,近乎泛政治化的教育使德育彻底丧失育人的基本功能,以德育代替智育,学习科学文化知识也遭受到批判,有文化反而被认为是没有政治觉悟的表现,此时的政治运动取代了一切,被过分抬高的德育实质上沦为被政治利用的工具。

2. 德育地位被否定

粉碎"四人帮"之后,在党进行拨乱反正的工作时,社会上又出现了轻视政治和否定德育的倾向。极少数人借彻底否定"文化大革命"的机会,妄图否定中国共产党的领导和社会主义制度。中国人民刚从"文革"的风波中觉醒,有的人无法对德育工作作出科学的判断,而随着党的工作中心的转移,教育界出现只重视教学科研工作而忽略德育工作的淡化意识形态的氛围。事实上,这样的德育问题在发达国家也出现过。在世界发展史上,二战后的美国出于对美苏争霸的战略考虑,提出把更多的投资放在经济和军事的硬实力上,在道德教育上投入较少,造成的结果就是社会问题的加剧和道德上的混乱。因而,能否正确对待德育在国家现代化建设中的发展地位尤为重要。

3. 德育地位的恢复

德育是关于人的全面发展教育的重要内容，也是党的一切工作的生命线。一方面，邓小平科学处理德育与智育之间的关系。1978年4月22日，邓小平在全国教育工作会议上明确提出："学校应该永远把坚定正确的政治方向放在第一位。"①他批判"四人帮"否定科学文化教育、否定业务工作的错误言论，重新规范德育在学校教育中的首要地位，正确处理好"红"与"专"的问题。坚持德育首位的原则，并不是排斥学习科学文化知识，而是要将思想政治觉悟落实到其他工作中，促进智育、美育、体育等方面的健康发展。另一方面，邓小平科学处理德育与经济工作之间的关系。针对工作中心转移后造成忽略政治的问题，他旗帜鲜明地提出"经济工作是当前最大的政治"②，并且政治问题也要落实到经济工作中，从经济工作的角度解决政治问题，使德育工作从"压倒一切"转移到服务于社会主义现代化建设的轨道上。在社会主义德育实践中，既要避免"文革"中泛政治化的倾向，也要反对淡化政治和脱离政治的错误倾向。

(二)重视集体利益，轻视个人利益

重义轻利在我国传统伦理思想中占据着主导地位。在国家和民族面临危亡的战争年代，个人利益与国家利益之间的联系更为紧密，重义轻利的原则成为处理个人与他人关系的最高行为准绳。新中国成立后，社会进入相对和平的发展时期。由于排斥个人利益的传统价值观念、新中国成立初期对社会主义建设奋斗任务的特定理解以及毛泽东义利观在战争时代取得的不凡成就，使重义轻利的思想原则自然而然成为主流价值理念。毛泽东提倡的"全心全意为人民服务"以及为人民谋求长远利益的主张，对动员人民群众投身到社会主义建设起到积极作用。到了20世纪50年代，随着人民公社的诞生，个人利益被当作集体利益的对立面成为被否定的对象，甚至受到主流意识形态的强烈批判。因此，国家利益和集体利益被抬高到至高无上的位置，个人利益长期处于被忽视的历史地位。随着社会的进步和发展，这种过度排斥个人利益的观念逐步显现出它的历史局限性，难以激发人民群众的生产和生活积极性，

---

① 《邓小平文选》(第二卷)，人民出版社1994年版，第104页。
② 《邓小平文选》(第二卷)，人民出版社1994年版，第194页。

不利于解放生产力和发展生产力，阻碍社会主义现代化建设的充分发展。

（三）过分强调政治运动在德育中的作用

新中国成立之初，德育主要沿袭战争时代的政治运动形式。毛泽东认为，只有采取不断的政治运动和斗私批修，才能通过灵魂深处的革命防止人们在现代化建设中的私欲膨胀，保证社会主义新人的革命热情，培养社会成员为大多数人谋利益的奉献精神，保证社会主义现代化建设的政治方向，巩固和发展社会主义。1956年，对于农业合作化运动，毛泽东批评既要反对保守思想，又要防止急躁冒进的方针，这时的观念已经包含将政治运动绝对化的趋势。而后，他又在《一九五七年夏季的形势》中提出，反右派斗争只有经济战线上的社会主义革命是不彻底的，还必须有政治战线和思想战线上的社会主义革命。毛泽东把政治运动看作是解决问题的最佳方式，逐步将群众运动绝对化，这种过分强调政治运动的方式在短期内取得了明显的成效，但是脱离了受教育者的思想实际，难以为继。为此，邓小平提出要用透彻说理和从容讨论的方法解决群众性的思想问题，扎扎实实解决现行制度的改革和新制度的建立问题。

二、对苏东剧变思想文化根源的反思

苏东剧变是指苏联和东欧社会主义国家由社会主义制度向资本主义制度迅速转化的历程。中外学术界对苏东剧变的原因分析，众说纷纭，包括"和平演变说""葬送说""原罪说""乌托邦说""斯大林模式说""民族矛盾说""意识形态说""历史合力说"等。其中，除了"原罪说"和"乌托邦说"带有明显偏见与敌意外，其他种种说法均是从不同的视角、不同的领域以及不同的层次分析苏东剧变的主要原因。有的说法侧重于外因，但大部分的学者认为内因才是造成苏东剧变的主要原因。意识形态领域中对社会主义理想信念的丧失是苏东剧变的内因。一个具有90多年党史和1800多万党员的大党迅速垮台，一个具有70多年历史的社会主义头号国家解体，8个已有40多年历史的东欧社会主义国家的社会制度迅速转变为资本主义制度。关于资本主义和社会主义之间的关系，苏东国家长期以来推行极左政策，到了20世纪80年代末和90年代初，开始从一个极端走到另一个极端。戈尔巴乔夫执政后，继承赫鲁晓夫"三和"的政策，提出"国际政治新思路"。他提出，各国可以"自由选择发展道路和生活方式",呼吁各国相互承认人民有权选择自身的发展道路并且尊重人民选择的社会制度以及代表这个制度的合法政权。他对社会主义展开"重新认识",从"全人类标准"发展成为"社会主义与资本主义制度的趋于接近"。在这样政策的影响下,苏联对资本主义国家的基本态度从极左走向极右,从夜郎自大到仰人鼻息,从担忧西方渗透到主动请求加入,最终导致苏联改革的彻底变质。1991年12月,存在仅仅69年的苏维埃社会主义共和国联盟就此解体。

反思苏东国家发生政治剧变的原因,对资本主义和社会主义的关系处理不当是一个重要原因。这样做的后果既束缚本国生产力的进一步解放和发展,又制约其他社会主义国家的发展。他们没有认知到坚持社会主义根本原则的前提下吸收资本主义有益发展成果的重要性。相反,错误地认为是"御敌于国门之外",结果造成社会主义体制僵化,难以发挥社会主义制度的优越性。实质上,正是对社会主义制度理想信念的丧失才产生实践中的失误和偏差,导致社会主义的东西丧失了,反而资本主义的东西泛滥了。再加上苏东国家对于意识形态认识上的错误判断阻碍了社会主义国家参加世界经济区域合作,进而错过加入世界经济发展与调整的机会以及战后新技术革命的历史机遇,这也为西方国家对苏东社会主义进行和平演变埋下了伏笔。邓小平对苏联模式的评价是:"社会主义究竟是个什么样子,苏联搞了很多年,也并没有完全搞清楚。"①1988年5月18日,邓小平在会见莫桑比克的总统希萨诺时讲道:"我们过去照搬苏联搞社会主义的模式,带来很多问题……我们现在要解决好这个问题,我们要建设的是具有中国自己特色的社会主义。"②"世界上的问题不可能都用一个模式解决。"③"要求全世界所有国家都照搬美、英、法的模式是办不到的。"④邓小平对苏东剧变的历史教训和社会发展脉络进行深刻的反思,尤其包含对资本主义和社会主义的两种社会制度的反思,认知到中国必须走独立自主的社会主义发展道路,并且,提出在国际交往和对外关系中的

---

① 《邓小平文选》(第三卷),人民出版社2001年版,第138页。
② 《邓小平文选》(第三卷),人民出版社2001年版,第261页。
③ 《邓小平文选》(第三卷),人民出版社2001年版,第261页。
④ 《邓小平文选》(第三卷),人民出版社2001年版,第359—360页。

底线，即四项基本原则。坚守马克思主义在意识形态领域中的领导权，分清社会主义发展中的目的与手段，汲取资本主义国家有益的发展成果，推动我国社会主义现代化事业的发展。

苏东剧变造成国际共产主义运动在较长的历史时期内都处于低潮之中，这种低潮也对中国产生一定的影响。苏联作为一个曾经在军事、政治和经济上能够与美国相抗衡的超级大国，几乎在一夜之间就红旗落地，国家分崩离析。于是，"马克思主义是不是过时了""社会主义制度到底行不行"等思想困惑和悲观情绪困扰着中国广大民众。在经历1989年的政治风波和苏东剧变之后，邓小平在1992年初发表了关键性的南方谈话，指出马克思主义没有过时和失败，也没有消失，"因为马克思主义是科学"①，"苏东剧变"给社会主义国家带来了沉重的打击，但中国人民经受住历史的考验并从中吸取教训，会使中国朝着健康的方向发展。他强调，中国之所以能够平稳度过1989年春夏之交的政治风波以及苏东剧变的冲击，是因为中国突破苏联传统社会主义模式的桎梏，实现中国特色社会主义理论与实践的飞跃，推动改革开放和社会主义现代化事业的发展。邓小平在此基础上，提出解决人们思想上长期困惑的判断姓"社"还是姓"资"的"三个有利于"标准，论述了社会主义本质理论。当国际社会主义运动遭遇重大挫折，"苏联模式"的社会主义实践惨遭失败时，中国特色社会主义的建设在世界舞台上独树一帜，取得举世瞩目的非凡成绩，使"中国道路""中国特色""中国模式"等中国特色社会主义政治意识形态赢得了话语权，带给世界社会主义国家对社会主义和共产主义理想的信心，甚至使当时以"胜利者"自居的西方国家的"华盛顿意识""美国模式"感到"出乎意料"和"困惑"。面对国际国内新的局势，邓小平再次郑重强调"一个中心，两个基本点"的基本路线的重要性，要坚决防止"左"和警惕右，必须坚守对社会主义和共产主义的理想信念，排除"左"的和右的错误思潮的干扰，体现社会主义在根本制度上的优越性。

三、对西方"和平演变"战略的应对

20世纪初期社会主义制度的诞生打破了资本主义一统天下的历史局面，

---

①《邓小平文选》(第三卷)，人民出版社2001年版，第382页。

表现出其鲜明的制度优越性,使资本主义的生存和发展面临空前威胁。以美国为代表的帝国主义国家致力于实施意识形态领域的颠覆和渗透,企图推翻社会主义国家的政权和国家制度,将社会主义国家纳入资本主义世界体系中。当资本主义国家发觉采取武力等强制手段消灭不了社会主义而又不甘心社会主义的日益强大,他们开始转变战略战术,采取和平演变的柔性战略,对社会主义国家进行心理战和思想战,致力于推行"人权外交",妄图进行一场"没有硝烟的战争",以西方资本主义制度彻底取代社会主义制度,建立一个以西方文明为主导的世界体系。

历史上,帝国主义实施颠覆社会主义制度的战略大致经历三个发展阶段:第一个阶段是从1917年的十月革命到第二次世界大战期间,以武装侵略为主,妄图直接通过武力干涉把社会主义制度"扼杀在摇篮里";第二个阶段是从第二次世界大战到朝鲜战争结束,以"遏制"和"冷战"战略为主,妄图通过政治、经济、军事和文化等手段阻止社会主义国家的发展;第三个阶段是从朝鲜战争结束至今,以积极推行和平演变战略为主。20世纪50年代初到70年代末成为和平演变战略正式制定和实施的阶段。时任美国国务卿杜勒斯明确提出西方国家要对社会主义国家展开一场长期的思想战争,准备采取和平的手段将西方社会的民主、自由、人道主义等价值观输入社会主义国家,使之发生演进性的变化,最终从内部逐步解体。艾森豪威尔也认为对苏联和东欧实行和平演变的战略,可以采纳"大规模的人民对人民的交往计划",企图通过人员之间的内部交往进行政治渗透,达到努力争取年轻一代的目的。美国"和平演变"的攻势造成匈牙利、波兰等东欧社会主义国家出现了波匈事件等政治风波。与此情况不同的是,杜勒斯将中国视为其在远东地区实施"和平演变"战略的主要目标,然而,这一战略却远未收到预期的效果。究其原因,主要是因为中国共产党对美国"和平演变"战略的积极应对。为了巩固人民民主政权,中国共产党在新中国成立之初开展三大运动、"三反""五反"运动等一系列革命斗争,对反动分子采取高压态势,使得国内外反动势力难以兴风作浪。与此同时,在意识形态领域,加强对党和人民的道德教育和政治教育,展开对资产阶级思想文化的批判运动,不断确立马克思主义在我国的指导地位,在一定程度上提升了党和人民拒腐防变的能力。除此之外,中国共产党还善于汲取其他社会主义国家在反对"和平演变"中的经验教训,从而警戒人们加强防范。如毛泽东在剖析波匈事件发生的主要原因时提出,匈牙利事件是内外反革命因素共同作用的结果。尽管如此,美国并未放弃对中国进行和平演变。1957年7月,杜勒斯还提出将"和平演变"的希望寄托在中国的第三代、第四代身上。1961年,新执政的肯尼迪调整了"和平演变"的手法,通过灌输西方人道主义腐蚀社会主义意识形态和促使社会主义国家接受西方的生活方式的两种手段,共同加强意识形态的渗透。70年代末至80年代末是和平演变战略全面实施的历史阶段。此时,东西方的关系趋于缓和,社会主义国家在推进改革的过程中遇到一定的挫折和挑战。以美国为代表的西方国家认为要抓住全面推进和平演变战略的历史性机遇,时任美国总统里根指出:在当前两种社会制度的斗争中,"最终决定性因素不是核弹和火箭,而是意志和思想的较量。"[1]他进一步提到,美国"已做好伟大变迁的准备","把世界和平和人类自由的美好希望带到美国国界之外的革命"。[2] 到了80年代后半期,国际形势又发生新的变化。戈尔巴乔夫在制定政治改革和经济改革的方案时,提出"民主化、公开性、多元论"三大倡议,引发东欧国家长期积聚矛盾的大爆发,再加上东西方交流的日益频繁,贸易、人员往来以及文化交流等多种渠道使得美国等西方国家加紧了对社会主义国家和平演变的节奏。

80年代末到90年代末是西方帝国主义国家推进和平演变更为猖狂的历史阶段。1989年到1990年期间,反共反社会主义的浪潮席卷而来,匈牙利、波兰、民主德国、捷克斯洛伐克、罗马尼亚、保加利亚、阿尔巴尼亚、南斯拉夫等相继发生政变,各国逐步放弃社会主义,纷纷走向资本主义。1991年12月25日,苏联解体,人类历史上第一个社会主义国家不复存在。苏东剧变之后,以美国为代表的西方资本主义国家在国际社会获得了更为强大的话语权,将"和平演变"的战略更为集中地对准中国。在西方资本主义国家看来,中国的政治意识和道德观念与它们的意识形态差别较大,并且会对它们的"民主"

---

[1]当代思潮杂志社编,袁木等主讲:《社会主义若干问题讲座》,红旗出版社1990年版,第65页。
[2]当代思潮杂志社编,袁木等主讲:《社会主义若干问题讲座》,红旗出版社1990年版,第66—67页。

第三章　内因与外因：改革开放新时期德育理论的生成条件

"自由""人权"等政治意识形态建设构成威胁和挑战。于是，通过大力推进市场化改革和"人权外交"加紧对中国"和平演变"的步伐，向中国输入西方关于自由和民主的政治思想。而当时中国国内又发生了一场大规模的政治风波，一系列突如其来的形势变化都使社会主义国家的发展面临窘境。如何避免改革开放和社会主义现代化事业的夭折，如何坚守党的领导和社会主义制度，是中国共产党人亟待解决的关键问题。1990年7月11日，邓小平在会见加拿大前总理特鲁多时说："中国要实现自己的发展目标，必不可少的条件是安定的国内环境与和平的国际环境。"①首先，反和平演变要有坚定的政治立场，稳定内部。邓小平认为："中国发展的条件，关键是要政局稳定。"②帝国主义对我国实施和平演变的战略属于外部环境，能否被西方所影响，关键在于我国内部的环境。不可否认，社会主义国家内部存在资产阶级自由化的思潮，党内腐败问题、改革过程中的某些失误以及体制转轨时期的不稳定因素等都给西方的反对势力提供了可乘之机。而要想挫败帝国主义和平演变的战略攻势，就必须坚定社会主义的立场，坚持党的基本路线不动摇，稳住阵脚，沉着应对。其次，反和平演变要坚持斗争，顶住压力，抵制制裁，树立起坚不可摧的国际形象。和平演变和反和平演变是一个长期的斗争过程。帝国主义对中国和平演变的阴谋被粉碎后，西方七个资本主义国家诬蔑中国平息暴乱是"违反人权的暴力镇压"，并且联合起来对中国展开政治制裁和经济制裁，包括停止对华高层的政治接触，延缓世界银行的贷款等。对此，邓小平指出，世界上最不怕孤立、最不怕制裁以及最不怕封锁的国家就是中国。因为中国就是在被孤立、被制裁和被封锁中成长起来的。来自国内外反对势力的威胁和侵略能够激发中国人民爱国、爱社会主义和爱党的决心，提高中国在世界社会主义国家中的国际地位。最后，反和平演变的关键是教育好下一代。帝国主义已经把和平演变的希望寄托在年轻人甚至以后的几代人身上。因而，要时刻警惕对青年和人民的教育、对军队的教育、对共产党员的教育，以保证社会主义事业的稳定而持续发展。

总之，面对资产阶级自由化和反华"和平演变"的威胁和压力，以邓小平

---

① 《邓小平文选》（第三卷），人民出版社2001年版，第360页。
② 《邓小平文选》（第三卷），人民出版社2001年版，第216页。

同志为核心的党的第二代中央领导集体，冷静应对，果断出击，把思想政治工作放在党的建设的首位，用共产党人的理想、思想、信念、道德和纪律武装共产党员，加强党的组织建设和作风建设，既化解了国内政治危机和思想危机，维护党的领导和社会主义制度，也坚持与发展改革开放和社会主义现代化事业，走出一条适合中国国情的社会主义德育建设道路，为坚持和发展这一道路提供了强有力的组织保证。

第二节　改革开放新时期德育理论生成的主观条件

作为邓小平理论的主要创立者，邓小平一生追求真理，勇于创新，抓住机遇，谋求突破。在我国面临重要历史节点和一系列关键问题的决策中，在社会主义道路该往何处去的抉择中，在新时期党的基本理论、基本方针和基本路线的形成历程中，在改革和建设新局面的开拓中，邓小平以马克思主义的坚定信仰、求真务实的精神、以天下为己任的家国情怀、勇于突破的勇气和面向未来的卓识远见，在汇聚全党集体智慧的基础上，做出了对社会主义德育建设的创造性贡献。

一、坚定的马克思主义信仰

信仰代表人们对特定的人生理想及其价值理念的思想认同和高度确信，是人们超越现实生活、追求理想生活的深层次需要的理性表达，也是个体世界观、人生观以及价值观在奋斗目标和发展愿景上的集中体现。马克思主义信仰是共产党人的精神追求，也是立身之本。邓小平矢志不渝地坚守马克思主义的政治信仰，忠于党和人民的伟大事业，在70多年的革命生涯中，从未动摇共产主义的理想信念。习近平在纪念邓小平同志诞辰110周年的座谈会上指出："信念坚定，是邓小平同志一生最鲜明的政治品格"[1]。坚定的信仰成为邓小平鲜明的政治风格，是他一生顽强奋斗的精神动力，也是他突破创新的内在原因。1920年，邓小平怀揣"工业救国"的爱国理想去往法国，开始了一段艰辛的求学之路，然而，法国资本主义的社会现实使邓小平意识到"工

---

[1] 习近平：《在纪念邓小平同志诞辰110周年座谈会上的讲话》，http://www.xinhuanet.com//politics/2014-08/20/c_1112160001.htm.

业强国"对当时的中国来说只是一种不切实际的幻想。就在邓小平陷入苦闷忧愁之时，法国的社会主义运动使他看到了希望，促使他接受并学习马克思主义的理论内容。1926年，邓小平专程远赴俄国，在中山大学和东方大学系统地学习马克思主义的基本理论，这为邓小平在回国之后将马克思主义与中国革命和建设事业相结合奠定了坚实的理论基础。在70多年的风雨兼程中，邓小平坚守马克思主义的理想信念，不论遇到多大的政治动荡都从未动摇。在"三落三起"的生存困境中，邓小平没有意志消沉，依旧心系大局，无私无畏地执着于中国的社会主义事业，"穷且益坚，不坠青云之志"。20世纪30年代，邓小平遭遇错误批判，受到党内"最后严重警告"的处分并被撤职。但是，"残酷斗争"没有打倒他的意志和信念，他仍拼尽全力为党工作，先后主持并编印70多期的《红星》报，坚持"跟着走"完万里长征。"文化大革命"时期，邓小平被剥夺一切职务，遣送到江西省新建县拖拉机修造厂进行劳动改造。身处逆境的邓小平不怨天、不尤人，仍然坚守马克思主义的政治信仰，冷静地等待、忍耐，同时不停歇地深入思考社会主义革命和建设的发展方向与经验教训，积极争取能够重新为党工作的机会。1975年，邓小平复出后全面主持党政军工作，他冒着又一次被打倒的巨大风险，有步骤地进行全面整顿，同"四人帮"展开针锋相对的斗争，导致再次被错误地批判和撤职。1976年，邓小平因病住院之时，医务人员问他，如果能够再出来工作准备怎么干？邓小平依旧态度坚定地说："我还是那一套，无非是第四次被打倒。"在第三次复出之后，已届古稀之年的邓小平凭借对马克思主义的坚定信仰和社会主义事业的执着，以大无畏的政治勇气和理论勇气领导党和人民拨乱反正，开辟中国特色社会主义的新征程。擅长撰写人物传记的美国作家哈里森·索尔兹伯里对邓小平三起三落的经历感慨万千，他曾说："邓小平的东山再起，其离奇变幻，即使通查中国的古籍也找不出第二件。"①20世纪80年代，步入耄耋之年的邓小平考虑到党和国家的长远利益，完全退出了中央领导的岗位。同时，他表达出终生不变的赤子情怀："我的生命是属于党、属于国家的。"②此时，国际共产主义运动遭受重大挫折，我国的社会主义事业面临严峻挑战和考验。

---

① 萧诗美：《邓小平谋略》，红旗出版社1996年版，第3页。
②《邓小平文选》（第三卷），人民出版社2001年版，第323页。

邓小平作为一个坚定的马克思主义者，表现出对党和国家的坚决捍卫，提出我国必须沿着社会主义道路走到底，毫不动摇对社会主义和共产主义的理想信念，有力回击国内外关于社会主义的种种质疑和忧虑，使党和国家得以经受住狂风恶浪的严峻考验，把稳中国特色社会主义发展的正确方向。

邓小平的一生证实了他对马克思主义信仰的坚守和笃信，同时也证明信仰对于一个人、一个政党、一个国家以及一个民族的重要性。邓小平对马克思主义的信仰还体现在他的世界眼光上，在会见外国客人时多次强调，要把共产主义的精神推广到全体人民和青少年当中，使之成为我国社会主义精神文明的思想支柱，并为世界上一切追求进步、诉诸革命的人们所向往，也为世界上思想苦闷和精神空虚的人们所敬慕。总之，邓小平彪炳千古的丰功伟绩，以及他给党、国家和人民带来的崭新局面和光辉前景，首要归功于他历久弥坚的政治品格和理想信念、领导党和人民坚守共产主义的理想、矢志不渝坚持社会主义的方向，才能开启中国特色社会主义德育建设的伟大事业。

二、以天下为己任的人民情怀

人民不仅是社会历史的主人，而且是社会主义的主体，社会主义制度的优越性是由人民群众创造和体现的。以人民为主体基础上的群众路线和群众观点，是中国共产党人在长期革命和建设历程中克敌制胜的根本法宝。毛泽东曾经强调，人民群众才是真正的英雄，我们自己往往是幼稚而可笑的；只有信任中国人民，相信人民群众的创造力，那么，任何困难都可以被克服，任何敌人都可以被战胜。他认为，领导干部要和人民群众相结合，要集中群众的诉求，转变为系统的意见，然后在群众的行动实践中得以检验，如此往复循环，就能够得到更加准确、丰富和科学的结论。

邓小平作为20世纪以来伟大的政治家，对民本思想的历史智慧更是深有感触。他从历史唯物主义的角度出发，揭批传统民本思想的唯心主义成分和阶级狭隘性，指出要坚持实事求是，一切从实际出发，时刻关注人民群众的切身利益，满足人民群众的物质文化需要。首先，邓小平能够及时发现德育问题，抓住机遇，寻找突破点，与他的人民情怀是分不开的。邓小平善于从人民群众的德育实践中找寻解决德育问题的新思路，概括并总结人民群众创造的新经验，以此作为党的政策、方针和路线的重要判据，逐步演变成为重要的德育方法。与此同时，他运用德育建设的新经验指导和动员人民群众的德育实践，从而科学有效地推动中国特色社会主义德育事业的迅速发展。其次，邓小平主张深入基层，倾听人民群众的诉求意见，及时反映人民群众的思想状况和愿望要求，这是密切党同人民群众之间联系的必要纽带和内在要求。邓小平素来反对突出个人，总是将取得的成效归功于党的集体决策和集中统一领导，归功于人民群众的智慧结晶。他不因身居高位不作为，而是利用一切可以把握的机遇建功立业，创造国家未来。邓小平强烈谴责工作上的文牍主义和事务主义作风，一些机关的负责同志把很多时间"用在处理文电和不必要的过多的开会上面"，极少去"深入基层，深入群众"①，不了解人民群众的基本要求，没有形成处理人民群众问题的工作经验，既不能如实反映人民群众的诉求意见，也不能及时落实政策方针，极易造成党同人民群众的关系疏离甚至对立。他认为，中国的革命事业依靠人民群众的拥护与支持，改革开放的大业依靠人民群众的拥护与支持，德育建设的依靠力量也在于广大的人民群众。最后，邓小平始终坚持走群众路线，依靠群众，信任群众，尊重群众的首创精神。在他看来，只要相信群众，就可以把问题讲清楚，那么任何问题都可以得到解决。改革开放是一项史无前例的伟大事业，是涉及德育、经济、政治、文化、社会、军事等各方面的深刻而广泛的伟大革命。人民群众是改革的决定性力量和重要后盾，对改革开放事业有强烈的希冀和诉求。因而，改革开放必须尊重人民群众的基本要求，扩大人民群众的物质利益，满足人民群众的精神诉求。邓小平始终站在改革开放的前列，支持和引导人民群众的社会实践，提出一系列关于改革的路线、方针和政策，激励人民群众的劳动积极性。他将人民群众的根本利益作为衡量和评判政策正确与否的基本标准，成为我们党在新时期制定一切方针政策的出发点和落脚点，也是40多年来我国改革开放能够取得伟大成就的要诀所在。邓小平以天下为己任的人民情怀主要表现在：

第一，将我国生产力的标准与人民群众的利益标准相结合，使中国特色社会主义得以建立在满足人民群众根本利益的基础上，这是邓小平饱含人民

---

① 《邓小平文选》（第一卷），人民出版社1994年版，第222页。

情怀、遵守人民立场的重要途径。他指出，正确的政治领导的成果归根到底是表现在社会生产力的发展和改善人民的物质文化生活上。他在强调社会主义的根本任务是解放生产力和发展生产力的同时，提出社会生产力的发展归根到底是为实现人民群众的根本利益，目的在于惠及人民群众。始终将人民群众的利益作为判别什么是社会主义的价值取向，作为解放生产力和发展生产力的价值尺度，作为我国社会主义发展优劣的价值标准，从而使中国特色社会主义获得来自人民群众更多的认同感和参与感，显现出强大的活力和生机。1992年春，邓小平在南方谈话中，进一步提出"三个有利于"的理论，将其作为判断各方面工作是非得失的标准。"三个有利于"的标准归根结底是人民利益的判别标准，以人民群众的根本利益作为衡量政策正确与否的标准。

第二，将生产力的基础作用与人民群众的主体作用相结合，激发人民群众的首创精神，是邓小平饱含人民情怀、遵守人民立场的鲜明体现。"民生在勤，勤而不匮"，正是一代又一代的劳动人民创造了新的历史篇章。邓小平对人民群众的首创精神给予高度的重视，他认为社会主义社会生产力的根本动力存在于人民群众之中，要善于根据人民群众的实践指向和主观意愿，把握和捕捉中国改革和发展的历史机遇，善于运用人民群众的主体力量实现解放和发展生产力的任务，为社会改革和国家发展奠定坚实的物质基础。改革开放伊始，从哪里入手作为改革的突破口，邓小平认为，首先要从农村开始。这是因为，农村人口占据我国总人口的百分之八十，农村如果不稳定，社会的整体政治局势就不稳定；农村如果不能摆脱贫困，就意味着我国没有摆脱贫困。邓小平指出，农村改革"给农民自主权，给基层自主权"[①]，这样就调动了农民和基层的积极性。他坚定地认为，人民群众是社会主义建设的胜利之本和力量源泉，只有紧紧依靠人民群众，调动人民群众的生产积极性，才能最终完成建设有中国特色的社会主义的伟大使命。2015年4月，习近平在表彰全国劳动模范和先进工作者的大会上也强调，富强民主文明和谐的社会

[①]《邓小平文选》（第三卷），人民出版社2001年版，第238页。

主义现代化国家的建成，根本上是靠劳动和劳动者的创造。①

第三，将解放思想、实事求是的思想武器交给人民群众，挖掘人民群众的生产和生活积极性，是邓小平饱含人民情怀、遵守人民立场的伟大创造。邓小平作为中国从革命年代到改革开放新时期的领导人和亲历者，明晰社会主义事业与人民群众之间的关系，始终将"人民拥护不拥护""人民赞成不赞成""人民高兴不高兴""人民答应不答应"作为一切工作的出发点和落脚点，其中也包括德育工作。而在德育上赢得民心不能空喊口号，要革除政治体制上的种种弊病、克服官僚主义的危害，推崇民主政治。这是因为特权横行、贪污腐败、机构臃肿以及效率低下会造成人民群众的合理诉求和基本权益得不到保障，从而产生政治冷漠和对政府的不信任感。人民群众是贯彻和落实党的路线、方针、政策的主要力量来源。依靠人民群众的力量建设社会主义，必须使人民群众从僵化的体制与陈旧的理念中解放出来，树立社会主义的新观念与新思维。解放思想、实事求是，关键在于尊重人民群众和依靠人民群众。思想解放的程度影响着人民群众发挥创造性和积极性的程度，并决定着社会发展和变革的速度。邓小平对人民群众根本利益的坚定维护，对人民群众创造精神的高度赞扬，对人民群众实践经验的广泛吸纳，对人民群众进步愿望的积极支持，充分表现出他将解放思想、实事求是的思想路线与马克思主义群众路线有机结合的科学世界观和精湛方法论。邓小平认为，工人阶级必须依靠本阶级和全体劳动人民的群众力量，才能实现解放自己和解放全体劳动人民的历史使命。

振兴中华民族，实现国富民强，这是邓小平一生的奋斗目标和最大期望。他强调，社会主义发展生产力的目的是人民的共同富裕。邓小平在外出视察时，总是要到工人和农民的家里，看看他们生活得怎么样，他说："一定要使人民得到实惠，得到看得见的物质利益，从切身经验中感到社会主义制度的确值得爱。"②江泽民在邓小平同志追悼大会上的悼词中指出，中国人民爱戴、

---

①习近平：《在庆祝"五一"国际劳动节暨表彰全国劳动模范和先进工作者大会上的重要讲话》，《人民日报》2015年4月29日。

②中共中央文献研究室：《邓小平年谱（1975—1997）》（上卷），中央文献出版社2004年版，第685页。

感谢、哀悼、怀念邓小平同志，是因为他将毕生精力和心血献给中国人民，为实现中华民族的独立和解放，为社会主义现代化事业建立卓越功勋。胡锦涛在邓小平诞辰100周年纪念大会上对邓小平做出高度的评价：邓小平同志"始终对人民群众怀着无比深厚的感情，把为中国人民谋幸福作为毕生奋斗的目标"。① 习近平在《之江新语·树立五种崇高情感》中提道："要做到情为民所系……要学习邓小平同志的情怀感。"总之，邓小平从马克思主义的唯物史观出发，基于"人民群众是历史的创造者"的基本原理，提出"全心全意为人民服务"这一党的宗旨，既促进马克思主义与我国国情的有机结合，又突破传统民本思想的局限性，切实解决人民群众的利益诉求，务实关心人民群众的生产生活，这是顺应推动社会主义现代化事业的一个基本前提。邓小平的人民情怀与中国传统的民本思想有着本质区别，为社会主义现代化事业的腾飞奠定了坚实的群众基础。

三、追求实效的工作作风

邓小平本着实事求是的务实精神，追求真理，著名的"猫论"就是他工作作风的突出表现，质朴无华而又蕴含深意，成为邓小平理论的精髓。"领导者必须多干实事"，"要取信于民，要干出实绩"。邓小平是倡议实事求是的政治家、思想家、战略家，也是追求实效的实干家。务求实效、持之以恒是邓小平一贯坚守的工作作风和基本原则。他强调要真抓实干，从社会实际出发制定政策方针，并且提出，制定出的政策方针和落实的工作要能够给社会、国家以及人民群众带来实际的利益。他高度重视调查研究工作，了解第一手的实际情况和整体资料，从而纵览全局，制定决策。邓小平对那些只追求表面文章而不顾工作实效的形式主义深恶痛绝。他主张要开短会、讲短话，"不搞争论""不开空话连篇的会""不发离题万里的议论"。历史上的经验教训已经表明，空谈误国，实干兴邦。邓小平的语言风格以深入浅出和平实精炼为主要特点，善于运用简洁有力的话语表达深刻的道理。他批判讲排场的工作作风，不铺张浪费，勤俭办事。1978年3月18日，他曾告诫全党，要切实解决实际问题，必须制止"不讲实际效果、实际效率、实际速度、实

---

①胡锦涛：《在邓小平同志诞辰100周年纪念大会上的讲话》，http：//cpc.people.com.cn/n/2013/0819/c69709-22616249.html.

际质量、实际成本的形式主义"①。1989年3月23日，邓小平在会见乌干达共和国总统穆塞韦尼谈话时强调："要加强对人民进行思想政治工作，提倡艰苦奋斗。"②这些简洁平实的言论对今天都具有深刻的教育意义。邓小平追求实效的工作作风还集中体现在：在思想文化教育上，他提出要以社会效益作为一切活动的唯一准则；在政治建设上，他认为要以能够促进社会生产力的发展作为判断正确的政治领导的标准；在经济建设上，他表示发展生产力必须要看经济效果；在党的建设上，提倡共产党人必须真正为人民群众干实事，才能取信于民。

邓小平的思维方式和个性特点以务实为主，是一个真正的实事求是派。他尊重客观事实，相信科学，是一位追求实效的理性主义者。在邓小平看来，实效是判断是与非、善与恶的一个基本标准。他做出的每一项历史决策，都是顺应客观发展趋势的结果，是其务实精神和理性主义的彰显。他从不惧怕压力，从不担忧质疑，也不迷信权威，而是勇于面对，勇于追求真理，以实效作为判别事物的主要准则，坚持做到了不唯书、不唯上、不唯古、不唯外。总之，正是邓小平追求实效的工作作风，为个人价值的最高体现提供了完备的人格铺垫，使得人民群众能够团结一心促发展，也使国家的命运发生了巨变。

四、勇于突破的创新精神

求实创新就是要推陈出新，实事求是，不断开拓进取。这就要求不拘泥传统，不迷信权威，突破原有的狭隘眼光和思维定势，勇于站在时代的潮头，多角度、全方位地分析形势，成为革命斗争的先锋和建设事业的排头兵。这样的精神品质和性格特征是邓小平自身较为典型的人格魅力。邓小平在长期的革命斗争、生活磨砺和工作实践中，在自我剖析和外部环境的相互影响下，从感性上升到理性，逐步形成勇于突破的创新精神。从领导百色起义和龙州起义，到建立左右江革命根据地，再到挺进大别山和淮海战役，邓小平都挺身而出，骁勇善战。在新中国成立之后，邓小平敢于挑战陈旧观念的权威性，

---

① 《邓小平文选》（第二卷），人民出版社1994年版，第99—100页。
② 《邓小平文选》（第三卷），人民出版社2001年版，第290页。

质疑当时受到机械主义和本本主义思想影响的社会主义建设论，使我们党得以绝处逢生，使我国得以走上实干兴邦的道路。在改革开放的历史进程中，邓小平敢于突破，大胆创新，提出物质文明和精神文明要"两手抓"；革命是解放生产力，改革也是解放生产力；提倡共同富裕；以"三个有利于"作为判断姓资还是姓社的标准；科学技术是第一生产力；采取"一国两制"的方法成功解决了香港、澳门问题，等等，这些都充分体现了创新意识成为改革开放取得重大突破的内生动力。因此，勇于突破的创新精神是判断思想能否解放的一个主要标志，也是是否坚持实事求是思想路线的重要环节。

邓小平勇于突破的创新精神主要表现在解放思想、实事求是路线的提出。不断地创新，事物才能具有多样性，在竞争中优化自身选择，具备鲜活的生命力。邓小平提出思想解放，就是针对新的历史条件的客观需要而对马克思主义哲学的创新性解释和创造性运用，也是对马克思主义哲学和毛泽东哲学思想的新的发展和丰富。邓小平认为，思想上解放，就是要摆脱过去意识形态非此即彼的尖锐对立的思维方式，弱化冷战时代的意识形态话语，认为社会主义的意识形态应当具备整合不同阶级利益诉求的功能，可以采取合作和对话的方式解决意识形态的分歧，努力减少对抗和斗争，创造合作和增加信任，以达到双赢或者多赢的理想效果。并且，从科学社会主义的角度来看，德育建设并不排斥资本主义的先进文化、思想、技术、经验等。在"文化大革命"期间，由于受到极左思想的影响，对外来文化采取了一味排斥的主观态度。在"文化大革命"结束之后，以邓小平同志为核心的党的第二代中央领导集体决定，要解放思想、实事求是，果断地纠正以往的错误，实施改革开放的重大决策，汲取一切有益于社会主义现代化建设的成果，开辟新时期社会主义现代化建设的新道路。正是在勇于突破的创新精神的引领下，邓小平带领党和人民突破了旧思想和旧观念的限制，树立了全新的思想观念；冲破传统体制机制的束缚，建构新的体制机制。邓小平鼓励人们在改革开放的过程中要"大胆地试，大胆地闯"[①]。但是，德育建设不排斥资本主义的思想文化并不是对资本主义一切东西的全盘吸收，对于影响改革开放稳步推进的资产

---

① 《邓小平文选》（第三卷），人民出版社 2001 年版，第 372 页。

阶级自由化思潮，邓小平予以坚决反对，强调要坚持四项基本原则，提出反对资产阶级自由化与改革创新并不矛盾，可以实现二者的有机统一。我国是一个发展并不均衡的发展中国家，现代化的实践不是盲目实施，必须通过不断地实践，不断地试错，将创新精神与实践经验有机结合，才能实现社会主义现代化的健康发展。邓小平认为，社会变革是一个复杂而又艰难的过程，也是一个不断探索和尝试的过程。在这个过程中，不存在全面的行动规划和详尽的行动路线，要允许犯错误，敢于承认错误，学会根据实际情况的变化随时做出调整，不断创新和完善能够指导改革取得成功的政治理论。这就是说，社会变革需要"摸着石头过河，走一步，看一步"，在稳中有进中发展我国的社会主义现代化事业。

思想上获得解放并不是随意地创新和创造，而是要一切从实际出发，遵循实事求是的方法论。我国的社会主义现代化建设属于整个人类物质文明和精神文明的一部分，是思想解放的伟大成果，然而，我国现代化建设的进程并不是主观臆造的结果，它既是国内诸多因素相互影响和相互作用的成果，也是当前所处的国际环境条件下生成的结果。能否在充分利用国内外有利环境的基础上进行力所能及的创新和创造，成为决定我国社会主义现代化建设进程和速度的重要因素。正是基于此，邓小平反复强调，没有创新的思想和决策，我国就不可能实现四个现代化，也无法达到既定的战略目标，实现社会主义制度的优越性。邓小平在继承前人文明成果的基础上，大胆怀疑旧有的僵化的知识体系，敢于打破原有的知识界限，使许多长期难以解决的国际国内重大问题都有了新的解决契机。他作为伟大的马克思主义信仰者和守护者，始终坚守实事求是的态度，秉持放眼看世界的气度，具有勇于突破的创新精神，拨开历史上的重重迷雾，找到解决各种问题的出口。一是在经济上，他废除人民公社体制，大胆尝试并建立家庭联产承包责任制；提倡引进外资，创办"三资"企业；建立经济特区，积极发展市场经济。二是在政治上，加强党的思想建设、组织建设、制度建设、作风建设等，初步形成不搞政治运动而靠改革、经常性工作以及制度建设的从严治党的建设道路；重视社会主义的立法工作，加快民主制度化和法律化的步伐；提出"十六字方针"，加强同民主党派和党外民主人士之间的合作；在对待台湾这个历史遗留问题上，富有创造性地提出"一国两制"的政策。三是在对外交往上，邓小平预见到战后形成的两极争霸的政治格局行将结束，国际形势逐步由紧张转变为缓和，由对抗转变为对话，于是他毅然决然一改以往对战争与和平的国际形势的判断，由"一条线"战略改变为独立自主的和平外交战略；打破政治僵局，改善中苏关系、中美关系、中日关系，教育、文化、科技、经贸、军事之间的往来日趋密切；以和平共处五项原则作为建立国际政治新秩序的准则，加强南北合作和南南合作，学习世界一切国家包括资本主义国家的科学技术、机械设备以及管理经验等。四是在科学文化教育上，提出教育"三个面向"的思想；进行教育体制的改革，努力将人口众多的劣势转变为人才优势；尊重知识，尊重人才，培育"四有"新人等。

邓小平勇于突破的创新精神还体现在提出"搁置争议，共同开发"的对外战略。当下的世界并不安宁，依然存在各种各样的冲突和矛盾。由于历史上的一些因素，国家与国家之间、地区与地区之间、民族与民族之间，争端从未停止。各国都在密切关注世界的未来和发展。针对这样的情况，邓小平既着眼于未来，又立足于当下，提出"搁置争议，共同开发"的对外战略，倡导采取和平的方式解决国际上的历史争端问题，第三世界国家应当利用和平时期抓紧时间发展本国经济，力图摆脱贫困的发展状况，壮大世界上的和平力量。在对外关系中，中日关系是邓小平执政以来外交战略中的一个重点，这是因为，日本是世界上重要的经济大国，也是我国山水相连的近邻。1978年，邓小平在访问日本期间，对于钓鱼岛归属这个争议问题，提出"搁置争议，共同开发"的构想。此后，这个思想也被延伸到南沙群岛的问题上。1984年10月，在中央顾问委员会全体会议上，邓小平在结合"一国两制"战略的基础上，比较完整地提出"搁置争议，共同开发"的思想。在邓小平看来，处理国际上的问题，要实事求是，根据新的情况提出新的办法。南沙群岛在世界地图上一直被划为中国的领土，时下菲律宾、越南、马来西亚各占领一些岛屿，可采取的办法或是用武力收回岛屿，或是搁置争议、共同开发。邓小平主张在"主权归我"的前提下，采取和平的方式解决争端问题。他认为，这一代解决不了的问题，下一代可能会解决。这样的想法和做法都透露出邓小平立足于当下、审时度势、勇于突破、谋求发展。总之，谋求发展就必须突破陈规陋俗，进行改革创新。邓小平提倡创造性的思维，反对故步自封；提倡思想解放，反对僵化保守；提倡远瞩高瞻，反对目光短浅。在改革实践的过程中，面对艰难的处境和未知的领域，邓小平勇于创新，大胆革新，奋力探索崭新的发展路径，开拓全新的历史机遇，不断地总结经验，创新和完善体制机制，走出一条适合我国国情的创新发展道路。

五、面向未来的远见

众所周知，邓小平的一生跌宕起伏，几起几落。16岁的邓小平背井离乡，远赴资本主义国家法国留学、打工和生活达5年之久，由不谙世事的少年逐渐成长为具有坚定信仰的共产主义者。在"文化大革命"期间，因思想上反对"四人帮"的"左"倾思想，由中共中央总书记被打成"党内第二号最大的走资派"。1975年，复出不满一年的邓小平被当作死不悔改的走资派再次被打倒。1978年，邓小平第三次复出后，在正确分析国内外形势的基础上，目光长远，坚信自身的判断，鼓励大力发展经济，主张学习先进资本主义国家的优秀文明成果，为己所用，使我国的社会主义现代化建设扬帆远航，朝气蓬勃。他在考察和规划改革开放和社会主义现代化建设的过程中，目光如炬，从大局出发，不因一时的成果而盲目乐观、沾沾自喜，也不因暂时的失败或困惑而悲观绝望。正如毛泽东以政治家的博大胸怀指导我国革命取得胜利一样，邓小平以其独到的战略远见和政治智慧提出一系列关于我国未来发展的战略和决策。正是在这样富有远见的战略思想指导下，我国的社会主义现代化建设事业走向更加光明的未来。

第一，邓小平面向未来的远见卓识表现在对时代主题的判断。他关注冷战后世界新格局的梳理和时代新主题的转变，经过长期的观察和思考，抓住世界格局变化的本质，得出和平与发展是时代主题的科学论断，提出虽然战争的风险依旧存在，但是争取较长时间内的和平环境是存在现实可能性的。战争是一个与和平相对应的概念，对时代主题的判断实质上涉及对战争含义的理解。一场战争的重要性和影响力是局限性的还是全局性的，才是判别时代主题的关键性依据。邓小平认为，战争与革命的时代主题中所指的"战争"，是指"世界战争"①。而世界战争的发动是要具备充分的条件的，并不是随意哪个国家可以发动的。在邓小平看来，判断一个国家能否发动世界大战，主要是看是否倡导霸权主义的政策和是否有能力打世界大战。邓小平提出，在当今世界，美国和苏联对外提倡霸权主义的政策，并拥有强大的军事打击能力，因此，只有这两个国家真正有实力和资格打世界战争。然而，由于美苏、日本、欧洲等国家的人民，以及广大的第三世界的人民强调反对战争，美苏不能置世界人民的反战情绪于不顾，执意发动世界战争。并且，邓小平预见到美苏虽拥有大规模的原子弹和军事武器，但彼此并没有取得胜利的绝对优势，加之世界新科技革命的迅速发展，经济与技术在国际竞争中所占的地位愈来愈突出，战争在国际竞争中的地位日益下降。面对这样的形势，邓小平大胆断言，世界大战"至少十年打不起来"②，并且指出，和平问题和发展问题，实际上就是东西问题和南北问题，核心问题在于南北问题。邓小平认为，和平问题的存在是由于核战争、强权政治和霸权主义，而南北问题的实质是发达国家与发展中国家之间的问题。发达国家要意识到解决本国的发展速度和再发展问题，不能忽略南北问题的全球性和战略性特征。和平问题与南北问题具有相互影响、相互联系的辩证关系。在南北问题上，邓小平劝诫发达国家应当放下过去那种建立在压迫和掠夺发展中国家基础上的经济发展方式，支持和重视发展中国家的发展，抓住发展中国家这一广阔的外部市场，维护整个世界的和平与发展。因此，邓小平以远大的未来视野，提出加强南北对话，促进南南合作，建立国际政治经济新秩序才是世界未来发展的大趋势。

第二，邓小平面向未来的远见卓识表现在能够把中国的问题放置在世界的大背景下考量，将中国的经济、文化和历史看作是世界经济、文化和历史不可分割的一部分，积极分析外部形势的新变化，站在世界的高度上设计和考量中国经济、文化和历史的发展前景，寻求中国发展的新契机。中国特色社会主义是建立在政治、经济、社会、生态、文化等各个方面基础上综合进步和发展的结果，需要构建面向未来的宏伟蓝图。早在改革之初，邓小平立足于我国的基本国情，以人民对未来美好生活的向往为依据，明确提出建立

---

①《邓小平文选》（第三卷），人民出版社2001年版，第104页。
②《邓小平文选》（第三卷），人民出版社2001年版，第25页。

"富强、民主、文明"的经济社会的战略目标。这里的"富强"指的是经济的现代化,即高度发展的社会主义物质文明;"民主"指的是政治的现代化,即高度发展的社会主义政治文明;"文明"指的是文化的现代化,即高度发展的社会主义精神文明。邓小平构想的中国现代化就是富强、民主、文明的社会主义现代化,这一战略目标为国家经济快速、持续、健康的发展指明了未来方向,充分体现人民的精神诉求和主观愿望,也反映了中国特色社会主义的基本规律,规划出新时期社会主义现代化建设的美好蓝图。

第三,邓小平面向未来的远见卓识表现在对外开放政策的提出。邓小平清晰地认识到国家之间的竞争往往是权益之间的相争,他认为,要抓住和平的契机谋求发展,就必须实施改革,打开国门,对外开放。在新中国成立之初,我国的社会主义建设主要依靠集中国内的物力、人力、财力才得以艰难推进。在艰苦的国内外环境中,国民经济得到初步恢复,国民经济体系得以初步建立。这种封闭的经济建设模式是由于帝国主义国家的封锁包围以及国内"左"倾思想等一系列的历史条件造成的。随着社会生产力的恢复发展和国际形势的转变,关起国门搞发展的模式逐步成为阻碍社会进步和国内经济的"绊脚石"。打开开放的大门不仅成为世界发展的必然趋势,也是国家得以存续和发展的一般规律。纵观当代世界,凡是富有活力和经济蓬勃的国家或地区,无不在实行对外开放的经济政策。邓小平以"中国发展离不开世界"的国际视野,回答了"中国为什么开放"与"如何对外开放"的关键性问题,表明中国主动走近世界,吸纳人类进步成果的自觉,构建社会主义对外开放的出发点。他认为现代世界是一个开放的世界,中国的发展需要立足于世界历史,立足于开放的社会主义发展思想。邓小平基于世界现代化的发展进程和对中国闭关锁国经验教训的总结,提出开放才是"后发展"国家逐步走向现代化的必然选择。他认为要将对外开放的政策与社会改革放在同等重要的位置上,敢于借鉴和吸收各国包括世界资本主义发达国家在内的一切先进的现代技术、生产方式、管理方法等。我国的对外开放经过 10 多年的迅速发展,到 90 年代初期已经基本形成从沿海经济开放区、经济特区、沿海开放城市到沿边沿江开放城市、内陆开放城市的多层次的宏观对外开放格局。与此同时,他提出,要保有民族的自尊心和自豪感,"以热爱祖国、贡献全部力量建设社会主义祖国为最大光荣，以损害社会主义祖国利益、尊严和荣誉为最大耻辱。"①1989 年 10 月，中美关系正处于严峻时期，邓小平与来访的美国前总统尼克松谈话时提出："我们都是以自己的国家利益为最高准则来谈问题和处理问题的。"②国家间的关系本质上是围绕着国家主权的利益关系，包括了国家政治利益、国家安全利益、国家经济利益和国际社会中的平等权益等，这些是不以意识形态和社会制度的异同为转移的。同时，国家间的利益也是相互的和对等的，要将维护本国的利益同尊重对方的合法利益相结合。我国的社会主义现代化建设在由封闭走向开放的过程中，要把握好自身的战略利益，才能确保国家之间的良性互动，国家与国家之间的关系更加长远。邓小平不仅提出对外开放的决策，并且提出对外开放的长期性。这是因为，首先，扫清过去关于对外开放在认识上的误区，开放的界限不能拘泥于社会制度和意识形态。历史已经证明，以社会制度和意识形态来判别划分敌友、孰近孰远，只会导致对外开放的路越走越窄，发展之路也会越走越窄。邓小平指出，中国观察问题不取决于社会制度，不计较于历史恩怨，也不计较于意识形态，而是根据具体情况。其次，当前的时代是以和平与发展为主题的时代，社会主义和资本主义的并存是一个长期存在的客观现实。在对待两种社会制度的态度上，谋求正向的对话和合作，才是发展之道。再次，社会主义要代替资本主义需要一个漫长的历史发展过程。社会主义必然会代替资本主义，是不以人的意志为转移的客观规律。但是，社会主义要创造出比资本主义更高更快的社会生产力，就需要社会主义国家充分利用资本主义在几百年内创造出来的物质文明和精神文明的成果，加强国际交往和国家合作，挖掘社会主义制度的自身潜力。最后，中国的腾飞需要改革开放的强有力支撑。现在的世界是一个全面开放的世界，国家与国家之间、民族与民族之间的相互影响表现出共生性的特征。邓小平在着眼于当下和未来发展趋势的前提下，提出预见：改革开放应当贯穿于中国今后发展的全过程，并进一步指出改革必须是综合性的系统改革，以保证在 20 世纪末实现小康社会的奋斗目标。因而，我国的改革开放必然是一个长期的历史发展过程。总之，邓小平以面向未来的远见

---

①《邓小平文选》(第三卷)，人民出版社 2001 年版，第 3 页。
②《邓小平文选》(第三卷)，人民出版社 2001 年版，第 330 页。

卓识改革中国特色社会主义德育事业，指导新时期社会主义德育实践，不断解决德育新问题，形成独具特色的邓小平德育理论。

小　结

总而言之，世界文明不断创新，人类文明赓续前行。为实现建设有中国特色的社会主义事业，内在地要求马克思主义者发展新理念，拓展新视野，发掘新境界。中国共产党人朴实而坚定的马克思主义信仰、以天下为己任的人民情怀、追求实效的工作作风、勇于突破的创新精神以及面向未来的远见卓识，适应新时期社会主义现代化建设的发展要求，突破对马克思主义的教条式理解，强化马克思主义在中国乃至世界社会主义国家的生命力，推进马克思主义理论在实践上的发展进程。他率先提出解放思想、实事求是的根本方针，向封闭而传统的思想传统发起冲击，综合我国社会主义德育事业的具体实践，提出一系列的创新性论断，既丰富了马克思主义德育思想的理论宝库，又构建出建设有中国特色的社会主义的基本轮廓，使其德育思想具有"求用尚效、聚焦民心"为依据的实用价值和"对话沟通、和而不同"为意旨的交往价值。

第四章

萌芽与孕育:改革开放新时期德育理论的历史脉络

第四章 萌芽与孕育：改革开放新时期德育理论的历史脉络

在我国社会主义德育发展史上，邓小平对德育建设的历史贡献占有举足轻重的重要地位。从1929年12月到1930年2月，邓小平以无产阶级革命家的政治谋略和求实精神，抵制党内"左"的思想干扰，对广西当地的壮族、汉族、瑶族等少数民族积极做好思想政治工作，在很大程度上调动了广西各族人民群众的积极性，使其加入百色起义和龙州起义的革命队伍，创建了历史上著名的左右江革命根据地。在新民主主义革命时期，邓小平认为，虽然我们党犯了三次"左"倾机会主义错误和一次右倾机会主义错误，然而经过党和人民群众的艰苦奋斗，最终赢得了全国革命的伟大胜利。他始终心系人民，并且不断警戒党内脱离人民群众的危险。1950年7月，邓小平在西南军政委员会第一次全体会议上强调："政府是人民的，也是为人民的。"①在控制物价时，他根据当时的社会现实考虑到物价上涨不符合人民的利益；在减租退押时，他考虑到这是农民合情合理的不过分要求；在城市基本建设的过程中，他提出城市为工人阶级和劳动人民服务的思想。1956年9月，邓小平在中共八大上做了《关于修改党的章程的报告》，提出党内要突出实事求是的思想路线，反对教条主义、经验主义和个人崇拜，加强对共产党员的思想教育。邓小平在革命时期对德育工作的探索与实践，凸显了他探寻社会主义德育发展规律的理论自觉和实践自觉，为其德育理论体系的基本形成奠定了坚实的思

---

① 邓小平：《在西南军政委员会第一次全体委员会议第五次大会上的发言》，《西南政报》1950年7月31日。

想基础。邓小平说过：他讲的很多话都是从政治角度来考量的，是"着眼于大局"①的。这也成为邓小平自身一个重要的思想方法，贯彻这样的思想方法研究邓小平德育理论的历史演进过程，可以归纳为萌芽、酝酿、发展、形成四个阶段。

第一节 改革开放新时期德育理论的萌芽(1975—1978年)

1975年，邓小平开始了第二次复出时的"全面整顿"。在全面整顿的过程中，邓小平明确反对"唯生产力论"，提出搞社会主义建设必须搞生产，必须搞科学技术。但是，他强调搞劳动生产率和科学技术不能被认为是"唯生产力论"②。邓小平坚定地认为无论社会主义建设从哪方面入手，都必须首先发展社会生产力，这是邓小平全面整顿的初心，也是其德育思想的初心。然而，能够产生一定社会影响的思想或者思潮在发展之初都会引起非议。邓小平在社会拨乱反正的过程中伴随着与"左"倾思想艰苦卓绝的斗争。

一、对教育科学文化领域的整顿

科学的进步和文化的繁荣依赖于政治上的民主。要想实现教育科学文化领域的发展，就必须消除长期以来"左"倾思想对教育科学文化方面的影响。"四人帮"反革命集团取消学术民主和政治民主，简单粗暴地采取棍棒政策解决思想理论和学术是非问题，造成科研战线冷冷清清，文艺阵地百花凋零，教育领域受害颇重，各条战线青黄不接。1971年，林彪反党集团事件发生之后，毛泽东内心受到极大的震动，开始有意识地解放一批老干部。两年后，邓小平被调往北京，主要的任务是协助周恩来领导国民经济的工作。毛泽东的初心是希望邓小平能够在维护"文化大革命"成果的前提下，使国家由混乱走向安定。这次临危受命，邓小平冒着"左"倾顽固势力的压力，以四届人大提出的四个现代化的政治口号为发展契机，大刀阔斧地开始对国家各个方面的有力整顿。邓小平根据当时的形势，提出"把国民经济搞上去"的整顿目标。

---

①《邓小平文选》(第三卷)，人民出版社2001年版，第77、298页。
②中共中央文献研究室：《邓小平思想年谱》，中央文献出版社1998年版，第8页。

在具体实践的过程中，他将毛泽东提出的"三项指示"作为全面整顿的指导思想。这样的做法对长期以来占据主导地位的"左"倾思想是重大突破。1975年3月，邓小平把实现现代化作为全党工作的主要方面，实质上将全党工作转移到经济建设上。而邓小平强调大力发展生产力，努力实现现代化，就是针对"以阶级斗争为纲"的"左"倾方针，力图对"文化大革命"进行根本性的纠错。历经九个月的全面整顿，邓小平使长期处于瘫痪和动乱中的中国社会再次出现稳定和发展的转机。这次全面整顿工作具有深远的历史意义，可以称之为改革开放的先导性试验。邓小平在此期间倡导的关于国民经济建设的新思路和新举措，成为他发展经济、发展生产和改善人民物质文化生活的具体实践。例如，他提出关于教育与科技在现代化中的重要地位；发展经济是党的中心工作；关于干部"四化"，等等。1975年的全面整顿不仅为十一届三中全会之后的改革开放提供了前提条件，而且为日后德育工作的展开奠定了坚实的思想基础和实践条件。

社会主义社会应然是高度发展的物质文明和精神文明的社会，但是，我国发生的十年"文化大革命"内乱不仅造成了政治生活的浩劫，而且造成教育科学文化和思想道德方面的浩劫。1978年，十一届三中全会的召开开创了在新的历史条件下社会主义德育建设的新时期，为思想战线和理论战线的拨乱反正提供了良好的历史契机。事实上，邓小平一直以来都十分重视德育建设，早在"文化大革命"开始之前，多次强调要抓好德育工作。他在1975年复出时提出要紧抓各方面的整顿，虽然把主要精力放在经济建设上，但也注重思想理论方面的工作，强烈谴责"四人帮""宁要贫穷的社会主义"等错误观点，并且指出要恢复优良传统和作风，重新发展科学教育文化事业，努力整顿全国上下的精神生活。1977年，邓小平再次复出，强调在精神生活方面的拨乱反正，尤其是教育科学文化的建设。他曾经警戒党内同志"要根据现在的有利条件加速发展生产力，使人民的物质生活好一些，使人民的文化生活、精神面貌好一些。"①1981年，邓小平在《关于建国以来党的若干历史问题的决议》中提出，坚决扫除过去存在的忽视教育科学文化和轻视知识分子的错误观

---

① 中共中央文献研究室：《邓小平思想年谱》，中央文献出版社1998年版，第80页。

点，努力提升教育科学文化在我国现代化建设中的作用，肯定知识分子同工人和农民一样都是社会主义现代化建设的依靠力量。邓小平强调知识分子在国家建设中的地位以及教育和科技在经济社会中的作用，指出："科学技术叫生产力，科技人员就是劳动者！"①他从全面而长远的角度看待教育在科技发展中的动力作用，重新确立知识分子作为无产阶级的社会地位，指出教育涉及国家和民族文明程度以及国民文化素质的提高，影响中国现代化的发展进程。这一论断对邓小平日后提出"科学技术是第一生产力"的理论具有重要意义。

二、对德育的拨乱反正

唯有放下历史的包袱，才能直面未来。随着拨乱反正工作的深入和发展，如何认识新中国成立以来我国在社会主义建设中的经验教训，如何科学评价"文化大革命"，如何科学评价毛泽东和毛泽东思想，成为当时我国政治生活的一个重大历史课题。如何实事求是地对新中国成立以来的重大历史事件进行理性地分析和总结，厘清功过是非，完成党在指导思想上的拨乱反正，是对我国德育工作进行拨乱反正的前提。1977年9月，党的思想路线和思想政治工作真正开始了拨乱反正的历史进程。聂荣臻、陈云、徐向前、张鼎丞等老一辈革命家纷纷撰文，积极响应邓小平在中共十届三中全会上的主张，同意采取科学的态度对待毛泽东思想。聂荣臻在《人民日报》上发表了《恢复和发扬党的优良传统》，强调：我们的一切正确的思想归根到底只能从实践经验中来，并且必须回到实践中去，能够通过实践的检验。陈云在《人民日报》上发表《坚持实事求是的革命作风》，文中指出，实事求是不是普通的作风问题，而是是否遵循马克思主义的思想路线问题。这些文章和观点的发表，能够进一步扫清"四人帮"否定客观规律的政治影响，促进德育上的拨乱反正。正在全国上下开展揭批"四人帮"运动的过程中，党的主要负责人在"既要稳定局势，又要解决问题"的方针下，于1977年2月7日在《人民日报》上发表社论《学好文件抓住纲》一文，提出"两个凡是"的政治口号。实际上，"两个凡是"既不能科学地认识毛泽东和毛泽东思想的区别，也不能使德育从极左思想的

---

①《邓小平文选》（第二卷），人民出版社1994年版，第34页。

束缚下解脱出来开创新的工作局面，成为解放思想的一大障碍。对于"两个凡是"的思想，邓小平态度坚定地表达了反对意见。1977年4月10日，他致信党中央提出："必须用准确完整的毛泽东思想指导全党、全军和全国人民。"①1978年6月2日，他再次阐释毛泽东思想的出发点和落脚点是实事求是、一切从实际出发、理论联系实际，论述了新时期如何发挥思想政治工作的优良传统等问题，为德育工作提供思想依据和理论指导。

三、打破教育战线上"左"倾思想禁锢

1978年，全国上下展开关于真理标准问题的大讨论，是一次具有重大历史意义和现实意义的马克思主义思想解放运动。这场关于真理标准问题的讨论为扭转人们思想上的错误倾向，解决人们的道德困惑，开辟中国特色社会主义发展道路奠定了思想根基，也为召开党的十一届三中全会提供了理论准备。以邓小平同志为核心的党的第二代中央领导集体为这场关系到党和国家前途命运的思想解放运动，做出了具有里程碑意义的突出历史贡献。

1978年5月9日，在邓小平的积极倡导下，由中共中央党校主办的《理论动态》第六十期发表《实践是检验真理的唯一标准》一文。5月11日，该文在《光明日报》发表并由新华社全文转载。12日，又被《人民日报》和《解放日报》同时转载。文章中强调：马克思主义理论不是僵死不变的教条，它需要在实践中不断增加新的理论内容，然而，由于"四人帮"强加在人们身上的精神枷锁还没有被彻底打碎，使得当下依然存在"圣经上载了的才是对的"这种错误倾向。该文旗帜鲜明地提出我国革命的实践证明了"左"倾和右倾机会主义的路线是错误的观点。这篇文章也引发全国范围内开展关于真理标准问题的大讨论，对此，邓小平给予高度评价：从解放思想、实事求是的角度来讲，关于真理标准问题的大讨论是思想路线的问题，是政治问题，也是"关系到党和国家的前途和命运的问题"。② 这场关于真理标准问题的讨论打破长期以来盛行的个人主义和教条主义的精神枷锁，冲破"左"倾思想的禁锢，否定"两个凡是"的错误方针，也是一场解放思想的大讨论。1978年12月，邓小平在中共中央工作会议闭幕会上发表《解放思想，实事求是，团结一致向前看》的重要

---

① 《邓小平文选》（第二卷），人民出版社1994年版，第39页。
② 《邓小平文选》（第二卷），人民出版社1994年版，第143页。

讲话，高度评价关于真理标准问题的讨论的必要性，认为其对全党坚持解放思想和实事求是的思想路线，坚守马列主义、毛泽东思想，保证社会主义现代化建设的有序推进具有重要意义。关于真理标准问题的讨论，既是思想问题，也是教育问题。一切从事实出发，以客观现实为基本依据，才能扭转教育战线上的"左"倾错误，充分发展我国社会主义现代化的教育事业。全会结束党在粉碎"四人帮"之后两年内徘徊不前的局面，开始认真而全面地纠正"文化大革命"及其"左"倾思想观念，并且开始梳理错误观念带来的各种恶劣影响，重新确立马克思主义的思想路线，端正德育建设的方向，实现德育工作的历史性转折。

第二节　改革开放新时期德育理论的酝酿(1978—1987年)

自党的十一届三中全会到党的十三大是我国正式落实改革开放政策的起步阶段，也是邓小平德育理论发展的新起点。在历时十年之久的"文化大革命"中，我国的德育理论与德育建设遭受到严重挫折。"四人帮"出于篡党夺权的政治目的，把党内的"左"倾错误推向极致，严重践踏社会主义道德，使新中国成立以来良好的道德风尚受到严重的破坏，中华民族的传统美德被错误地批判为"封、资、修的黑货"。他们颠倒黑白、歪曲事实，完全扭曲了社会主义和共产主义道德教育，导致信仰丧失、法制失效。直到党的十一届三中全会召开之后，邓小平在总结社会主义德育建设经验的基础上，科学把握德育事业的规律和本质，继承毛泽东对德育建设的探索成果和未竟事业，实现马克思主义基本原理同中国具体实际相结合的第二次历史飞跃，找到一条适合中国国情的德育现代化道路。随着我国德育工作的拨乱反正任务的完成，社会主义道德教育逐步得以恢复，善恶颠倒的局面得到了根本上的扭转和扼制。以邓小平同志为核心的党的第二代中央领导集体竭力消除"左"倾思想带来的消极影响，结束"文革"之后党和国家长达两年的徘徊期，确立了解放思想、实事求是的思想路线，使整个国家迈入了一个崭新的历史阶段。

一、德育工作的新起点

1978年12月，邓小平为准备党的十一届三中全会而召开的中央工作会议总结讲话,即《解放思想,实事求是,团结一致向前看》的主题报告,以此作为新时期建设有中国特色社会主义的理论纲领,并且成为新时期社会主义德育工作的重要指针。在《解放思想,实事求是,团结一致向前看》的主题报告中,邓小平主要针对"两个凡是"和个人崇拜的遗留问题,指出实事求是才是马克思主义的思想基础,认为只有思想解放,才能科学地坚守以马列主义、毛泽东思想为指导,改革与现阶段生产力不相符合的生产关系,解决过去遗留下来的以及新出现的各种问题,根据国情、世情和党情的发展实际,确立四个现代化的方针、政策和措施。他言辞犀利地强调,党和国家"如果一切从本本出发,思想僵化,迷信盛行,那它就不能前进,它的生机就停止了"。①这里讲的是解放思想对于党和国家发展的重大意义,实际上也成为德育工作的一个新起点。这是因为思想僵化、因循守旧会带来思想认知上的滞后,容易陷入本本主义和经验主义。解放思想旨在通过马克思主义的思想指导突破主观偏见和传统势力的束缚,主动创新、勇于探索,对文化生活、政治生活和社会生活做出调整和转变,使思想与实际相符合;实事求是旨在从客观存在中探索事物发展的自身规律,使主观符合客观。总之,解放思想、实事求是的思想路线将打破以往思维方式和传统观念的限制,竭力消除"左"倾和右倾机会主义对我国思想界和理论界的影响,使新时期社会主义德育建设迈上新征程。

二、德育工作社会主义方向的确立

随着十一届三中全会之后改革开放政策在我国的实施,受到国内外敌对势力思想渗透的影响,社会上出现少数人曲解"解放思想"的一些口号,以"社会改革"为幌子,过分夸大党在过去工作中的错误,试图将马克思主义、毛泽东思想当作一种束缚,一味地迷信西方的意识形态和社会思潮,妄图以此否定党的领导,否定社会主义道路,一度造成思想混乱的社会局面。这就涉及如何解放思想的问题,1979年3月30日,邓小平在《坚持四项基本原则》的讲话中界定了"解放思想"的含义:"解放思想,就是要运用马列主义、毛泽东思想的基本原理,研究新情况,解决新问题。"②这就意味着我国改革开放的社

---

① 《邓小平文选》(第二卷),人民出版社1994年版,第143页。
② 《邓小平文选》(第二卷),人民出版社1994年版,第179页。

会主义方向是明确而坚定的。在《坚持四项基本原则》的讲话中，邓小平提出四项基本原则对于社会主义现代化建设具有思想保证作用，明确了我国德育工作的社会主义性质，有助于廓清改革开放和现代化建设的思想迷雾。邓小平强调："我国人民能有共同的政治经济社会理想，共同的道德标准。"①这些德育思想对正处于历史转折时期邓小平德育理论体系的建构奠定了理论基础。1979年6月15日，邓小平在《新时期的统一战线和人民政协的任务》中强调：为了实现四个现代化的发展目标，"对极少数反社会主义分子实行无产阶级专政的同时，需要在人民内部广泛地加强思想政治教育。"②1980年8月18日，在《党和国家领导制度的改革》中再次强调："我们一定要抓好思想政治工作，包括各级党委、各级领导干部以及每个党员。"③1981年6月，党的十一届六中全会通过由邓小平主持起草的《关于建国以来党的若干历史问题的决议》。该决议实事求是地对新中国成立以来的重大历史事件进行科学地分析和理性地总结，厘清功过是非，完整论述了毛泽东思想作为党的指导思想的历史意义，完成了党在指导思想上的拨乱反正，即对德育的拨乱反正，为德育工作的社会主义方向提供了思想依据和理论指导。

三、德育工作的精神文明向度

为了全面而深入地拨乱反正，克服理论、思想、道德、文化等方面的严重混乱，适应党和国家工作中心的转移以及实施改革开放的重大决策，邓小平提出我国在开展社会主义物质文明建设的同时，要建设社会主义精神文明的重要任务。1979年，叶剑英在庆祝新中国成立三十周年大会的讲话中提出："要在建设高度的物质文明的同时，建设高度的社会主义精神文明。"④这个讲话是党在新时期最早提出的关于"社会主义精神文明"概念的重要文献，也是对营造良好的社会主义道德风尚的新倡议。邓小平高度关注这个文献的起草，并且多次提出修改意见。同年10月，邓小平在中国文学艺术工作者第四次代

---

① 《邓小平文选》（第二卷），人民出版社1994年版，第167页。
② 《邓小平文选》（第二卷），人民出版社1994年版，第187页。
③ 《邓小平文选》（第二卷），人民出版社1994年版，第342页。
④ 中共中央文献研究室：《三中全会以来重要文献选编》（上册），中央文献出版社2011年版，第204页。

表大会的祝词中强调建设社会主义精神文明的重要性，提出要克服小生产者狭隘守旧的心理和剥削阶级思想的影响，批判了官僚主义、个人主义、无政府主义，努力恢复和弘扬"我们党和人民的革命传统，培养和树立优良的道德风尚，为建设高度发展的社会主义精神文明做出积极的贡献。"① 可以看出，关于社会主义精神文明建设的具体要求已然形成相对科学而明晰的概念。随着中国特色社会主义事业的推进，拨乱反正和改革开放的具体实践显现出德育事业的艰巨性。1980年12月25日，中共中央工作会议提出要加强党的思想政治工作和精神文明建设。在《贯彻调整方针，保证安定团结》的讲话中，邓小平强调思想道德建设的效用，针对社会上出现的"批判"共产主义道德的不经之谈，他严肃斥之为"荒唐"，"没有这种精神文明，没有共产主义思想，没有共产主义道德，怎么能建设社会主义？"②

1981年6月，党的十一届六中全会通过的《关于建国以来党的若干历史问题的决议》中强调，要坚持又红又专的方向和使受教育者在德智体美几方面都得到发展的教育方针，为学校的德育工作提供了制度保障和政策指导。从德育建设的角度看，《决议》使我国的德育工作具备了充分而科学的理论依据。党的十二大揭开了全面开创社会主义精神文明建设的新局面，也是党的德育理论认识取得新发展的重要阶段。邓小平在党的十二大上的开幕词成为德育理论建设的又一个重要文献。在报告中，对社会主义精神文明的重要地位给予高度的肯定，第一次提出了"社会主义精神文明是社会主义重要特征"的理论，并且强调社会主义精神文明的任务不仅在于提升每一个社会成员的精神境界，而且在全社会要发展能够体现社会主义精神文明的新型社会关系。③ 在十二大报告中论述了社会主义精神文明的重要地位以及物质文明与精神文明之间的辩证关系，提出思想道德建设决定我国精神文明建设的社会性质，建设以共产主义为核心的高度的精神文明，要求将思想政治教育与社会主义建设时期的奋斗目标相结合，制定建设高度的社会主义民主的根本方针，强调

---

① 《邓小平文选》（第二卷），人民出版社1994年版，第209页。
② 《邓小平文选》（第二卷），人民出版社1994年版，第367页。
③ 中共中央文献研究室：《十二大以来重要文献选编》（上册），中央文献出版社2011年版，第26页。

必须抵制外来腐朽思想的侵蚀，坚决防止资本主义生活方式的无限泛滥。1985年9月，邓小平在党的全国代表会议讲话中专门将社会主义精神文明建设列为重点问题，指出我国的精神文明建设在实践中存在"一手软"的现象。他提出，社会主义精神文明建设除了必须学习马克思主义理论之外，最重要的是端正党风和社会风气，而社会风气好转的关键在于端正党风；不能削弱思想政治工作和思想政治工作队伍的建设。

　　1986年9月28日，党的十二届六中全会通过了《中共中央关于社会主义精神文明建设指导方针的决议》。如果说1984年十二届三中全会的决议是为解决关于物质文明建设的体制改革，那么，十二届六中全会的决议则是再次明确了精神文明建设的根本任务和指导方针。这一决议既丰富了社会主义精神文明建设的理论，而且具有很强的实践指导意义。第一，明晰精神文明建设在社会主义现代化建设总体布局中的战略地位，指出其与以经济建设为中心、经济体制改革和政治体制改革等几个方面是相互配合、相互促进的关系。精神文明建设可以为物质文明建设提供智力支持和精神动力，并渗透在政治领域、经济领域、文化领域、社会生活等各个方面。第二，阐明社会主义精神文明建设的根本任务是培育"四有"新人，提升中华民族的思想道德素质和科学文化素质。第三，第一次正确而科学地论述社会主义道德建设基本要求与最高理想、最高道德、共同理想之间的关系，使先进性同广泛性得以有机结合。第四，将民主和法制、纪律观念融入社会主义精神文明建设的基本内容，体现了我国的社会主义精神文明是民主精神、革命精神和科学精神的辩证统一。第五，强调以马列主义、毛泽东思想为指导是社会主义精神文明的根本。第六，社会主义精神文明建设的基本指导方针是推动社会主义现代化建设、促进全面改革、实行对外开放以及坚持四项基本原则。因此，《决议》是对十一届三中全会以来社会主义精神文明建设的新认识，标志着我国社会主义精神文明建设理论的初步形成，也指明了社会主义德育建设的基本方向。

四、基层德育工作的全面开展

　　邓小平在吸取过去德育工作经验教训的基础上，不仅从理论上重视德育教育，而且在实践上要求抓好学校的德育工作、军队的德育工作和企业的德育工作等基层德育的相关工作。

(一)关于学校的德育工作

1985年8月,中共中央在《关于改革学校思想品德和政治理论课教学的通知》中提出,要改革思想政治理论课的教学,关键在于贯彻理论联系实际的思想方针,转变注入式的教学方法,采取启发式的教学方法。1987年5月,中共中央提出《关于改进和加强高等学校思想政治工作的决定》,明确高等学校办学的指导思想,强调高等教育的社会主义方向;为落实教书育人、服务育人的教育宗旨,加强教职工队伍的思想建设;倡导全党全社会关注青年学生的健康成长;提升高等学校领导班子的思想政治水平;不断改进高等学校思想政治工作的内容、方法和形式。1988年8月,国家教育委员会颁布《中学德育大纲》,在贯彻社会主义初级阶段的基础上,秉持党关于社会主义精神文明建设的指导方针,不断适应时代发展的新问题、新情况和新形势,分层次确立德育目标、德育内容和实施路径,成为各级教育部门对中学德育工作展开评估督导和有效管理的基本标准。1988年12月,中共中央在《关于改革和加强中小学德育工作的通知》中强调,中小学德育工作要适应全面深化改革的新形势,进一步明确中小学德育工作的指导思想,确定德育工作的任务、内容和方法,建立校长负责德育工作的体制,加强中小学德育工作队伍的建设,使中小学德育工作落到实处。这是因为,关于学校的德育工作对我国的社会主义现代化建设具有重要意义:其一,学校德育是一个关系到培养什么人的教育问题,也是关系到我国社会主义事业发展愿景的政治问题。我国的青少年承担了社会主义现代化建设的历史重任,其思想道德状况的变化不仅对于个体的身心成长具有微观意义,并且对于国家、社会和集体都具有宏观意义。其二,我国科教兴国战略的重要环节是实施好素质教育,而素质教育的关键就在于学校德育。这是因为德育规定了素质教育的性质和发展方向,对于推动素质教育的健康发展具有重要的思想保证作用。

学校的德育工作是一个系统性工程,要把坚定的政治方向放在首要位置,把思想教育、品德教育、法制教育、纪律教育作为长期工作的重点,遵循由浅到深、循序渐进的教育原则,落实德育教育的主要内容和基本要求。但是,由于青少年学生具有思想比较活跃、乐于接受新思想、新观念、新事物的特点，面对社会海量信息的冲击，加之青少年自身的辨别能力和独立思想还未定型等主客观因素，在思想上容易出现反复性和可变性。对此，要通过改善学校的德育工作，提升社会主义德育建设的教育实效。首先，充实德育内容，丰富德育内涵。既要汲取中华民族传统文化的内容，又要吸收世界德育史上的一切优秀的文明成果，使德育内容由传统性向世界性转变。其次，扩宽德育渠道，形成家庭教育、学校教育、社会教育并进的全方位育人机制，关注青少年德智体美劳的全面发展。再次，强化教书育人的使命感，加强德育教师队伍的建设。提升教师的专业素质是加强学校德育的关键，作为特殊教师队伍的班主任甚至被建构为关心学生思想道德状况的"首席教师"。最后，加大新闻宣传、广播、影视和出版等部门对党的教育方针的宣传，扩大德育教育的范围，提升德育教育的实效性。

(二)关于军队的德育工作

在国际形势和国内社会环境的双重考验下，军队德育工作面临着社会责任和历史责任的重担：如何在新时期坚持党对军队的绝对领导，如何保证官兵的理想信念，如何保持人民军队的纯洁性和战斗力，如何抵御反动政治思潮和腐朽落后思想的侵蚀，如何保障人民军队的政治本色，等等。1980年12月，邓小平在中国共产党中央工作会议上提出"五种革命精神"，即"革命和拼命精神，严守纪律和自我牺牲精神，大公无私和先人后己精神，压倒一切敌人、压倒一切困难的精神，坚持革命乐观主义、排除万难去争取胜利的精神"[①]。"五种革命精神"是邓小平在系统总结我军思想政治建设经验的基础上，结合新的历史时期军队建设的思想实际而提出来的。"五种革命精神"是我军优良传统和政治本色的具体表现，是我军在革命、建设和改革过程中的精神动力，也是我国精神文明建设的重要内容。1987年1月，中央军委做出《关于新时期军队政治工作的决定》，进一步明确思想政治工作在军队中的重要性，要求广大官兵坚持以马克思列宁主义、毛泽东思想为思想指导，深入开展军队的政治教育、战斗力教育、纪律教育，落实党对军队的绝对领导的基本制度，使军队各级党组织和全体党员树立坚定的社会主义和共产主义理

[①]《邓小平文选》(第二卷)，人民出版社1994年版，第368页。

想信念，能够自觉遵守政治纪律，保障人民军队的纯洁性和战斗力。总之，加强军队的德育工作，使我军的广大官兵坚定正确的政治立场，保持正确的政治方向，遵守严格的政治纪律，增强政治的敏锐性，肩负起国家革命、建设和改革的历史责任，这是改革开放新时期德育理论指导军队德育工作的重要职责。

(三) 关于企业的德育工作

新时期，我国企业的生存与发展是在社会主义市场经济的大环境中进行的。社会主义市场经济是市场经济与我国社会主义制度的结合，是一把双刃剑。社会主义市场经济发挥社会主义制度的自身优势，打破计划经济的发展壁垒，激发了国内市场和国际市场的内在潜力。然而，市场经济遵循等价交换的原则，强调竞争意识、主体意识、平等意识、民主意识，这些价值诉求本身是合理的，但是超过一定的界限就可能走向事物的对立面。比如，片面强调竞争意识容易产生为了获取经济利益而出现不顾大局和不择手段的错误；过度强调个人的主体意识容易导致不顾国家、不顾集体、不顾他人的错误。并且，由于我国社会现存的法制和法规并不健全，思想道德体系的时代化、科学化和大众化并不完善，这就为控制社会主义市场经济的负面影响增加了难度，使拜金主义、享乐主义、分散主义、极端个人主义等思想意识和腐败消极现象难以避免。而改革过程中利益调整和再分配机制产生的落差使共同富裕的实现需要经历一个长期的历史过程，收入差距的拉大在短时间内也难以避免，加之利益主体的多元化必然使一部分社会成员的既得利益暂时得不到满足，容易引发心理上的失衡和思想上的困惑，这些因素都给企业的德育工作带来一定的潜在风险和挑战。

企业是我国社会生产力的重要载体，企业的德育担负着对工人群众解放思想、实事求是的历史使命。新中国成立之后的一段时间内，我国经济建设的模式深受苏联模式的影响，主要以计划经济为主。一直到20世纪70年代，经济发展的弊端逐渐暴露出来，成为制约我国社会主义现代化建设事业的瓶颈。党的十一届三中全会做出以经济建设为中心和改革开放的重大战略决策，但是，企业的一部分职工甚至不少党员干部起初对党中央的决策并不理解，对政策的执行持观望的态度。这就涉及对企业职工进行思想解放的德育工作。

思想解放问题关系到我国社会主义现代化建设事业的进度，关系到改革开放的深度，关系到社会主义社会的发展程度。毛泽东就思想问题曾做出过精辟的论述："掌握思想教育，是团结全党进行伟大政治斗争的中心环节。"①邓小平曾经提出：能否办好中国的事情，能否坚持社会主义和改革开放，发展经济能否快一点，国家能否长治久安，"从一定意义上说，关键在人。"②在企业中加强和改善德育工作，就是通过各种方式向工人阶级灌输以经济建设为中心的思想意识，抛弃"以阶级斗争为纲"的口号，摆脱陈规旧俗，使工人阶级实现真正的思想解放，把主要时间和精力放在服务社会主义经济建设上来。1983年6月20日，我国颁布《国营企业职工思想政治工作纲要（试行）》，详细论述了工人阶级的历史责任和历史地位，强调加强企业职工思想政治工作是发展我国社会主义经济的重要保证。新中国成立以来，我国的工人阶级队伍发生很大的变化：一是工人阶级在政治地位和经济地位上发生了根本性的转变，从被剥削被压迫的阶级转变为国家的主人和生产资料的主人。二是工人阶级的队伍构成发生改变，现阶段包括工人（产业工人和服务业等非产业工人），教职员工，科研人员，文化、体育、卫生工作者，工程技术人员等。三是工人阶级的科学文化水平有较大的提高。但是，这些不会改变工人阶级是先进生产力和生产关系代表的阶级本质，具有严格的纪律性、组织性和革命性。因而，必须加强企业的思想政治工作，落实工人阶级的主人翁地位。

第三节 改革开放新时期德育理论的发展（1987—1992年）

党的十三大以来，邓小平对思想政治教育与德育的关联性进行再反思，进一步强化德育工作的社会主义方向，用德育关照党性教育，使德育思想的理论内容进一步丰富化、科学化和具体化。

一、思想政治教育与德育关联的再反思

随着我国在对外开放深度和广度上的循序渐进，一方面，打开人们的思

---

①《毛泽东选集》（第三卷），人民出版社1991年版，第1094页。
②《邓小平文选》（第三卷），人民出版社2001年版，第380页。

维方式和原有视野的局限性,增强实现中华民族伟大复兴的决心和勇气;另一方面,面对扑面而来的西方资本主义思潮,某些错误社会舆论的误导,思想理论界的某些混乱,西方敌对势力"分化"的政治图谋,一度导致我国德育功用和地位堪忧,学生思想混乱和备受迷惑,最终造成学潮的发生。这使得邓小平更加意识到德育的重要性,认识到我国的物质文明和精神文明存在"一手比较硬,一手比较软"的现象。他从全局的战略高度出发,进一步明确德育在社会主义事业中的作用和地位,提出要加强思想政治工作,用中国历史教育一代新人,为全面落实新时期社会主义德育工作提供强有力的理论与实践依据。邓小平意识到我国的思想政治教育自身已经出现问题,"十年最大的失误是教育,这里我主要是讲思想政治教育……是泛指对人民的教育。"①后来据统计,仅1989年一年期间,邓小平高达五次反复强调十年以来的最大失误在于对思想政治教育抓得不够。在邓小平看来,造成思想政治教育出现问题的原因在于:一方面是我国在推进政治体制改革和经济体制改革的过程中,两个文明一起抓的方针没有在实践中得到深入贯彻,造成物质文明"比较硬",精神文明"比较软"的问题;另一方面,在以改革精神推进德育现代化的过程中,忽视和回避了德育要满足社会发展需要的历史使命,从而使德育的失误延展到教育领域之外的全社会,造成社会性的精神大危机。重新思考邓小平关于德育问题的战略反思和统筹谋划,有助于在以后的改革实践过程中正确把握德育的发展方向和指导意义。

二、德育工作社会主义方向的再强化

"没有一个安定团结的政治局面,就不能安下心来搞建设。"②过去思想上的错误主要是在"左"倾问题上,但改革开放以来又出现了西方和平演变中资产阶级自由化思潮的威胁。冷战结束后,邓小平意识到新的冷战又开始了,"一个是针对整个南方、第三世界的,另一个是针对社会主义的。"③资产阶级自由化的思潮一直就没有停止对中国的传播,包括"全球文化同质论""新干涉主义"、资本主义与社会主义趋同论、马克思主义过时论,等等,其核心的思

---

① 《邓小平文选》(第三卷),人民出版社2001年版,第306页。
② 《邓小平文选》(第二卷),人民出版社1994年版,第251页。
③ 《邓小平文选》(第三卷),人民出版社2001年版,第344页。

想就是推销西方的民主、自由和人权，极力抵制社会主义制度。资产阶级自由化思想不断地以新自由主义、民主社会主义、"普世价值"等不同的面貌进行伪装，试图影响和毒害我国青少年的世界观、人生观和价值观。因而，要旗帜鲜明地反对资产阶级自由化的思潮，强调反对资产阶级自由化是一个长期的历史过程，不断强化德育社会主义的科学方向。

党的十二大之后，社会主义现代化建设工作全面展开，在精神文明建设方面的工作重点在于解决好思想战线尤其是理论界和文艺界中存在的问题。由于"文化大革命"遗留下来的后遗症，以及外来文化中不健康的思想和生活方式的侵袭，粉碎"四人帮"之后社会上出现了对社会主义制度和共产党领导质疑的言论，甚至出现资产阶级和其他剥削阶级腐朽没落的思想倾向。1981年7月，邓小平在关于思想战线的座谈会上对这种社会现象展开激烈的批评，明确提出反对资产阶级自由化，开展两条战线的斗争。1983年10月，邓小平在党的十二届二中全会上发表题为《党在组织战线和思想战线上的迫切任务》的重要讲话。他强调：不能低估思想战线的混乱产生的影响，如果不采取及时的措施加以制止，可能造成非常严重的后果。对此，"要用马克思主义对它们的思想内容和表现方法进行分析、鉴别和批判。"①一方面努力学习一切有益的文化和知识，另一方面决不允许对我们有害的东西畅通无阻地进入国内。他提出："加强党的思想工作，防止埋头经济工作、忽视思想工作的倾向。"②在党的十二届六中全会上，针对一些同志对资产阶级自由化的认识不完全一致的情况，邓小平明确表示自由化是对我国现行政策和现行制度的一种对抗，搞自由化会把我们引导到资本主义道路上去。1989年6月，邓小平《在接见首都戒严部队军以上干部时的讲话》中客观分析了政治风波出现的原因在于资产阶级自由化与四个坚持之间的对立，"他们的目的是要建立一个完全西方附庸化的资产阶级共和国"③，我们要将四个坚持、思想政治工作、反对资产阶级自由化以及反对精神污染一以贯之。因而，反对资产阶级自由化仍然是一个长期的历史任务，加强思想政治工作要坚持关于四项基本原则的思想教育，

---

① 《邓小平文选》(第三卷)，人民出版社2001年版，第44—45页。
② 《邓小平文选》(第三卷)，人民出版社2001年版，第48页。
③ 《邓小平文选》(第三卷)，人民出版社2001年版，第303页。

不断强化德育的社会主义方向。

三、党性教育的德育之途

艰苦奋斗是人们在改造自然、社会以及自身的长期斗争中形塑出来的不畏苦难、不惧辛劳、坚忍不拔、持之以恒的拼搏精神，包含物质层面和精神层面的含义。在物质层面上，一方面是指克勤克俭、勤俭节约、艰苦朴实的生活作风，它要求社会成员在合理化的限度内消费吃穿用度，其消费水平要与社会的生产力相适应，另一方面是指生产上厉行节约、降低成本、提升社会的经济效益；在精神层面上，艰苦奋斗是指人们在改造世界的过程中，为达到奋斗目标而锐意进取、百折不挠的思想品格和精神风貌，表现为乐观向上、积极有为的处世态度。艰苦奋斗是党的政治本色和光荣传统，是党同人民群众和衷共济、克敌制胜的重要法宝。民主革命时期，万里长征、长达14年的抗日战争、三年的解放战争都体现出中国人民坚忍不拔、气壮山河的英雄气概和精神风貌。新中国成立初期，正值百业待举、百废待兴，抗美援朝战争的胜利成功粉碎帝国主义觊觎中国的美梦，打破帝国主义对新中国的经济封锁、外交孤立和贸易禁运，振兴旧中国遗留下来的千疮百痍的经济，完成社会主义三大改造的时代任务。二十世纪五六十年代，我国坚守艰苦奋斗的优良传统，抵抗国际压力和罕见的自然灾害，逐步建立起比较完整的国民经济体系。

建设具有中国特色社会主义的伟大事业是一项亘古未有的宏伟工程，需要强有力的精神支柱。在社会主义现代化建设时期，物质财富的增速显著，人民群众的生活状况产生较大的扭转。但是，由于物质文明和精神文明"一手硬、一手软"的问题，思想政治工作受到一定程度的影响，党内腐败现象不断滋生蔓延，铺张浪费的社会之风日渐兴盛。大量的腐败问题和社会事实表明，对艰苦奋斗的教育弃之不管，会导致人们的思想混乱，价值观倾斜，任其泛滥则易腐蚀社会肌体，阻碍社会主义现代化的发展进程。邓小平针对党员干部的腐败问题强调："一定要努力恢复延安的光荣传统，努力学习周恩来等同志的榜样，在艰苦创业方面起模范方面。"[1]榜样的力量是强大而深远的，党

---

[1]《邓小平文选》（第二卷），人民出版社1994年版，第260页。

员干部的言行举止能够引起人民群众的强烈关注,建设社会主义时期能否有效地发扬艰苦奋斗的革命传统,反腐倡廉,杜绝奢侈浪费的现象,很大程度上取决于领导干部能否坚守底线思维,以身作则,艰苦创业,能否做到以人民群众的根本利益为行为判断和行为抉择的基本准则。

德育与反腐败关系到党风廉政建设的问题,关系到社会风气的扭转,关系到社会主义现代化建设的全局。在社会主义现代化建设过程中,为什么反腐败和如何反腐败的根本性问题,是改革开放实践中的历史课题,需要价值导向、舆论力量、政治优势、道德规范、思想保障等作为其稳步推进的精神动力。而以德育关照党性教育,邓小平认为要发扬艰苦奋斗的生活作风和工作作风,这是因为"精神面貌可以直接影响物质"①,辩证地揭示了发扬艰苦奋斗作风的必要性。1989年3月23日,邓小平在会见乌干达共和国总统约韦里·卡古塔·穆塞韦尼时强调,"保持艰苦奋斗的传统","才能抗住腐败现象"②。艰苦奋斗是中华民族的传统美德,也是党的优良传统。艰苦奋斗的作风作为我国推翻"三座大山"和建立新中国的力量源泉,也是建设有中国特色社会主义的精神动力。改革开放以来,我党在独立自主的基础上对外扩大交往的渠道和范围,对内制定符合国情和民情的富民政策,在相当程度上改善了人民群众的物质生活。而走向社会物质生产相对丰硕的发展阶段后,有些人却滋生穷奢极欲的陋习,追求享受安逸,认为艰苦奋斗的作风早已过时,不再重要,导致铺张浪费日趋严重。这样的发展态势与我国现实的经济状况并不相符。对此,邓小平指出:中国要实现四个现代化,就必须能够坚守"艰苦奋斗的过程"③。总之,艰苦奋斗是一种励精图治的进取精神,是一种自强不息的开拓精神,也是一种戒骄戒躁的奉献精神。提倡艰苦奋斗,反对安逸享受,通过在党内树立模范和典型加强党性教育,使艰苦奋斗的精神深入人心,成为社会风尚和国民意识。

---

①中共中央文献研究室:《邓小平年谱》(1975—1997)(下卷),中央文献出版社2004年版,第838页。

②《邓小平文选》(第三卷),人民出版社2001年版,第290页。

③《邓小平文选》(第二卷),人民出版社1994年版,第257页。

第四节 改革开放新时期德育理论的成熟(1992—1997年)

从1992年初的南方谈话到党的十四大的召开,既标志着改革开放和社会主义现代化建设进入一个新的发展阶段,也标志着邓小平德育理论体系的基本形成。党的两大理论成果对邓小平德育理论的形成具有重要意义:其一是邓小平提出的社会主义初级阶段论,作为我国经济发展战略、体制改革和各项方针政策的基本依据,也是我国德育建设理论立论的一个重要依据;其二是第一次提出"建设有中国特色社会主义理论"的概念,将马克思主义的基本原理与我国的具体实际相结合,实现第二次历史性的飞跃。并且,以邓小平同志为核心的党的第二代中央领导集体通过总结十一届三中全会以来的实践经验,概括出建设有中国特色社会主义理论的12个基本观点,作为实现第二次历史性飞跃的基本轮廓。在12个基本观点中,包含了社会主义精神文明建设是社会主义重要特征的观点。这也意味着德育建设成为建设有中国特色社会主义不可或缺的一部分。

一、德育评价论

"三个有利于"的理论可以成为我国德育实践的评判标准。"三个有利于"是1992年邓小平在南方谈话中提出的,将其作为衡量一切工作得失和是非的评判标准,具体指的是:是否有利于发展社会主义社会的生产力、是否有利于增强社会主义国家的综合国力、是否有利于提高人民的生活水平。邓小平提出,要发展生产力,就必须首先解放生产力。解放生产力是指运用各种手段和方式解除对生产力的束缚,推动生产力的持续发展。革命是解放生产力的手段,改革也是解放生产力的手段。革命是通过新的社会制度代替旧的、腐朽没落的社会制度解放生产力;改革是在社会主义制度的条件下,改变原有趋向僵化的经济体制、政治体制、文化体制,解除对生产力的束缚以及对劳动者积极性的束缚。解放生产力和发展生产力立足于社会主义的制度优越性,是生产关系对生产力发展状况的基本要求。按照马克思主义的观点,生产力是社会发展的客观条件,也是推动人类历史进步的最终决定性力量。在社会生产方式中,生产力是最积极、最革命的要素,社会主义的首要任务就是发展生产力。邓小平一直以来都重视生产力的发展，强调一定要把发展生产力放在各项工作的首位，"搞社会主义，中心任务是发展社会生产力。"①社会主义能够代替资本主义的优越性就表现在它能够创造出比资本主义更高的社会生产效率。如果社会主义在长期内没有取得比资本主义更高、更快的生产力，那就失去了社会主义制度本身的优势，失去了赖以生存的生产力基础，仅靠道德和政治的力量难以支撑社会主义可持续地生存与发展。邓小平历经我国新民主主义革命时期、社会主义革命和建设时期、改革开放和社会主义现代化建设新时期，强调社会主义的自身优越性体现在"它的生产力比资本主义发展得更快一些、更高一些，并且在发展生产力的基础上不断改善人民的物质文化生活"。②但是，社会主义优越性的发挥需要社会生产力作为强有力的物质基础，它需要劳动者通过提高生产效率创造出更多的物质财富和精神财富。我国正处于社会主义初级阶段，此阶段的主要矛盾制约着社会其他方面的矛盾，包括地区之间的矛盾，国家、集体、个人之间的矛盾，不同社会群体之间的矛盾等。只有牢牢掌握主要矛盾和中心任务，不断地解放生产力和发展生产力，才能清醒地观察和分析社会矛盾的全局，有效解决各种社会矛盾。因而，德育与社会主义建设的其他方面一样，以"三个有利于"作为衡量工作是非和得失的标准，推动社会主义德育与社会主义现代化建设共存共生。

二、德育效用论

德育效用论的理论依据是理论与实践的有机结合，这是马克思主义的基本观点之一，也是我国德育要遵循的重要准则。邓小平坚持从马克思主义的认识论出发，其德育理论来自我国改革开放和社会主义现代化建设的德育实践，具有现实的指导意义和强大的生命力。马克思主义认为，"人的思维是否具有客观的真理性，不是一个理论的问题，而是一个实践的问题。"③马克思主义突出强调了实践对于人类认知发展和社会进步的基础性作用，将哲学的存在定位于改造世界上，而不是认识世界上。邓小平一贯坚持用实践的观点

---

① 《邓小平文选》(第三卷)，人民出版社2001年版，第130页。
② 《邓小平文选》(第三卷)，人民出版社2001年版，第63页。
③ 《马克思恩格斯选集》(第1卷)，人民出版社2012年版，第134页。

认识和把握社会主义，强调在实践中探索社会主义，这就涉及认知与实践之间的关系，即知行合一的问题。如何认知德育在社会主义建设中的效用，如何认知道德意识与道德履践之间的关系，邓小平关于德育效用的探索，不仅具有学理上的意义，更重要的是具有深刻而长远的教育意义。邓小平一贯主张德育要"精"、要"管用"，反对搞各种形式主义以及"假、大、空"，他没有采纳专业的哲学术语阐释德育实践与德育理论之间的关系，而是以通俗化的语言说明德育对改革开放和社会主义现代化建设的作用和地位，在社会实践中检验德育的实效。其一，邓小平提出将"三个有利于"的标准作为检验一切工作的标准，也成为检验德育工作的一个标准。德育的实效要看是否有利于发展社会主义生产力，是否有利于增强社会主义国家综合国力，是否有利于提升人民的生活水平。其二，邓小平提出精神鼓励与物质鼓励相结合。在邓小平看来，如果只谈精神鼓励，不谈物质鼓励，就会陷入唯心主义。德育工作在解决具体德育问题的过程中，不能忽视物质利益的存在，应当将精神鼓励与物质鼓励相结合。其三，邓小平根据我国社会现实中的德育问题和德育要求，提出一系列卓有成效的德育方法和方式，例如说服教育、自律和他律、批评和自我批评等。

三、德才兼备论

邓小平关注人才的选贤举能和任用标准，尤其是对领导干部的制度改革和严格标准。邓小平对党的领导干部的道德要求非常高，没有停留在口头上，而是以制度的形式规定下来，其一是干部退休制度，其二是干部"能上能下"制度。1957年，邓小平在主持中央书记处会议时强调，中国必须建立退休制度。在改革开放十多年之后，邓小平身体力行、以身示范，主动退出中央委员会和领导职务，打破了干部职务终身制，遵守并践行干部退休制度。1962年11月，邓小平在参加全国监察工作会议和组织工作会议上提出，多年来对领导干部的政策是"能上不能下"。现在看来，这样做的副作用较大，成为实际工作中的障碍和隐患。解决问题的出路就是"要能上能下"[①]。1980年12月，邓小平提出新时期关于领导干部任用的方针，即"革命化、年轻化、知识

[①]《邓小平文选》(第一卷)，人民出版社1994年版，第329页。

化、专业化"。其中,"革命化"居于"四化"方针中的首要位置,核心在于领导干部要始终秉持社会主义理想,坚持中国共产党的领导,本质是遵守以国家利益为先的大德;"年轻化"是指领导干部的任用要让年老的同志逐步退下来,让中青年逐步走上去;"知识化"是指领导干部要具备专业的文化知识素养;"专业化"是指领导干部要有专业的业务能力和管理能力,能够从容不迫地处理工作中的一切事务,处理好德育工作与其他业务工作之间的辩证关系。干部"四化"的方针关系到党组织工作的战略问题,邓小平认为要逐步制定完善的干部制度加以保证。党中央在邓小平的支持下做出《关于建立老干部退休制度的决定》,提出废除领导干部职务终身制。国内的很多老同志积极响应党中央的号召,主动退休和离休,而一大批经过组织考验的中青年干部先后走上领导岗位,逐步实现新老干部的交替。

四、德育功能论

传统德育秉持"社会本位"的发展观,而德育现代化要求回归到主体本身,逐步完成从"社会本位"到"主体本位"的角色转换,将人的开放性和主体性作为人的现代化的核心精神,以促进人的现代化为根本目的的实现。在我国古代德育理论与实践中,主要表现为以儒家为代表的教育智慧和文化传统,其本质是服务于统治阶级的政治统治。伴随社会形态的变迁和政权的更迭,道德教育的具体措施和发展目标都有所变化,但是,这种将政治目标融于道德教化的德育传统仍一以贯之。到了无产阶级德育的发展阶段,马克思主义的唯物史观一方面揭示人们的社会意识对社会存在的依赖关系,另一方面强调社会意识对社会存在能够产生能动的反作用,这也成为加强无产阶级德育的重要理论依据。无产阶级德育在不同的历史发展阶段表现出不同的功能性:在无产阶级夺取政权之前,德育的目的在于采取革命的理论武装人民群众,通过革命打碎旧的国家机器,建立无产阶级专政的国家政权;在无产阶级夺取政权之后,德育的目的转变为发展社会主义生产力和精神文明建设。

1994年,《中共中央关于进一步加强和改进学校德育工作的若干意见》强调:"加快改革开放和现代化建设步伐,以及教育改革和发展的新形势、新任务,迫切地要求德育工作更好地发挥对青少年学生健康成长和对学校工作的导向、动力保证作用。"在经济体制发生重大变革的新形势下,如何坚持社会主义在意识形态领域的主导地位,用马克思列宁主义、毛泽东思想和邓小平同志建设有中国特色社会主义理论武装人的头脑,如何引导青少年正确认知国情,传承中华民族优秀的传统文化和革命文化,培育自立自强、艰苦奋斗的民族精神,在知识、观念、思想、心理等方面与社会发展的新要求相匹配,等等,这些都是德育亟须面对和解决的历史课题。德育建设作为社会主义精神文明建设的有机组成部分,落实在对人的培养和教育上,就是引导人们自觉地改造主观世界,以提升全民族的精神文化素质为归宿,以培育"四有"新人为德育目标。自改革开放以来,我国德育的功能性定位逐步由服务于社会主义经济建设转变为德育现代化建设。德育现代化是指在社会经济、政治、文化的现代化背景下,德育以对传统的扬弃为发展基点,以德育目的的现代化为核心的创新过程,是德育自身发展的必然趋势。这是因为:其一,社会主义社会同其他社会形态一样,都是由政治、经济、思想文化组成的统一体。假如只追求某一方面的"突飞猛进",那么这样的发展就是畸形的、不健全的。值得注意的是,中国特色社会主义现代化建设与资本主义现代化建设有质的区别。我国社会主义现代化建设的中心任务是解放和发展生产力,逐步摆脱贫穷,实现人民的共同富裕。而资本主义现代化建设的本质仍旧是剥削和生产资料的私有制,最终目的是利用发展生产力这一手段,增值资本,最大限度地占有剩余价值。其二,社会的现代化离不开人的现代化,这是因为现代化的人才能够担当社会现代化的历史重任,而人的现代化的实现也需要德育现代化的保障。邓小平提出,社会主义现代化要培育"四有"新人,使人民做到有理想、有道德、有文化、守纪律,将生产力的发展与人的全面发展相结合,一方面,把社会效益作为一切工作的基本准则,致力于实现效率与公平的统一;另一方面,促使社会主义德育建设逐步具备自主性,为人的全面发展和社会的整体进步开辟更加广阔的道路。

小 结

改革开放新时期德育理论的社会主义方向的强化,也是德育爱国主义情怀的彰显,体现其"薪火相传、形上诉求"为旨意的情感价值;提出"三个有利于"的评价标准、倡导解放生产力与发展生产力相结合，体现了"求用尚效、聚焦民心"为依据的实用价值；德育的功能性转变表明德育与不同时代之间的紧密联系，也映射出德育与人的全面发展之间的关系，以及邓小平提出的德才兼备的人才评价标准，都体现出其德育思想"求知求做、德文合一"为判据的人文价值。

第五章

革新与突破：改革开放新时期德育理论的内容架构

第五章　革新与突破：改革开放新时期德育理论的内容架构

邓小平理论是科学社会主义在中国发展的一个新形态。① 马克思、恩格斯构建的科学社会主义理论是立足于当时比较发达的欧美国家经过无产阶级革命夺取政权之后，在高度发达的社会生产力的基础上建设社会主义社会。我国作为发展中国家的社会主义建设与马克思和恩格斯所设想的社会主义社会的理想有共性，也有个性。这就决定不能简单盲目地照搬照抄那些有可能只适用于发达国家的社会主义设想，否则，容易引发认识上和实践上的局限性。不仅如此，邓小平理论中包含的社会主义精神文明理论、社会主义市场经济理论、社会主义初级阶段理论、社会主义主体论、社会主义本质论等突破了马克思恩格斯的科学社会主义理论的一些观点，具有原创性，成为科学社会主义理论新形态的一个支点。党的十五大报告中指出邓小平理论"坚持科学社会主义理论和实践的基本成果，抓住'什么是社会主义、怎样建设社会主义'这个根本问题，深刻地揭示社会主义的本质"②，进一步深化对社会主义的认知水平，开拓了马克思主义在中国发展的新境界，"是马克思主义在中国发展的新阶段"。这在党的文献中是罕见的高度评价，足以证明邓小平理论在我国社会主义建设中的历史地位。这是源于邓小平不是以考究历史真相为职业志向的历史学家，而是为实现确定的政治目标而意志坚韧的政治家。他紧紧地抓住社会主义现代化建设的发展方向，确立一切服务于经济建设的发展目标，

---

① 石仲泉：《我观邓小平》，上海人民出版社2014年版，第92页。
② 《江泽民文选》（第二卷），人民出版社2006年版，第10页。

将德育放在社会主义现代化建设的首要位置。邓小平是我国改革开放和社会主义现代化建设的总设计师，也是新时期加强和改善德育工作的总设计师。总之，邓小平作为无产阶级的革命家，他以严谨的态度、务实的精神和敏锐的政治眼光，阐述了新时期社会主义德育思想的科学内容。

第一节 "四有"新人的德育目标

培育"四有"新人是建设有中国特色社会主义的国家战略目标之一，也是德育现代化建设的客观要求。随着经济全球化和政治多极化带动社会信息化的发展趋势，人才的综合素质已经成为制约经济发展和社会进步的决定性因素。国家与国家之间的竞争，已经演变为科学技术的竞争、思想文化的竞争以及人才的综合素质的竞争。邓小平曾强调："我们国家国力的强弱，经济发展后劲的大小，越来越取决于劳动者的素质，取决于知识分子的数量和质量。"[①]我国的社会主义建设在迈向现代化的进程中，相当程度上取决于充分开发人才资源和全面提升国民素质。然而，个体精神世界的建构不是一蹴而就的过程，德育的过程是从外部世界塑造个体精神世界的过程，是内外因共同作用的结果。只有在国民素质完备和人才资源丰富的沃土上，才能盛开绚烂多彩的精神文明之花。为此，邓小平提出："培养社会主义新人就是政治。"[②]党的十一届三中全会之后，邓小平在深刻总结我国德育工作经验教训的思想基础上，高度认同马克思主义关于人的全面发展的理论，依据建设有中国特色社会主义的客观要求，把"有理想、有道德、有文化、有纪律"作为新时期社会主义的德育目标。1985年3月7日，邓小平在全国科技工作会议上的讲话中指出："教育全国人民做到有理想、有道德、有文化、有纪律"[③]，这是首次以规范的形式确定下来的关于四个方面的基本要求。邓小平在党的十二届六中全会上提出，社会主义精神文明建设的根本任务是提高中华民族

[①]中国职工思想政治工作研究会：《邓小平新时期思想政治工作理论学习概要》，学习出版社1997年版，第66页。

[②]中国职工思想政治工作研究会：《邓小平新时期思想政治工作理论学习概要》，学习出版社1997年版，第67页。

[③]《邓小平文选》（第三卷），人民出版社2001年版，第110页。

的科学文化素质和思想道德素质,培养能够适应社会主义现代化建设需要的"四有"公民。1987年2月18日,邓小平在会见加蓬总统邦戈谈话时讲道:"我们提出要教育人民成为'四有'人民,教育干部成为'四有'干部。"[①]在党的十四届六中全会上,邓小平提出将培育社会主义"四有"新人作为新时期思想政治工作的根本目标。

一、理想信念教育

理想是一种强大而隐秘的精神力量,有理想就是要有崇高的价值追求、精神信仰和奋斗目标。马克思主义认为,人类实践活动的动力包含物质的力量和精神的力量。物质的东西只有通过物质的力量得以解决,而理论一经群众掌握之后,就能够变成物质的力量。而崇高的精神力量能够给予人们坚定的理想信念,激发人们为之献身的热情,指明人们追逐的目标和方向,这就表明精神的力量也可以转变为物质的力量。并且,马克思和恩格斯在深入研究资本主义社会的阶级基础上,发现并创造了剩余价值理论,揭示出资本主义剥削的秘密和资本主义社会发展的基本规律,从而得出资本主义必然灭亡和社会主义必然胜利的结论。在我国的革命战争年代,无数革命先辈和仁人志士在艰苦险恶的社会环境下能够坚贞不屈、奋勇杀敌、英勇牺牲,是因为他们有崇高的共产主义理想。邓小平强调:我们过去闹革命的目的是为社会主义和共产主义的理想而奋斗,现在的经济改革也要坚持走社会主义道路,坚守共产主义远大理想。因而,共产党人将共产主义作为崇高的理想信念,具有科学而坚实的理论基础和实践基础。

在践行社会主义和共产主义教育的过程中,首先,理想信念教育要与现实教育相结合。要使共产主义理想成为社会现实,需要历经若干具体的发展阶段,只有建立并实现每个时期的历史任务和奋斗目标,才能最终实现共产主义的最高理想。1958年,邓小平在对青年的谈话中强调:要保持远大的理想,才能有不断前进的方向和勇气。而通往理想的道路则是由无数细小的日常工作积累起来的,我们要善于将远大的理想和日常的工作相结合,在日常的工作中严格要求自己。其次,理想信念教育要与为人民服务的宗旨相结合。

---

① 《邓小平文选》(第三卷),人民出版社2001年版,第205页。

邓小平曾提出社会主义的首要任务是发展生产力，逐步提高人们的物质和文化生活水平，不断满足人们日益增长的物质文化需要。我国社会主义的历史任务从本质上体现出最广大人民群众的根本利益和社会诉求，为全社会所认可和接受。而为人民服务既是我国德育史上的优良传统，也是党的政治建设的基本要求。在改革开放和社会主义现代化建设的历史时期，为人民服务与理想信念教育相结合，具有新的时代内涵。在全社会弘扬为人民服务的道德情操，提倡尊重人、理解人、关心人、热爱集体、扶贫帮困的同时反对和抵制拜金主义、享乐主义以及个人主义等错误思潮，引导人们处理好经济效益与社会效益、竞争与合作、效率与公平、自主与监督、先富与共富等多种关系，推动社会主义市场经济条件下的德育现代化建设。而党和国家机关的工作人员尤其是领导干部应率先垂范，提高自身的政治素质和道德素养，坚守共产主义道德，力行为人民服务的宗旨。因而，要树立为人民服务的理想信念，使其在全社会蔚然成风，形塑良好的精神风貌。最后，理想信念教育要与艰苦奋斗的优良作风相结合。邓小平在党内大力提倡党员干部要积极发扬艰苦奋斗的作风，对党员干部艰苦奋斗的教育包括以下三个方面：第一，坚持立党为公、执政为民、全心全意为人民服务；第二，加强勤俭节约和勤俭治国的艰苦奋斗教育，始终保有对党、国家以及人民利益的高度的政治责任感；第三，坚持埋头苦干和奋发向上的精神，脚踏实地地做好本职工作。邓小平强调，党员干部要继续发扬革命时代严守纪律和大公无私的精神、压倒一切敌人和一切困难的精神、革命乐观主义精神，并且要将这些精神传播到广大人民群众和青少年中，使之成为我国社会主义精神文明建设的精神支柱，"为世界上一切要求革命、要求进步的人们所向往，也为世界上许多精神空虚、思想苦闷的人们所羡慕。"①总之，"有理想"是培养"四有"新人工作的重中之重，坚持理想信念教育是德育工作的关键环节。

二、基本道德规范的自律教育

道德是个体在社会交往过程里的底线，而"有道德"是指要有社会主义道德和共产主义道德，是一种符合基本道德规范的自律教育。道德从大类上可

---

① 《邓小平文选》（第二卷），人民出版社1994年版，第368页。

以分为公德和私德，公德主要指向不违背社会和他人利益的社会道德，私德主要指向不违背爱人、友人、亲人等群体利益的社会道德；道德按照不同的层次又可以细分为社会公德、家庭美德、职业道德、个人品德等。由于我国以往的历史进程中没有相对发达的公共生活，导致在现代化进程中缺失相应的文化传统和社会主体，一般表现为公共生活中私人化倾向严重或者对公共生活规则和契约的不尊重倾向，这就需要德育对公共生活中社会主体的介入。而德育的功能性就体现在培养获得公共生活基本常识和社会规则的合格的实践主体。要培养和提高我国社会生活中实践主体健全的公德意识、良性的大德品质和良好的公民精神，在修炼私德的同时需要兼顾好大德和公德。

首先，道德教育要与爱国主义、集体主义、社会主义教育相结合。邓小平指出："社会主义社会中，国家、集体和个人的利益在根本上是一致的"①，如果有冲突，个人利益要服从于国家和集体的利益。有革命觉悟的先进分子在必要时要把国家和集体的利益放在首要位置，牺牲个人的利益，并且要向全体人民和青少年宣传这种高尚的品德。坚持社会主义集体主义的道德原则，是社会主义制度的基本要求和价值导向。在我国，爱国主义与爱社会主义在实质上是一致的。其次，道德教育要与社会公德、家庭美德、个人品德以及职业道德相结合。邓小平认为："广大青少年好好学习，天天向上，爱祖国、爱人民、爱劳动、爱科学、爱护公共财物……树立了一代新风"②，"五爱"教育也成为社会公德教育的基本要求之一。在发展社会主义市场经济的过程中，尤其要弘扬我国传统文化中尊老爱幼、勤俭持家、夫妻和睦、团结邻里的家庭美德，提倡无私奉献、爱岗敬业、公私分明、诚实守信、服务群众的职业道德，弘扬自立自强、善良正直、勤劳勇敢、遵纪守法、务实创新的个人品德，倡导热爱祖国、热爱人民、热爱劳动、热爱科学、爱护公共财物的社会公德。最后，道德教育要与共产主义道德相结合。在道德教育的过程中，要在全社会倡导共产主义道德。改革开放初期，针对一些关于共产主义道德的质疑和批判，邓小平强调在新民主主义革命时期，我们党用共产主义的思想指导实践工作，用共产主义的道德约束共产党员和先进分子的一言一行；到

---

①《邓小平文选》（第二卷），人民出版社1994年版，第337页。
②《邓小平文选》（第二卷），人民出版社1994年版，第105页。

了社会主义现代化建设的新时期，共产党员尤其是党的高级干部要继续践行共产主义道德，将道德教育的先进性和广泛性结合起来。

三、科学文化知识教育

"有文化"是一个广义的概念，是指具有相当程度的科学文化知识、学历水平、专业技能、业务能力、人文素质、科研能力等，特别是具备符合社会主义现代化需求的科技知识、文化素养和综合素质。邓小平强调，人是社会生产力中最活跃的因素。这里的人主要是指具备一定的社会生产经验、科学文化知识和劳动技能以使用生产工具来实现社会物质生产目的的人才。1978年4月22日，邓小平在全国教育工作会议上提出，掌握和发展现代科学文化知识与各个不同行业的新技术，"创造比资本主义更高的劳动生产率，把我国建设成为现代化的社会主义强国，并且在上层建筑领域最终战胜资产阶级的影响"，这就要求培养"具有高度科学文化水平的劳动者"，造就"又红又专的工人阶级知识分子队伍"。① 要使人民群众尤其是青少年成为有文化的人才，一方面，鼓励和支持发展我国的教育事业，全面提升各级各类学校的教育教学质量，完善人民群众的思想文化素质，尤其要增强对高科技人才的培养力度；另一方面，强化对全体社会成员的文化教育，尤其强化对党员干部的文化教育，提升党员干部的科学文化水平。1980年1月16日，邓小平在中共中央召集的干部会议上强调："只靠坚持社会主义道路，没有真才实学，还是不能实现四个现代化。"②1980年12月25日，他在中共中央工作会议上提出：要有计划地对广大党员干部和工人展开正规教育，"提高他们的政治水平、文化水平、技术水平、经营管理水平。"③1982年7月，邓小平《在军委座谈会上的讲话》中再次强调，社会主义精神文明的建设目标是使我国的人民成为"四有"人民。"有文化"不仅是指人们要认可中华优秀传统文化、革命文化和社会主义先进文化，而且要具备一定的文化底蕴。文化底蕴是指能够在多元文化浪潮的冲击下坚守对社会主义和共产主义的政治信仰，甄别出积极的文化与腐朽的文化、进步的文化与落后的文化、社会主义文化与资本主义文化等。

---

①《邓小平文选》(第二卷)，人民出版社1994年版，第104页。
②《邓小平文选》(第二卷)，人民出版社1994年版，第262页。
③《邓小平文选》(第二卷)，人民出版社1994年版，第361页。

要注重引导人们培养良好的文化品位、价值取向和思想观念，提高人们对文化的鉴赏能力，也是文化教育的重要内涵。

四、遵纪守法的他律教育

有纪律是指能够遵守国家的基本法律法规和党的路线方针政策，抓好纪律教育的重点在于抓好民主法制教育。民主是一种政治制度，指公民有权并参与国家事务决策的过程，伴随人类文明的不断演变发展，社会整体的民主化程度愈来愈高。中国共产党领导下的社会主义民主是指在法制监督的前提下，能够有效地维护社会主义现代化建设的长治久安，保障我国政治生活的民主化、经济生活的民主化、文化生活的民主化以及社会生活的民主化。但是，民主不能等同于肆意妄为，要在法律法规的约束下进行，这就要求对人民进行相应的法制教育。法制是指按照统治阶级的意志制定和实施的一系列法律制度的总称，可以概括为"有法可依、有法必依、执法必严、违法必究"，即法律的制定、法律的执行以及法律的遵守，是立法、执法、守法的统一体，是统治阶级实施专政统治的手段。邓小平认为要对全国人民进行德育教育的同时加强法制教育，让人人了解法律、懂得法律、遵守法律、维护法律，要教育人民懂得采取法律保护个体和国家的利益，充分运用法律和德育两种方式共同解决我国在社会主义现代化建设中的现实问题。

改革开放以来，我国的立法和执法取得了一定的成就，但是与有法可依、有法必依、执法必严、违法必究的法制要求仍有差距。首先，在有法可依方面，我国的法律法规制度体系还存在缺陷，有待健全和完善。我国是一个缺乏民主传统和法制传统的国家，一直到新中国成立之后，我国才逐步走上民主法制的正确轨道。由于长达两千多年的封建统治和传统思想的影响，在国家治理方面存在相当程度的人治色彩，加上"文化大革命"时期个人崇拜和个人迷信思想的盛行，造成国家的法律受到践踏，法制建设遭受极大的破坏。党的十一届三中全会以来，我国的立法工作取得一定的进展，一个以宪法为基础，包含一系列重要法律法规在内的社会主义法律体系正在构建，努力扭转过去无法可依的社会现实。其次，在有法必依方面，常见的现象包括"权比法大""有权必依""以权代法"等。例如，乱砍滥伐森林是违法的，但是根据某些领导或者地方政府文件的意见，认为其是造福一方的"合理"行为；某些污染严重的造纸、炼油、采矿等企业，三令五申却不关闭，这些都是在法律与权力、法律与利益发生矛盾的时候，把权力和利益摆在了法律的前面，有法不依，践踏法律的权威和尊严。再次，在执法必严方面，主要表现为执法人员不能做到秉公执法，权钱交易，亵渎法律的尊严。例如，在押犯人可以通过权钱交易被减刑甚至释放等；被告人可以通过金钱收买执法人员，促使大罪化小、小事化无等等。执法不严的实质是执法在金钱诱惑面前的妥协，是执法犯法的不良行径，也是知法犯法的违法行为。最后，在违法必究方面，主要表现为违法不究、掩盖违法行为等。例如，某些干部子女的违法犯罪行为长期不被起诉以及为违法犯罪行为说情的现象等等。这种违法不究的问题实质就如同封建社会的"刑不上大夫"，常常表现为在法律面前的不平等。

　　加强社会主义法制建设是一个全方位的立体性工程，包括立法、执法建设以及普法、遵法、守法教育等。第一，要加强立法工作，制定和完善我国现阶段所必需的法律法规是健全社会主义法制建设的前提性条件。这就要求立法机关在对我国的政治、经济、文化、教育、军事、外交等调查研究的基础上，制定出符合我国国情的法律法规，做到有法可依；第二，要加强制度建设与执法和司法队伍的建设，健全对政法机关与执法和司法人员的监督机制。执法机关和司法机关要实行执法、司法责任制与评议考核制，从制度上保证执法和司法机关能够依法独立地行使审判权和检察权，除此之外，还要建立冤案和错案的责任追究制度，以纠正冤案和错案以及防止冤案和错案的发生。第三，要积极加强普法、遵法、守法的教育，提高全民的法治观念和法治意识。1986年6月28日，邓小平在中央政治局常委会上提出："法制教育要从娃娃开始，小学、中学都要进行这个教育，社会上也要进行这个教育。"①在法制教育的过程中，一方面，要按照不同的年龄阶段进行分层次、有重点、有针对性的教育；另一方面，可以加强对违法犯罪行为背后心理动机的探索，扭转过去治标不治本的做法，将普法、遵法、守法教育落到实处。因此，遵纪守法的他律教育就是教育人民要在法律的范围内充分行使自身的民主权利，对各种违法犯罪的活动进行义务检举，能够配合公安部门有效有

---

① 《邓小平文选》（第三卷），人民出版社2001年版，第163页。

力地制止、打击和控制犯罪活动。只有人民群众成为依法治国的真正主体，社会才能稳定，长治久安才能够实现。

总之，"有理想、有道德、有文化、有纪律"是一个不可分割的有机整体，四者之间相互联系、相互贯通、相互促进。"有理想、有道德"是"四有"的核心部分，"有文化"是"四有"的基础部分，"有纪律"是"四有"的重要保障。邓小平提出："要教育人民成为'四有'人民，教育干部成为'四有'干部。"①"有理想、有道德、有文化、有纪律"四者的有机统一成为邓小平德育理论对新时期提高人才素养和实现人的全面发展的新要求。

第二节 "三个面向"的德育价值维度

"三个面向"是邓小平于1983年10月1日为北京景山学校的题词。"三个面向"是邓小平对我国教育现代化发展时局做出的新的战略定位，分别包含了"传统与现代""民族与世界""现实与理想"的三重矛盾关系，共同构成开放、辩证、包容的科学体系；是基于现代意识、世界视野、未来智慧的有力表达；也是中国社会主义现代化建设的历史"宣言书"。他提出："带全球性的战略问题，一个是和平问题，一个是经济问题或者说发展问题。"②邓小平在深刻领会时代本质的基础上觉察和把握历史主题的重大转变，致力于中国改革复兴之路，发掘中国特色社会主义蕴藏的政治活力、经济活力和文化活力等。2001年7月，江泽民在庆祝中国共产党成立80周年大会上提出："必须努力体现发展面向现代化、面向世界、面向未来的，民族的科学的大众的社会主义文化的要求"③，以此旨在提升全民族的思想道德素质和科学文化素质。2011年7月，胡锦涛在庆祝中国共产党成立90周年大会上强调，要把坚持"三个面向"的"民族的科学的大众的社会主义文化"与"建设中华民族共有精神家园"相联系④。党的十八大以来，以习近平同志为核心的党中央提出关于

---

① 《邓小平文选》（第三卷），人民出版社2001年版，第205页。
② 《邓小平文选》（第三卷），人民出版社2001年版，第105页。
③ 《江泽民文选》（第三卷），人民出版社2006年版，第276页。
④ 中共中央文献研究室：《十七大以来重要文献选编》（下），中央文献出版社2013年版，第447—448页。

发展中国特色社会主义文化的总体思路，包括坚持以马克思主义为指导，坚守中华文化立场，立足我国的发展实际，致力于发展面向现代化、面向世界、面向未来的，民族的科学的大众的社会主义文化，这些理论和观点无不体现出习近平对邓小平德育理论的道路认同、思想认同和情感认同。

一、面向"现代化"的传统价值

"三个面向"是一个以面向现代化为"一体"，以面向世界和面向未来为"两翼"的体系化结构。面向现代化在"三个面向"的内容中居于核心地位，这是因为，马克思主义认为生产力是推动社会发展的根本动力，现代化的根本标志和首要任务是生产力的变革，即工业生产取代农耕生产，使得工业化逐步成为现代化的核心。然而，长期以来容易产生一个思想误区：人们从纯粹的经济和技术的角度去理解现代化，甚至将现代化直接等同于工业化。现代化作为人类社会发展过程中的一个重大转变，首先是从经济方面进行突破，然后逐步延伸到社会的各个方面，推动现代工业主义的精神渗透到文化、政治、思想等不同领域，由此迎来一个全球现代化发展的新时代。值得注意的是，一方面，现代化不只是工业化的过程，而是渗透在各个不同领域的社会变革的过程；另一方面，工业化本身并不只停留在纯粹的技术和经济方面，而是需要延伸到政治、社会、文化、生态等方面。从这个意义上来看，现代化不只是经济革命的历程，也是一场深刻的社会革命和政治革命，是诸多因素共同推动的社会整体性和根本性转型的过程。现代化成为当代中国最大的政治，教育现代化的功能性在于服务于社会主义现代化建设，这源于经济发展与文化教育之间的关联性，经济的高度发展能够为文化教育的高质量发展提供物质保障，而文化教育的发展能够为经济发展提供必需的智力支持和精神动力。教育问题是典型的社会民生问题，现代化的教育与传统教育的实质区别在于其既具备社会主义市场经济的竞争性，又具备原则上的公益性。教育的现代化离不开经济和社会的现代化，它不能超脱于社会发展的基本状况。我国最大的国情是处于并将长期处于社会主义的初级阶段，因此，对于教育现代化存在的"去现代化"和"伪现代化"的存疑命题是一种针对现代化的误解，教育现代化出现的问题在于社会所处发展阶段的程度和高度。

德育现代化的关键是人的现代化，我国德育现代化的关键在于培育合格的社会主义建设者和接班人。在现代化理论中，社会现代化的根本标志应当是人的现代化，涵盖了思维方式、思想观念、生活方式、交往方式的现代化，主要指向人的现代化素质和人的现代性，本质是从传统人向现代人转型的过程。20世纪美国的社会学家英克尔斯曾经提出，国家在向现代化转型的历程中，人是一个基本的要素。他认为，当国家的公民都是现代化的人时，公民从行为方式和心理状态上都会转变为现代化的人格，国家的现代经济、政治和文化管理机构里的工作人员也会获得与现代化发展相适应的现代性，国家才能成为真正现代化的国家；与之相反，假如公民缺乏能够赋予这种制度生机和活力的现代化的人格，假如运行现代化制度的人还未从思想、心理、态度以及行为方式上完成现代化的转变，面临畸形和失败的发展悲剧便是不可避免的。①从现代社会的历程来看，经济社会的发展、国家综合国力的提升、科学技术的革新，愈来愈取决于公民是否具备现代理念、现代人格与现代素质。而人的现代化的实现也是一个动态的、历史的、发展的长期过程，需要发挥德育在培养人的现代文明素质中的正向作用，促使人们更好地从传统社会过渡到现代社会。

  面向现代化内蕴着一对主要矛盾：传统与现代之间的关系。在人类漫长的演进历程中，现代化的历史是一个传统与现代碰撞并贯穿始终的过程，在不断对传统扬弃的基础上生成现代，映射出人类文明的先进性和发展必然性。现代逐渐取代传统并优于传统是正确认知和处理两者关系的基本态度。在传统与现代的辩证关系中，一方面，现代的价值表现在不受制于传统的束缚，在对传统辩证否定的基础上推动人类文明进入一个新的发展阶段；另一方面，传统的价值表现在采取自我否定的力量为现代的产生和发展提供合理化的现实依据，并将自身融入现代，演变为现代的有机组成部分。现代能且只能在对传统的积极扬弃中得以生存和发展，否则会沦为无本之木和无源之水。然而，抽象或盲目地肯定传统也无益于科学地把握现代，对传统的继承和发展要基于能够利于现代的立场，以现代诠释传统，实现传统的创造性转化。德育现代化要处理好现代与传统之间的关系，反映了社会意识对社会存在能够

---

① [美] 阿历克斯·英格尔斯：《人的现代化——心理、思想、态度、行为》，殷陆君编译，四川人民出版社1985年版，第4—6页。

产生反作用的历史唯物主义的基本原理。德育的现代化是德育内容的现代化、德育手段的现代化、德育队伍的现代化，更是德育目标的现代化。首先，德育目标的现代化。现代化图景下的德育目标是为社会主义现代化建设培育全面发展的高素质人才。其次，德育内容的现代化。道德教育的理论与实践证明，实践生活是思想道德的来源，生活的过程也会是一个道德学习的过程，完善的道德需要在道德实践的平台上完成。因而，德育的有效性在相当程度上取决于德育内容是否有效满足个体生活和社会现实的基本需求，能否有效地遵循道德发展的一般规律，能否贴近受教育者的思想实际。再次，德育队伍的现代化。1977年5月24日，邓小平强调："靠空讲不能实现现代化，必须有知识，有人才。"[①]德育现代化要加强对德育教师队伍的建设，这是德育现代化的关键。我国一直以来都有尊师重教的优良传统，教师队伍是德育事业的实践者和亲历者，是关系到德育实效性的主要因素。最后，德育手段的现代化。知识经济时代的教育模式和教育手段逐步取代工业时代的教育模式和教育手段。网络化教育的普及逐步打破优质教育的围墙，促使教育均等化进一步成为现实。

二、面向"世界"的民族价值

世界化是现代化的基本特征，现代化过程中如何处理民族与世界的关系，成为民族国家需要面临的一对基本矛盾。不同民族国家由于自身在政治、经济以及文化等多方面的独特性，必然会形成具有民族特色的现代化，这也成为现代化具有多元性的历史依据。各具特色的民族性之所以能在世界范围内"化"起来，形成具有世界性的现代化浪潮，说明这些民族性中蕴含着共同性和普遍性，这些共同性和普遍性构成了世界性的基本依据。在现代化理论中，一般将民族国家的现代化分为先发"内源型"和后发"外源型"的两种类型。世界上的大部分发展中国家均属于后发"外源型"，我国也不例外。在现代化的历史中贯穿着世界性与民族性的尖锐矛盾，成为不可避免而又难以处理的"魔咒"。世界是由各具特色的民族国家构成的，正是民族的多样性构成多元现代化的历史进程。但是，民族性转变为世界性是有条件的，必须得到世界上大

---

① 《邓小平文选》（第二卷），人民出版社1994年版，第40页。

多数民族、国家乃至全世界的认同。因此,要处理好世界性与民族性之间的辩证统一关系,以民族性和本土性回应世界性和普遍性,以世界性的形式展现民族性的内容。

德育面向世界就是要处理好世界与民族的关系,内在地要求德育的改革与发展既要立足于我国的基本国情,遵循德育的规律和特点,又要面向世界,积极参与国际合作与交流,善于借鉴和吸收一切优秀的人类文明成果和实践经验。随着改革开放政策在我国的实践,中国与世界国家的交流逐步由单一化走向多元化、由片面化走向全面化、由局部走向整体。德育要适应教育现代化的发展态势,应然做到以下几点创新:首先,德育在现代化的发展历程中要保有中国特色。德育面向世界的过程是一个接纳与被接纳的历史进程,要汲取世界上其他国家和民族一切有益的德育成果和实践经验,借鉴世界上其他国家和民族关于德育的历史经验和成熟做法,比如美国、德国和瑞士的公民教育,西方传统的道德教育等。但是,不能完全依赖别国的发展道路来指导我国的德育事业,而要探索出一条适合中国具体国情的发展道路。其次,德育在面向世界的发展历程中要克服和避免激进的爱国主义和狭隘的民族主义。德育工作是我国社会主义精神文明建设的重要内容,在面向世界的过程中要保持应然的理性和包容的大国情怀,以"对话沟通、和而不同"的交往心态应对全球化过程中的差异性。邓小平在同坦桑尼亚联合共和国副总统姆维尼谈话时强调:"任何一个国家要发展,孤立起来,闭关自守是不可能的"。[①]闭关自守的封闭状态会切断国家与国家之间互动交流的一切合理渠道,获取信息和技术的有限性最终会制约经济和政治的发展。我国德育事业的发展一方面要以开放和包容的心态融入世界发展,努力解决国内德育工作面临的实践问题,破除德育发展的现实困境;另一方面要摒弃"唯吾独尊"的激进爱国主义和"夜郎自大"的狭隘民族主义,否则,只会沦为目光如豆的"井底之蛙"。最后,德育在面向世界的发展历程中应当学会随机应变,适应世界发展的潮流。随着改革开放的深入推进,全球化发展的深度和广度只会越来越大,德育的向外发展没有退路,唯有适应风云变幻的全球局势,找准自身的准确

---

① 《邓小平文选》(第三卷),人民出版社2001年版,第117页。

定位，方能泰然处之。

三、面向"未来"的现实价值

面向"未来"展现了我国现代化的超越性，这是因为，当我们以面向"未来"的眼光审视现代化时，必然会面临理想与现实之间的关系问题。理想是暂未实现的现实，而现实是业已实现的理想，二者之间存在辩证统一的相互关系。面向"未来"是建立在现实根基上的，并不是虚无缥缈的空中楼阁，这对我国在思想文化上的传统价值取向和道德伦理都是一个重大转变。面向"未来"作为一种批判、改善和生成现实的能动力量，内在蕴含着传统面向未来的结果、民族面向未来的结果，也体现出未来性与现代化、世界性之间的紧密联系。德育面向未来是对德育工作前瞻性和预见性的挑战和考验，要处理好未来与现实之间的关系。德育工作的良好运转应然是能够关注国家宏观发展的需要，遵循德育发展的基本规律，实现对人的自由而全面发展的基本尊重。首先，德育面向未来体现在对人的主体性关注。这是因为社会未来的发展状态在一定程度上取决于人的存在样态。一方面，市场经济天然的竞争性使社会中的个体自觉或者不自觉地投入奋斗进取的行列，对于人才培养的要求愈来愈多样化和专业化，导致人才素质的提升与社会发展程度的关联性也愈来愈强；另一方面，激烈竞争会给道德感较强的人带来心理上的道德不适，而在荣誉感较强的人身上既得利益才是最重要的精神支撑。因此，德育工作面向未来就要关注人的思想状况和心理情况，透过社会现象反观人的发展问题，关注人的主体性地位，实现人对自身有限性和局限性的超越。其次，德育面向未来体现在要把德育放置在社会的整体结构中，与经济、政治、文化、社会、生态等其他要素的联系更为紧密。德育系统并不是一个封闭孤立的系统，经济上加大对德育事业的投资力度，政治上加强对德育工作的政策扶持，社会上增加对德育发展的广泛关注，生态文明建设上强化对德育工作的参与度，文化上加紧对德育内容的丰富和推崇。再次，德育面向未来体现在德育内容体系的选择与创新。德育要遵循从现实到理想、从自发到自觉、从个体到社会、从他律到自律等发展轨迹，主导超越性的价值诉求和理想目标，创造与受教育者思想状况与社会现实维持合理张力的道德规范、政治理念、思想观点、行为准则等，要求德育内容面向未来更高的价值目标，彰显德育内容应有的意义指向、价值导向和理想目标，培育不断追求美德、真知和善行的思想品质，以达成趋于完善、臻于真理、归于至善的思想境界。最后，德育面向未来体现了德育工作的前瞻性。德育实践所带来的教育效益的滞后性产生对德育工作整体规划前瞻性的内在要求。德育工作整体规划的制定要立足于中国德育的现实，结合马克思主义德育理论，对可能发生或者已然产生的思想问题和政治情况做出科学化的预估，统筹国际国内的发展大局，以开放包容的大国心态指导德育实践。

第三节 德育的文明之基

要想了解德育与社会主义物质文明的关系，就得厘清物质文明与精神文明之间的关系。在实践工作中，社会主义物质文明和社会主义精神文明出现"一手硬，一手软"的现象，与人们对两者关系的错误认识有关：第一种是"自然论"，建设好物质文明，精神文明自然而然就可以建设好；第二种是"先后论"，先抓好眼前的物质文明，随后再抓好精神文明；第三种是"代替论"，认为可以用物质文明建设代替精神文明建设；第四种是"无关论"，认为精神文明建设是领导干部和文化单位的任务，与自身（或者自身所在的物质生产单位）没有直接关系，只要经济建设效益好，就可以"一俊遮百丑"；第五种是"敷衍论"，对精神文明的认识不到位，只是做做样子，应付上级的检查；第六种是"无用论"，认为抓好物质文明才是关键，抓精神文明不能带来实际的效益；第七种是"等待论"，等上级具体布置任务或者拨足经费之后再抓精神文明，抑或是想等其他单位有了实践经验后，再抓精神文明；第八种是"贴钱论"，认为抓精神文明建设需要投入大量的人力、物力和财力，短时间内难以收回成本，失去发展的积极性；第九种是"畏难论"，认为抓精神文明建设实践困难多，与其费时费力抓不好，不如不下功夫去抓精神文明。这些错误的认识成为导致社会主义精神文明发展滞后的思想动因。德育作为社会主义精神文明的重要内容，要想获得理想的教育效果，需要重视并深入研究与物质文明之间的紧密关系。

一、社会主义物质文明是德育的现实基础

人类进入文明社会以来的任何道德规范不仅具有鲜明的历史性，而且还

有阶级性。恩格斯曾强调："一切以往的道德论归根到底都是当时的社会经济状况的产物。而社会直到现在是在阶级对立中运动的，所以道德始终是阶级的道德"。[①] 这就肯定了道德的阶级性是因为它是社会物质基础的产物。我国正在构建的中国特色社会主义德育理论体系，本质上是革命胜利之后掌握国家政权的工人阶级和劳动人民的德育思想，是社会主义性质的德育思想。我国德育的性质是由社会主义的经济基础决定的，并且服务于社会主义现实经济的发展要求，表现为德育发展的进步历程。因此，自党的十一届三中全会之后，全党、全国各族人民普遍意识到大力解放和发展社会生产力、建设高度的物质文明的重要性，使得社会主义经济建设迸发出前所未有的积极性、创造性和主动性，为德育工作的展开奠定了坚实的物质基础。然而，发展社会主义物质文明，并不能忽略德育在社会全面进步中的重要地位。德育是一项贯穿于社会主义现代化建设的长期而艰巨的历史任务。这是因为：其一，我国的社会主义经济体制既可以激发竞争、高效、创新、民主、法制的良性市场环境，也会诱发人们产生享乐主义、拜金主义、为富不仁、个人主义等消极思想；其二，改革开放的对外政策使国内外的资金、文化成果、技术、管理经验等可以互通有无，也会使我国遭遇资产阶级自由化与和平演变的潜在风险；其三，德育建设呈现的实践效果不如物质文明那样显著而快速，加之，在一段历史时期内由于各种内外因造成的对德育建设的忽略，导致一些人对德育建设采取了急功近利和过犹不及的做法。例如，有些地区为了弥补财政空缺，任意挪用教育经费，对德育的教育投入较少甚至不投入；为了经济指标设立经济开发区，肆意侵占学校用地和社会公共场所等。因此，对于德育与物质文明之间的关系，不能厚此薄彼，两者之间要相辅相成、共同发展。

二、德育是社会主义物质文明的精神动力

德育是社会主义区别于其他社会形态的显著标志：一方面，社会主义与其他社会形态的区别不但表现在经济和政治方面，还表现在德育方面；另一方面，社会主义社会中的德育、经济、政治、文化、生态相互影响，相互促

[①]《马克思恩格斯选集》（第3卷），人民出版社2012年版，第471页。

进。德育虽然受到社会经济发展水平和社会体制的制约，但能够反作用于社会主义物质文明，具有相对独立性。1986年1月17日，邓小平在中央政治局常委会上指出经济建设和社会风气之间的关系，"经济建设这一手我们搞得相当有成绩，形势喜人……但风气如果坏下去……反过来影响整个经济变质。"①在我国大力进行社会主义经济建设的同时，应当注意到，社会主义是包含政治、经济、文化、科技等多方面因素综合发展的社会共同体。这就是说，社会生产力的发展固然是社会向前推进的物质基础，但也需要相应的政治规范和维护，科技的保障和支持，文化的引领和激励，社会主义社会才能保持井然秩序和生机勃勃，以促进社会的协调发展和全面进步。因此，唯物辩证法在肯定经济力量和社会生产力的决定性作用的前提下，重视政治因素、精神因素和思想道德因素在发展社会主义事业中的能动作用，重视德育对建设高度的物质文明的动力作用。一方面，德育建设能够有效提升党风、政风、民风等社会风气，激发社会主义物质文明发展的内生动力。另一方面，德育工作的良性运转能够有效反对和抵制西方资产阶级没落腐朽思想文化的侵蚀，打破西方敌对势力企图分化和西化我国的政治图谋，运用马克思列宁主义及其中国化的理论建设高度的社会主义精神文明。因此，我国在倡导发展社会主义经济建设的同时要警惕国内外敌对势力妄图西化和分化我国的图谋，抓好社会主义德育建设，用马克思主义的世界观改造人们的主观世界，辩证地处理好德育与社会主义物质文明之间的关系。

三、德育是社会主义精神文明的重要组成部分

1979年10月30日，邓小平在全国文学艺术工作者第四次代表大会的祝词中强调："我们要在建设高度物质文明的同时，提高全民族的科学文化水平，发展高尚的丰富多彩的文化生活，建设高度的社会主义精神文明。"②在党的十二大报告中提出："社会主义精神文明是社会主义的重要特征"③，并且作出重要的专门论述。1986年9月，党的十二届六中全会通过了《中共中央

---

①《邓小平文选》（第三卷），人民出版社2001年版，第154页。
②《邓小平文选》（第二卷），人民出版社1994年版，第208页。
③中共中央文献研究室：《改革开放三十年重要文献选编》（上），中央文献出版社2008年版，第273—277页。

关于社会主义精神文明建设指导方针的决议》，标志邓小平关于社会主义精神文明的思想已经初步形成。而德育作为社会主义精神文明的重要组成部分，与社会主义精神文明具有协调共生性。

邓小平在充分考量物质文明和精神文明之间辩证关系的基础上，多次提出必须坚持"两手抓，两手都要硬"的重要论述。社会主义精神文明建设是一个庞大的社会系统性工程，应然根据政治建设、经济建设、社会建设、文化建设以及生态文明建设的现实需要，创造性地开展精神文明建设的实践工作。德育作为社会主义精神文明的组成部分，需要做到以下几点：第一，必须形成优良的道德风尚和完备的伦理道德规范体系。我国在由计划经济体制转型为市场经济体制的过程中，一些与新的经济体制不相适应的伦理道德规范，必然会被新的伦理道德规范所代替。为了坚持、巩固和发展中国特色社会主义事业，必须建立和完善我国新时期的伦理道德规范体系，这是社会主义德育建设的主要内容，也是精神文明建设的重要任务。在我国伦理道德建设的过程中，要坚持以爱国主义和集体主义为原则，坚守以为人民服务为价值指向，以"五爱"为基本规范，积极培育家庭美德、社会公德、职业道德和个人品德，形成和谐友爱、风清气正的社会风尚。第二，必须与时俱进，创新德育工作的新思路、新形式和新方法。德育要紧密结合不同历史阶段下我国革命、建设和改革的具体实践，把握好德育工作是党的优良传统，也是做好其他一切工作的中心环节。新时期的德育工作既是社会主义精神文明建设的主要内容，也是精神文明建设的重要手段。德育历来是我国的一个政治优势，但在改革开放后的一段特殊时期内被削弱和被忽略了，使得精神文明建设呈现出一种相对弱化的状态。开创社会主义精神文明建设的崭新局面需要德育工作强有力的支持和保障，这就要求创造德育工作的新途径和新思路：在各级党委的领导下，建立一支高水平、专兼职相结合的德育工作队伍；创造适合不同层次和对象的德育工作的方式和方法；探索和发现改革开放与社会主义市场经济条件下德育工作的规律性，领会德育工作的实质是运用马克思主义的世界观和方法论教育和提高人们的思想认识和道德修养。因此，处理好德育与社会主义精神文明之间的关系，能够充分而有效地发挥精神生产在社会主义社会中的重要作用，促进人的自由而全面发展。

四、德育与社会主义精神文明具有协调共生性

社会主义精神文明建设主要涵盖思想道德素质和科学文化素质两方面的内容，它们相互依存、相互促进、相互发展。科学文化素质的提高可以通过幼儿教育、基础教育、高等教育、成人教育、终身教育等基本途径提升其教育质量和发展水平。而思想道德素质的提升可以通过道德教育、思想教育、政治教育、法制教育、心理教育等途径和方式实现人与社会和谐共处的基本目标。党的十二届六中全会通过《中共中央关于社会主义精神文明建设指导方针的决议》，详细阐述了精神文明建设的指导方针、根本任务和战略地位，规定我国精神文明建设的行动准则和基本方向。社会主义精神文明建设的理论内容包含：一是科学，即科学观念、科学知识、科学活动等，属于精神文明的起点；二是文化，即教育、体育、文艺等领域内的文化活动、文化形态和文化设施等，属于精神文明的有形体现；三是思想观念，包括思维方式、伦理道德、心理状况等，属于精神文明的核心；四是生活方式，即人们在特定社会条件下满足自身需求的活动方式，是人们的消费方式、娱乐方式、休闲方式的主要表现。而德育作为我国社会主义精神文明不可分割的组成部分，与精神文明具有协调共生性，主要表现在：

第一，德育要坚守马克思主义的指导地位，改造人们的精神生活。马克思主义是建立在历史唯物主义和辩证唯物主义基础上的科学化的理论体系，揭示无产阶级的历史使命和社会历史发展的一般规律，是关于无产阶级和人的解放斗争的理论，体现无产阶级的根本利益。马克思主义强调，既坚持物质决定论，又坚持意识能动论，在肯定物质决定意识的前提下，承认意识在认识世界和改造世界过程中的主观能动作用。邓小平在1983年曾指出："文化领域的东西，一定要用马克思主义对它们的思想内容和表现方法进行分析、鉴别和批判。"[①]对于我国现代化建设过程中物质文明与精神文明发展程度不匹配的现象，邓小平提出，在加强社会主义物质文明建设的同时，也要加强对精神文明的建设，尤其是思想政治教育。既要关注生产力与生产关系的发展，也要关注人们的精神生活和政治生活，促使国家科学文化教育的发展和

[①]《邓小平文选》(第三卷)，人民出版社2001年版，第44页。

人们思想道德水平的提高。

第二，德育要有选择地借鉴外来文化的发展成果，取其精华，去其糟粕。我国在借鉴和吸收国外资本主义文明成果时，能够看到西方资本主义国家在物质文明建设方面取得了不俗成就，尤其是在科学文化的发展上存在可取之处。但是，由于资本主义生产方式自身存在的基本矛盾、剥削制度以及资本主义意识形态的局限性，使其出现了一些与人类文明进步相背离的发展状况。当今资本主义科学文化中的自然科学和技术科学依然位居世界前列，但资产阶级意识形态的思想体系及其核心价值观在总体上是趋于没落、颓废和腐朽的，其衍生出一系列反理性主义、个人主义、享乐主义、拜金主义等现代社会的精神痼疾。这些腐朽的思想观念和生活方式被西方的垄断资产阶级战略家利用，成为西化和分化我国的政治图谋，极力地向我国推销其精神文化垃圾。对此，我们对于外来文化的态度既不能简单粗暴地直接拒绝或者排斥，也不能机械地照搬、食洋不化，而是要立足于我国的基本国情和文化传统，有选择地加以借鉴，取其精华，去其糟粕。

第三，德育要处理好利己性与利他性之间的关系，将消极影响转变为积极影响。我国现阶段的德育是在社会主义市场经济的大环境下进行的，经济社会条件下的市场竞争机制和交换机制一方面能够体现出平等自由的意识、锐意创新的意识、效益优先的意识、法治公正的意识等；另一方面又会促使利益主体(个人和企业)不断地追求利润的最大化，引起个人利益和他人利益、眼前利益和长远利益、局部利益和整体利益之间的矛盾，容易产生急功近利、贫富差距拉大、社会生产的无政府状态等社会弊病，也易引发拜金主义、官僚主义、本位主义、利己主义等见利忘义、以邻为壑的不良风气，其思想根源上都是源于利己性与利他性之间的关系问题。对于市场经济的自发倾向，必须采取社会主义精神文明建设中的德育工作加以引导，正确处理好个人利益与他人利益之间的合理化关系，有原则地从市场上获得经济效益和社会效益，这样才能减少市场经济产生的消极效应的影响，发挥其积极效应的影响，营造风清气正、良善美好的社会风气，实现社会主义精神文明与社会主义物质文明"两手都要硬"的发展目标。

第四节 德育的政治保证

四项基本原则是我国的立国之本,也是国泰民安和政局稳定的根本保证。坚持现代化建设的社会主义方向,在德育上要坚守四项基本原则。四项基本原则作为一个特定的政治概念的提出,是邓小平在新时期社会主义现代化建设伊始的一个重大历史贡献。[①] 1979年3月30日,邓小平在理论工作务虚会上总结党在理论宣传战线上的经验教训,提出在思想政治上坚持四项基本原则是实现四个现代化的根本前提。四项基本原则涵盖"第一,必须坚持社会主义道路;第二,必须坚持无产阶级专政;第三,必须坚持共产党的领导;第四,必须坚持马列主义、毛泽东思想"[②]的基本理论内容。1982年9月,中国共产党第十二次全国代表大会通过了《中国共产党章程》,将四项基本原则写入总纲,作为全党团结统一的政治基础,使其成为党规党法的重要内容之一。1982年12月,五届全国人大五次会议通过的新宪法,在序言中写入四项基本原则的内容,载入我国的根本大法,使其具备相应的法律效力。把四项基本原则作为我国社会主义德育事业的政治保证,属于邓小平德育理论的基本内容之一,也是邓小平德育理论精神实质的表征。

一、社会主义道路是德育的政治方向

马克思主义在运用历史唯物主义基本原理的过程中,揭示了社会主义必然代替资本主义的历史必然性,指出这是人类社会发展的自然规律。党的十一届三中全会之后,邓小平认为,要重新认识社会主义,把握社会主义的要义和本质,从而真正认同社会主义,更好地建设社会主义。邓小平提出坚持四项基本原则的思想内容,将其上升到社会主义初级阶段的基本路线的理论高度,并赋予了其全新的时代内容。他认为,坚持社会主义道路就是坚持建设有中国特色的社会主义。邓小平强调,全党全社会要在思想上认清什么是社会主义,并且纠正了以往关于社会主义建设道路的错误认识,提出反对"以阶级斗争为纲",防止"一大二公三纯"的公有制;反对思想僵化,防止"左"

[①] 石仲泉:《我观邓小平》,上海人民出版社2014年版,第362页。
[②]《邓小平文选》(第二卷),人民出版社1994年版,第164—165页。

倾思潮；反对超阶段的急功近利式发展；反对统得过死的计划经济；反对不讲个人正当利益；反对资产阶级自由化，反对全盘西化等一系列错误认知。邓小平驳斥过去关于社会主义的思想误区，认为其实质上背离了马克思主义的初心和本质。实际上，对于"什么是社会主义，怎样建设社会主义"这一根本问题，也反映在德育事业的发展过程中。在我国社会主义德育建设的过程中，常常遇到关于"左"和右的争论，这就涉及德育建设的"度"的问题。过"度"会造成人们在思想上偏离科学社会主义的方向，打击人们从事社会生产和投入社会生活的积极性，从而束缚社会生产力的发展，导致整个社会的发展停滞不前；"不及"则容易造成社会陷入混乱和贫困的状态，沦为西方敌对势力"和平演变"下的"牺牲品"，走上资本主义的道路。因而，德育只有在坚守社会主义政治方向的前提下，才能使我国的现代化建设道路在对外抵制资本主义"和平演变"、对内推动改革的双重压力下，获取可持续发展的动力和潜力。《中共中央关于党的百年奋斗重大成就和历史经验的决议》指出："党的十一届三中全会以后，以邓小平同志为主要代表的中国共产党人，团结带领全党全国各族人民，深刻总结新中国成立以来正反两方面经验，围绕'什么是社会主义、怎样建设社会主义'这一根本问题，借鉴世界社会主义历史经验，创立了邓小平理论。"①改革开放以来，我国的德育建设围绕"什么是社会主义，怎样建设社会主义"为导向问题，将坚持走社会主义道路纳入四项基本原则的基本内容，不断探寻实现社会主义德育事业发展的新方案。

二、无产阶级专政是德育的制度保障

在邓小平看来，无产阶级专政对人民来说是社会主义民主，是最广泛的民主。并且，对人民的民主与对敌人的专政是相联系的，这是因为，社会主义社会仍然存在敌特分子、反革命分子、刑事犯罪分子、新剥削分子、资产阶级自由化分子、霸权分子、恐怖分子等。坚持无产阶级专政是维护社会主义制度的客观需要，也是保障人民合理权益的政治保障。坚持无产阶级专政，内在地要求推进政治体制改革：一方面，充分发展社会主义民主政治，发挥社会主义政治制度的自身优越性。在党内进行政治体制改革，实施党政分开、

---

①《中共中央关于党的百年奋斗重大成就和历史经验的决议》，人民出版社2001年版，第15页。

政企分开、精简机构、下放权力,巩固和发展人民代表大会制度,完善中国共产党领导的多党合作和政治协商制度等。邓小平多次强调,社会主义民主与资本主义民主存在本质的区别,资本主义的民主是在生产资料私有制的经济基础上创立起来的,"实际上是垄断资本的民主,无非是多党竞选、三权鼎立、两院制。"①多党制是资产阶级互相倾轧和激烈竞争产生的结果,无法代表一般社会劳动者的根本利益。而社会主义的经济制度决定了它是为广大人民群众服务的,能够逐步消除其他剥削制度所产生的贪婪、不平等以及不公正的现象。另一方面,加强和健全社会主义法制,这是源于社会主义民主和社会主义法制密不可分的相互关系,从法制中抽离民主就会导致专制,从民主中抽离法制就会导致无政府主义。邓小平提出:"为了保障人民民主,必须加强法制。"②从而彻底改变过去无法可依、以权代法、以人代法的情况,使有法不依、执法不严、违法不究转变为有法可依、有法必依、执法必严、违法必究。

三、中国共产党领导是德育的组织保证

在我国改革开放和现代化建设的进程中,社会历史条件已经发生鲜明的改变,而党的领导作为保证社会主义现代化事业得以顺利推进的关键,内在地要求不断改善党的领导和加强党的自身建设。邓小平清晰地意识到中国共产党的领导与我国德育工作之间的紧密联系,明确提出,改善党的领导最主要的是加强思想政治工作。他强调,加强思想政治工作对于发挥党的政治优势,坚持和改善党的领导具有指导意义。为了适应民主政治和社会主义市场经济的发展要求,党的领导方式应当产生一定的转变,即从依靠行政手段改变为以说服教育、法律手段和经济手段为主,扩大思想政治工作的范围和力度,激励人民群众的发展积极性。邓小平提出:"党的领导机关除了掌握方针政策和决定重要干部的使用以外,要腾出主要的时间和精力来做思想政治工作。"③在邓小平看来,做好群众的工作,才是加强党的领导的关键。新时期,我国正处于新的时代环境,面临新的国内问题,包括社会主义市场经济的问

---

① 《邓小平文选》(第三卷),人民出版社2001年版,第240页。
② 《邓小平文选》(第二卷),人民出版社1994年版,第146页。
③ 《邓小平文选》(第二卷),人民出版社1994年版,第365页。

题、国企改革产生的大批下岗职工的问题、新科学技术革命的发展问题等，以及全球贸易一体化和知识经济时代的到来造成的霸权主义的扩张、世界金融危机等一系列国际问题，迫使中国共产党不断改革和创新领导方式、制度安排以及工作方法，强化党的执政能力，提高党的执政水平。这就要求加强党的思想建设，充分发挥党的政治思想优势，尤其是对领导干部进行"讲学习、讲政治、讲正气"的党性党风党纪教育；增强党的组织建设，健全和坚持民主集中制，建设高素质和高效率的党员干部队伍；提升党风廉政建设，开展反腐败斗争，提升党在人民群众中的威信。

小　结

改革开放新时期的德育理论提出要加强社会主义民主法制教育，将依法治国与以德治国相结合，为改革开放和社会主义现代化建设提供思想保证；论述德育与社会主义物质文明之间的相互关系，强调德育与社会主义精神文明的协调统一，具有"崇实尚行、与时俱进"为要旨的实践价值。同时，改革开放新时期德育理论的基本内容适应了全面开放的时代背景、复杂多变的信息环境以及日新月异的社会变化，丰富中国特色社会主义的德育理论，以兼容并蓄的博大胸襟、开阔的国际视野和开放的积极心态面对资本主义与社会主义的制度壁垒，培育海外视野、知晓国际约定、参与国际竞争与合作，科学掌握世界的发展大势，理性对待时代的潮流，具有"对话沟通、和而不同"为意旨的交往价值。

第六章

反观与表达：改革开放新时期德育理论的基本特质及方法论特色

第六章　反观与表达：改革开放新时期德育理论的基本特质及方法论特色

本章是在认知和理解改革开放新时期德育理论理论渊源、主客观条件、发展历程、基本内容的基础上，反观其思想特质，总结德育方法。

第一节　改革开放新时期德育理论的基本特质

邓小平敏锐地把握和平与发展的时代特征，紧扣改革开放和社会主义现代化建设的历史命题，从思想上和政治上确立我国社会主义德育事业的指导思想，把德育从"以阶级斗争为纲"的思想禁锢中解放出来，步入到服务于社会主义经济建设的轨道上，符合社会主义德育建设的客观需要，逐步实现德育现代化的历史转变，具有鲜明的理论特征，主要表现在解放思想与实事求是的辩证统一、继承性与创新性的辩证统一、政治性与思想性的辩证统一、理论性与应用性的辩证统一。

一、解放思想与实事求是的辩证统一

解放思想、实事求是，是马克思主义认识论的新发展，也是邓小平理论的思想精髓，体现主体性与客观性相统一的哲学底蕴。邓小平既坚持实事求是，又强调解放思想，秉持两者的有机统一。1978年12月，邓小平在中共中央工作会议上发表了《解放思想，实事求是，团结一致向前看》的重要讲话。它是开辟建设有中国特色的社会主义的新宣言书，也是新时期德育工作解放思想、实事求是的宣言书。其中坚决否定"两个凡是"的错误思想，批判形而上学的思维方式，坚持马克思主义理论联系实际、一切从实际出发的唯物史

观，对德育工作中出现的错误思潮进行拨乱反正。在邓小平看来，"两个凡是"不是真正地高举毛泽东思想的旗帜，而是形式主义的高举。要积极创造民主的条件，重申不抓辫子、不扣帽子、不打棍子的"三不主义"。邓小平解放思想、实事求是的思想路线，不但为新时期党的组织路线和政治路线提供思想保证，还为新时期我国的德育工作奠定政治基础。

20世纪80年代末90年代初，国际社会主义运动遭遇严重挫折，世界上第一个社会主义国家红旗倒地，东欧社会主义事业的发展也受到重创。西方的敌对势力趁机大肆传播"告别革命论""共产主义渺茫论""社会主义失败论"，加紧对我国意识形态领域的"和平演变"。而国内围绕关于改革开放过程中姓"资"和姓"社"的对立观点的讨论，产生对党的基本路线动摇的思想倾向。同时，为了加强改革开放和社会主义市场经济的发展，巩固新时期的德育工作具有更加紧迫的必要性。邓小平以高度的无产阶级革命家的使命感，经过深入的调查和研究，全面地总结改革开放以来的经验教训，澄清困扰人们许久的重大历史问题，提出必须继续坚持解放思想、实事求是的思想路线，使我国的改革开放事业步入新的发展时期。邓小平强调：发展社会主义市场经济的同时，把党员和人民教育好，尤其要把青少年教育好，这是因为他们关系到社会主义现代化事业的未来。新时期的社会主义德育建设要善于吸收人类优秀的文明成果，在学习和借鉴其他国家文明成果的过程中，采取马克思主义实事求是的观点、方法和立场，既不能盲目吸收，也不能搞精神污染，要反对一切官僚主义和形式主义，讲求实效性。因此，邓小平的德育思想从它的形成、发展到创新无不体现出解放思想与实事求是的辩证统一。

二、继承性与创新性的辩证统一

邓小平对德育理论体系的构建不是无本之木、无源之水，而是在继承前人智慧与成果基础上的创新。比如，邓小平继承中国传统德育思想崇德尚法的道德风尚，在德育实践中将教育与法律两种手段结合起来，营造风清气正的社会风尚；他继承和发展西方传统德育思想的尊重知识、尊重科学的观点，提出恢复高考制度，倡导尊重人才和重视教育，认为科学技术是推动社会发展的第一生产力；邓小平依据马克思主义关于经济基础和上层建筑之间的辩证关系，提出要解放生产力和发展生产力，认同生产力是社会发展中最根本

第六章 反观与表达：改革开放新时期德育理论的基本特质及方法论特色

要素的基本原理；他在继承马克思主义关于人的全面发展思想和毛泽东关于培育德智体全面发展的社会主义接班人的德育思想基础上，提出社会主义"四有"新人的德育目标等。总之，邓小平的德育思想在继承马克思主义经典作家德育思想、中国传统德育思想、西方德育思想以及毛泽东德育思想的理论基础上，进一步完善和发展了中国特色社会主义的德育思想。

邓小平重视党的德育工作的发展，认为它是我们党宝贵的精神财富，不论任何时候都不能丢，但是也不能将德育传统当作僵化的教条，处处照搬照抄。他强调要把德育工作与时代特点紧密结合起来，在研究新情况和解决新问题的具体过程中，使党的德育工作能够充分为党的中心任务和人民大众的根本利益服务。1978年6月2日，邓小平在全军政治工作会议上提出："如果我们不去分析和解决新的历史条件下存在的问题，我们就不能够恢复和发扬政治工作的优良传统。"[①]他从历史唯物主义的立场出发指出那种否定新的历史条件的观点都是割断历史和脱离实际的。邓小平从新时期党的德育工作的具体实践出发，提出关于德育工作的新思路，逐步形成新时期德育工作的新思想，充分体现出党的德育工作的连贯性和时代性。他将毛泽东的德育思想在改革开放时期发展到一个崭新的高度，进一步丰富了关于社会主义德育建设的理论学说，是对新时期我国德育工作的实践总结。值得注意的是，邓小平的德育思想不但是对毛泽东德育思想的继承和发展，还从理论和实践的结合点上进行积极创造，在我国德育史具有启示性的历史意义：第一，德育理论的创新与发展。邓小平依据改革开放和社会主义现代化建设的时代特点，提出了一系列德育观点和方法，形成相对完整的新时期德育理论体系。第二，德育目标的创新与发展。他提出培育"四有"新人的德育目标，认为共产党员要坚定共产主义的理想信念，以全心全意为人民服务为宗旨，并且，要求以社会主义道德教育人民群众，体现了先进性和广泛性的统一。第三，德育工作机制的创新与发展。他强调党委的各级组织和各行政部门要建立齐抓共管、共同育人的体制机制，形成把育人和社会效益放在首位的工作制度。第四，德育工作方法的创新与发展。邓小平认为信息技术已经渗透到人们日常的生

[①]《邓小平文选》（第二卷），人民出版社1994年版，第121页。

活和工作中，德育工作也要主动运用现代化的传播技术改善工作方法，创造德育工作的现代化环境，采取多种渠道扩展德育空间，让广大青少年走与工农兵相结合的道路，在社会主义现代化实践中得以锻炼成才。总而言之，邓小平的德育思想体现了继承性与创新性的辩证统一。

三、政治性与思想性的辩证统一

在十一届三中全会之前，我国的德育思想是在革命与战争的时代条件下形成的，对社会主义德育建设的理论指导难以摆脱"以阶级斗争为纲"的思想特质，德育基本上沦为为阶级统治服务的政治工具。新时期，邓小平的德育思想是在推动改革开放与社会主义现代化建设的社会条件以及和平与发展的时代条件下形成的，既要排除"左"的思想影响，又要排除右的思想干扰，德育的功用逐步转移到为促进社会主义经济建设的发展而服务，成为马克思主义德育思想在中国的新发展和新突破。邓小平的德育思想在继承毛泽东"教育必须为无产阶级服务"的思想基础上，根据我国社会主义所处的发展阶段和历史现实，认为德育是为社会主义现代化建设而服务，从根本上是践行为人民服务的宗旨，以实现德育培育"四有"新人的教育目标。我国德育在践行为社会主义现代化建设服务的功能时，逐步实现德育现代化的历史转变，具有鲜明的政治性。

邓小平的德育理论立足于当代、求知于世界、着眼于未来。他将新时期德育纳入中国特色社会主义现代化建设的宏伟目标，成为社会主义精神文明不可分割的组成部分，具有鲜明的思想性，主要表现在：第一，邓小平德育理论的创新是建立在合理继承和科学发展的基础上。邓小平认为，在党的历史上，德育工作有过好的，也有过失误，要根据时代的特点及时科学吸收，并结合新的德育实践加以发展。他提出要坚守马克思主义教育、党的基本路线教育、艰苦奋斗教育、道德教育、党纪教育、爱国主义教育等。第二，邓小平德育理论的创新体现在"破"和"立"的和谐统一。邓小平破除了"文化大革命"和"四人帮"给德育带来的极左思想的影响，创造性地发展了我国改革开放以来的德育事业。他曾提出："讲实事求是，讲新的发展时期，讲新的历史

第六章 反观与表达：改革开放新时期德育理论的基本特质及方法论特色

条件，就要讲破和立。"①第三，邓小平德育理论的创新体现在将德育与社会主义物质利益相结合。他对精神文明与物质文明之间的关系有清晰而深刻的认识，提出社会主义现代化是最大的政治，将德育与物质利益相结合，以"三个有利于"的标准判别德育事业的得失。第四，邓小平德育理论的创新还体现在面向现代化、面向世界、面向未来。他认为德育工作应当为社会主义现代化建设服务，必须破除过去保守僵化的思想观念，着眼于未来，学习一切优秀的世界文明成果，但是要坚决反对资产阶级自由化的错误倾向，反对民族虚无主义和全盘西化。因而，邓小平德育理论是政治性和思想性的辩证统一。

四、理论性与应用性的辩证统一

邓小平曾指出，哲学和社会科学同自然科学一样，不能忽略对基础理论的研究，这些研究是理论工作取得进展所不可缺少的关键环节。新时期，邓小平的德育思想形成了一个完整的思想体系。邓小平从坚持解放思想和实事求是的根本立场出发，针对我国改革开放和社会主义现代化建设的客观需求，系统阐述了社会主义德育建设的战略地位、主要任务、基本目标、原则方法等，科学回答了新的历史时期为什么要加强和改善党的德育工作，怎样解决历史遗留下来的重大思想问题，形成了逻辑严密、思路清晰、体系完整的德育思想。这既符合马克思主义认识论的基本原理，也符合我国社会主义德育发展状况的实践需求。

邓小平不仅重视德育理论的研究，而且注重理论的应用。他针对新时期的社会主义德育建设做出系统的理论阐述，发表了一系列的相关文章和重要讲话：《坚持四项基本原则》《关于思想战线上的问题的谈话》《一靠理想二靠纪律才能团结起来》《中国共产党第十二次全国代表大会开幕词》《在武昌、深圳、珠海、上海等地的谈话要点》等。除此之外，邓小平根据我国改革开放时代背景下德育工作的现实需要，制定出一系列的重要文件，对新时期德育工作的新问题和新情况做出科学的回答，如《国营企业职工思想政治工作纲要（试行）》《中共中央关于社会主义精神文明建设指导方针的决议》、《中共中央关于加强和改进企业思想政治工作的通知》《关于新时期军队政治工作的决定》

---

①《邓小平文选》（第二卷），人民出版社1994年版，第121页。

等。他认为德育工作要解决实际问题,不能鼓虚劲,说空话。德育工作是为社会的稳定和发展而服务的,为实现党和国家的战略目标提供精神动力和思想保证。他从干部的德育工作到机关的德育工作,从抓娃娃的培养教育到学校的德育工作,从工人、农民以及知识分子的德育工作到军队的德育工作,从现代化的传播工具在德育工作中的运用到具体的德育工作方式的实践,从党中央、国务院和中央军委对德育工作的领导到乡镇、街道、学校、车间、连队党组织的具体职责等方面,做出了具有应用性和实践性的论述和指导。因此,邓小平的德育思想是理论性和应用性辩证统一的思想体系。

第二节 改革开放新时期德育理论的方法论特色

科学的理论在付诸实践的过程中离不开合理有效的方法论。邓小平关于新时期德育教育的基本方法更是其德育思想的重要内容之一,德育不仅需要科学的政策、原则、方针和路线,而且需要行之有效的方法。

一、说服教育与示范教育相结合

由于客观事物的复杂多变性,人们对客观事物的反映不可能是一次性完成的,而是会经历一个反复考究的过程。邓小平从"文化大革命"的失败中总结历史带来的经验教训,认为采取大搞政治运动的方式去解决人民群众的思想教育问题,往往是失败的。他主张通过说服教育与示范教育相结合的方式解决德育实践中的思想问题,实事求是地分析思想问题,使人们能够接受正确的思想,克服错误的思想,达到主观和客观的统一。

首先,说服教育和示范教育要有坚实的科学理论做思想支撑。马克思主义提出,理论只要足够彻底就能说服人。反映无产阶级实践斗争的马克思主义和毛泽东思想是我国德育的理论武器。邓小平指出,学习马克思列宁主义和毛泽东的著作一直都在推进过程中,经验教训在于我们对马克思列宁主义和毛泽东思想的体会不足。我们忙于日常事务,不注重学习就容易陷入庸俗事务主义中。德育工作者要深入理解马克思列宁主义、毛泽东思想的基本理论,改革开放以来党的路线、方针、政策,同时应当掌握德育的基本原理以及教育学、心理学、教育心理学、社会学等相关的学科理论。其次,说服教育和示范教育可以通过树立正确的群众典范,实事求是,从人民群众利益出发讲道理,才能以理服人。邓小平指出:"群众从事实上感觉到党和社会主义好……理想纪律教育,共产主义思想教育和爱国主义教育,才会有效。"[①] 1992年,邓小平在南方谈话中指出人民是看实践的,人民认同社会主义和改革开放的成果,我国的社会主义事业才会万古长青。因此,他强调各级领导干部一定要切实关注和关心群众的实际生活和时事政策等问题,对群众反映的不合理问题要及时纠正。例如,解决农村贫困人口的脱贫问题和城市下岗工人的再就业问题,党和国家给予的政策能够把问题解决到什么程度,还有哪些问题是暂时无法解决的,都需要及时与人民群众沟通处理。最后,说服教育和示范教育要注重疏导,不能采取打压和行政命令等强制手段。邓小平认为要改变过去那种强迫受训的教育方式,善于采取人们乐于接受的疏导方式。教育者可以改变思路,尝试从错误思想和思潮中发现积极因素。恩格斯曾言辞激烈地指出资产阶级唯利是图的思想根源,但也尖锐地提出:"鄙俗的贪欲是文明时代从它存在的第一日起直至今日的起推动作用的灵魂。"[②]"卑劣的贪欲"通过调动人的欲望和需求激发了人们的创造性和积极性,例如,在我国社会主义市场经济的发展过程中,不能对拜金主义、金钱至上的思想简单粗暴地一批了之或者同空想社会主义者一样把"金钱铸成马桶",而是要正确引导人们将获取物质利益的欲求转变为社会经济发展的动力,教育生产经营者要通过不断的技术创新和产品创造,生产出符合市场需要和社会需求的高质量产品,与社会主义市场经济的生产目的和价值目标相适应。

二、物质鼓励与精神鼓励相结合

在一定的历史时期内,由于国内受到"左"倾思想的影响,物质鼓励并未在德育中发挥相应的效用。实质上,物质利益是人类生存和生活的客观基础,是人们进行社会交往的基本条件。而精神鼓励主要是通过非物质方式满足人的社会心理需要,包括尊重、成就感、安全感、自我实现等高层次的精神需要。人作为自然存在物,首先要解决的是吃穿住行的问题,这就涉及对物质利益的获取和追求;人作为社会存在物,同时具有获得感、安全感、尊严感、

[①]《邓小平文选》(第三卷),人民出版社2001年版,第144—145页。
[②]《马克思恩格斯选集》(第4卷),人民出版社2012年版,第194页。

幸福感、归属感等更高的精神需要，这就涉及对政治利益的追求；人作为有意识的存在物，有认知的欲望和对真善美的追求，这就涉及对精神利益的需求。因而，物质利益、政治利益和精神利益成为人之为人的社会需求。马克思主义提出人们首先必须解决吃、穿、住、行的问题，然后才能从事科学、教育、宗教、艺术等活动。邓小平强调："只讲牺牲精神，不讲物质利益，那就是唯心论。"①德育作为调节人们思维方式和行为方式以实现相应目标的能动方式，就必须对物质利益这一影响人们行为的基本因素加以重视和运用。否则，德育就失去了必要的物质基础成为"空中楼阁"，沦为苍白无力的空洞说教。历史证明，物质鼓励的德育方法是我们党在实践过程中被证明和总结出来的重要经验。民主革命时期，我们党在领导工人运动的过程中，将动员工人阶级参加反帝反封建的政治斗争与增加工人工资和改善生活条件相结合。在建立农村革命根据地时，我们党将对农民的思想教育与打土豪和分田地相结合。进入社会主义社会之后，我们党为动员人民群众参与社会主义革命和建设，一贯坚持物质鼓励与精神鼓励相结合的德育传统。

新时期，我国的社会主义德育建设要处理好物质鼓励与精神鼓励的关系：一方面，改变过去不重视物质鼓励的社会偏见，将精神鼓励与物质鼓励相结合。新中国成立之后的很长一段时间内，由于对社会主义发展阶段的认识不清，导致不切实际地推崇和宣扬"共产主义道德"，使个体的自身价值和正当利益长期被压抑，甚至将个人利益等同于个人主义。"政治可以冲击一切"的"左"倾错误和一些实用主义观点不仅打击人的创造性和活力，而且严重阻碍了德育工作的正常发展。另一方面，强调物质鼓励的作用，并不代表精神鼓励不起作用了。如果只谈物质利益而不讲革命精神，就会违背唯物辩证法，容易造成物质利益关系的错乱，导致一些人只看到个人利益、眼前利益和局部利益，而忽略了集体利益、长远利益和全局利益。毛泽东曾提出：个人利益要服从于集体利益、局部利益要服从于全局利益、眼前利益要服从于长远利益。② 邓小平指出："我们提倡按劳分配，承认物质利益，是要为全体人民

---

① 《邓小平文选》(第二卷)，人民出版社1994年版，第146页。
② 《毛泽东文集》(第8卷)，人民出版社1999年版，第133页。

的物质利益奋斗。"①为全体人民的物质利益而服务包含大公无私和为人民服务的牺牲精神。因此,物质利益和革命精神是相互联系、共同发展的关系,要采取物质鼓励与精神鼓励相结合的德育方法,改变社会主义现代化建设中物质文明和精神文明"一手硬,一手软"的现象,大力推进中国特色社会主义精神文明的发展。在新的历史发展阶段,经济建设已经转变为党和人民的中心任务,人们的思想和行为与物质利益的关系更为紧密,对物质利益的关注也更为强烈。新时期德育要把物质鼓励与精神鼓励相结合,把解决人们的思想问题与社会实践问题相结合,致力于解放和发展社会生产力,坚持"三个有利于"的判断标准,提高国家的经济力量和综合国力,彰显社会主义制度的优越性。

三、批评与自我批评相结合

批评与自我批评相结合是为克服思想上产生的片面性、偏差甚至错误思想,是展开德育工作的一种基本方法。毛泽东常用"流水不腐,户枢不蠹"的道理讲明要采取批评与自我批评的马克思主义的思想武器来抵制各种错误思潮的影响,扫除一切不良作风。党的十一届三中全会以来,针对思想战线上的涣散软弱的状态,邓小平强调要积极开展党内思想斗争,不论其职务高低,都要接受批评与自我批评。开展批评与自我批评是中国特色社会主义德育建设的客观需要,是巩固社会主义意识形态的重要方法。马克思主义认为社会的意识形态不可能是空白的,总会被一定的意识形态所占领。人类的历史发展已经证明:社会上在经济领域占据主导地位的阶级,在思想领域也必定占据统治地位。我国处于社会主义的初级阶段,剥削阶级虽然已经被消灭,但剥削阶级的思想残余仍然存在。随着我国对外开放领域的扩大,资本主义思想文化涌入我国,如果社会主义思想不占领意识形态领域,各种资本主义思想就会占领意识形态领域;马克思主义不占领意识形态领域,非马克思主义的各种思潮就会占领意识形态领域。因此,放弃批评与自我批评的作风,放弃意识形态领域的斗争,社会主义的根本制度就会有变质的危险。邓小平提出开展批评与自我批评要注意两种错误的思想倾向:一种是畏惧批评的倾向,

---

① 《邓小平文选》(第二卷),人民出版社1994年版,第337页。

即了解到党内有的同志自身存在问题，却不愿意或者不敢对其进行批评，原因在于担心批评会影响互相之间的"和谐"关系；有的人对一些错误倾向进行了批评，但是由于批评的分量和质量不足，产生的实效并不理想。另一种是抵触批评的倾向，即批评者被围攻，被批评者反而受到同情和保护。针对这样的思想政治情况，邓小平指出必须使马克思主义、社会主义和共产主义的正确观点在思想理论界真正地发挥主导作用。邓小平还强调，在开展批评与自我批评的同时，要注意防止"左"的错误。对于犯错误的同志，要采取与人为善的态度，让其能够澄清论点和事实，鼓励他们进行诚恳的自我批评，经过批评与自我批评的过程，达成新的集体团结。批评与自我批评要坚持实事求是的原则，注重调查研究，要对批评和讨论的问题调查清楚，不能以偏概全、以势压人，更不能凭借主观臆断判定。总之，在邓小平看来，批评与自我批评的方法是解决思想战线和理论战线问题的基本方法之一。

四、自律与他律相结合

自律指的是人们行为的驱动力和约束力主要依靠信念、理性、良心和自觉等，而不是依靠外力的强制作用，并且要求建立良好的内心法庭，对自身的言行进行自我裁决。自律实质上是一个自我认知、自我约束、自我践行、自我管理的过程。自律教育强调尊重人的价值，重视自治、自主和自我教育，提倡发挥人的主体意识、潜能、智慧和创造力。但是，如果教育者不善于启发诱导受教育者或者不重视思想问题的解决，就容易使受教育者陷入"绝对自由"。随着我国改革开放不断地深入发展，西方的利己主义价值观传入我国，对我国青年学生的心理产生较大的影响，尤其以非理性主义的哲学思潮影响最大，例如存在主义鼓吹"自我选择""自我设计""自我实现"等思想观点的泛滥，使一些青年把自我放在至高无上的位置，不关心他人，也不关心集体与国家，反而在追逐自我的过程中迷失了自我。因而，邓小平提出在发挥自律的道德教育的功能时，必须对受教育者加强理性的启迪和教育，注重他律教育的实施。他强调德育需要家庭、集体、社会的协力共教才能取得最佳的效果。他律不是凭借内心的道德敬畏和道德自觉，而是凭借外力的强制和制裁。他律是指依靠外部的力量使人们接受一定的道德规范和法律规范，并且依赖社会奖惩和社会舆论等为动力，促使人们在思想上和行为上遵规守矩。因而，

第六章　反观与表达：改革开放新时期德育理论的基本特质及方法论特色

邓小平认为应当充分尊重和满足受教育者基本的物质需要和精神需要，促使受教育者采取自律的教育方法提升自身的道德素养和思想境界，调动广大群众参与社会主义德育建设的积极性，投身于社会主义现代化建设的事业中。邓小平坚持将自律教育与他律教育相结合，为提升中国特色社会主义德育建设的实效性打下坚实的思想基础。

小　结

改革开放新时期德育理论通过科学的方法论指导我国的德育工作，涵盖了说服教育与示范教育相结合、物质鼓励与精神鼓励相结合、批评与自我批评相结合、自律与他律相结合，其德育思想具有鲜明的基本特质，即解放思想与实事求是的辩证统一、继承性与创新性的辩证统一、政治性与思想性的辩证统一、理论性与应用性的辩证统一。

第七章

转化与融合:改革开放新时期的德育实践研究

第七章 转化与融合:改革开放新时期的德育实践研究

中国共产党的德育理论是马克思主义德育思想与国内社会革命、建设和改革实践相结合的历史产物。以毛泽东同志为核心的党的第一代中央领导集体的德育理论对新中国时期社会主义德育建设具有奠基性的作用,邓小平在借鉴其思想内核的基础上,结合改革开放和社会主义现代化建设的基本国情,形成了独具特色的邓小平德育理论。以江泽民同志为核心的党的第三代中央领导集体和以胡锦涛同志为总书记的党中央,在继承和发扬邓小平理论的基础上,研判德育问题,剖析国内德育状况,总结德育工作的基本经验,形成适应新的时代条件下的德育理论。自党的十八大以来,以习近平同志为核心的党中央高度重视德育工作,多次提出"国无德不兴,人无德不立""明大德、守公德、严私德"等关于德育的重要论述,系统阐明了新时代要"立何之德"与"树何之人"的问题,解决好"培养什么人、怎样培养人以及为谁培养人"的根本性问题,形成了论证科学、思路明晰、方向明确的德育内涵,实现了历史与现实、理论与实践、物质与精神的理想融合。

第一节 江泽民对改革开放新时期德育建设的原创性贡献

邓小平德育理论的形成是在具体客观的历史条件下的时代产物。随着时代的交错更替,社会主义德育建设的新情况、新面貌、新问题层见迭出,与之相应,中国特色社会主义的德育思想根据时代的内在要求也在不断地得以丰富和发展。20世纪90年代以来,以江泽民同志为核心的党的第三代中央领导集体着眼于中国特色社会主义的新实践，提出并创立"三个代表"重要思想，并以此为理论基础形成江泽民德育思想，将邓小平德育理论发展到一个新高度。

江泽民所处的德育环境与邓小平时代发生了显著的变化。经济利益主体的多元化、社会主义市场经济的新变化、来自国际国内文化思潮的激烈碰撞、科学技术信息化的发展态势，日渐导致德育对象利益背景趋向多元、德育者传达信息闪现失效危机、思想观念趋向复杂多样化等。党的十四大以来，以江泽民同志为核心的党中央继承邓小平的遗志，积极倡导在实际工作中要坚持"两手抓，两手都要硬"的方针，尤其是在以经济建设为中心的前提下，使物质文明和精神文明相互促进、相互发展；在深化改革和社会主义市场经济体制的条件下，努力形成有利于社会主义现代化建设的道德规范、价值理念和共同理想，防止腐朽思想和丑恶现象的蔓延滋长。在不断扩大对外开放和世界新科技革命的时代背景下，弘扬我国传统文化的精华，吸收国外优秀的文明成果，同时阻止文化垃圾的散播，抵御外来敌对势力对我国实施"分化""西化"的政治图谋。在十四届六中全会上通过了《关于加强社会主义精神文明建设若干重要问题的决议》，其中包含对邓小平德育理论继承和发展的理论内容：第一，把思想道德建设放在更加突出的地位，提出思想道德建设的基本任务是通过道德教育的方式引导人们树立科学向善的世界观、人生观、价值观以及建设有中国特色社会主义的共同理想，在全社会提倡四种思想道德（包括一切有利于解放和发展社会主义社会生产力；一切有利于国家统一、民族团结、社会进步；一切有利于追求真善美、抵制假恶丑、弘扬正气；一切有利于履行公民权利和义务、用诚实劳动争取美好生活）。第二，明确思想道德建设的重点，注重引领领导干部正确认知社会发展的基本规律、国家的前途和命运，澄清在社会主义问题上的模糊认识和错误概念，坚定建设有中国特色的社会主义的理想信念；在全社会倡导自尊、自信、自强的民族精神，明确新时期爱国主义教育的主要内容，强调艰苦创业的精神教育，树立勤俭建国、勤俭办一切事业的思想。第三，规范社会主义道德建设的思想内涵，即以集体主义为基本原则，以为人民服务为核心，以爱祖国、爱人民、爱劳动、爱科学、爱社会主义为基本要求，进一步明确社会公德、家庭美德、职业道德的教育内容，对青少年的思想教育提出具体化的要求，鼓励运用教育、行政、法律、舆论等手段培育良好的道德行为规范，在全社会营造一种团结互助、平等友爱、共同前进的人际关系，形成惩恶扬善、扶正祛邪的社会风气。第四，强调各级党委要把思想政治工作作为精神文明建设的一项基本工作，充分发挥两个文明建设的保证作用；在复杂多变的国际环境和国内社会主义市场经济的条件下，领导干部要保持自省、自重、自律、自警、自励的精神，加强思想政治理论的学习，认知并把握社会主义精神文明建设的发展规律，明晰重大问题的是非曲直，保障精神文明建设的健康有序发展。综上可知，江泽民高度关注社会主义精神文明的发展，尤其是德育，在德育的主要内容、重要作用、重点内容、基础地位等方面进一步丰富和发展了中国特色社会主义德育思想的理论内容。

一、将"三个代表"重要思想融入德育教育内容

"三个代表"重要思想在具体内容上主要包括始终代表中国先进生产力的发展要求、始终代表中国先进文化的前进方向以及始终代表中国最广大人民的根本利益三个方面。始终代表中国先进生产力的发展要求，内在规定德育与人的全面发展之间的关联性。江泽民的德育思想围绕"建设一个什么样的党，怎样建设党"，根据党的自身建设面临的新挑战和 21 世纪国内外的形势变化，积极倡导人才强国、科教兴国的国家战略，充分发挥德育工作在人才培育上的优势。江泽民在秉承邓小平关于人的全面发展思想的基础上，从全面建设小康社会的伟大实践出发，提出建设有中国特色社会主义事业的时代课题，既要满足人们基本的物质文化生活，又要提升人们的综合素质，"也就是要努力促进人的全面发展。"①江泽民认为，人的全面发展要建立在物质文明和精神文明共同发展的基础上。他强调德育在人的全面发展中的首位作用，在全国宣传思想工作会议上提出：提倡一切有利于弘扬集体主义、爱国主义和社会主义的思想和精神，提倡一切有利于改革开放和现代化建设的思想和精神，提倡一切有利于社会进步、民族团结和人民幸福的思想和精神，提倡一切用诚实劳动获得美好生活的思想和精神。这些理论都彰显了德育与人的

---

①江泽民：《论"三个代表"》，中央文献出版社 2001 年版，第 179 页。

全面发展之间的较强关联性，德育能够提升人的思想道德素质，促进人的全面发展；而人的全面发展也可以提高德育建设的成效，改善社会的风气和风貌，推动中国特色社会主义伟大事业的发展。

始终代表中国先进文化的前进方向，内在规定德育与中国特色社会主义文化之间的关联性。如果说文化的责任在于传达精神，那么，德育的责任则在于塑造精神。20世纪90年代以来，我国在改革开放政策的指引下，以更加开放的状态面对世界各国的竞争与合作，知识文化的碰撞交流使得先进文化和腐朽文化共同传入我国，既产生文化存在样态的多元化和个性化，也导致人们思想状态和行为动机上的庸俗化。西方资本主义意识形态对我国文化意识形态领域的侵蚀和渗透，不断试图侵袭我国的思想文化阵地，给我国的社会主义德育建设和文化建设带来全新的挑战和危机。社会主义德育建设关系到培养什么人和如何培养人的关键性问题，保证德育的社会主义方向，才能确保我国的社会主义文化安全，保障人们的精神健康，保持人们的心态平衡。

始终代表中国最广大人民的根本利益，内在规定德育具有为人民服务的功能性。德育要从人的全面发展的需求出发，以为人民服务为宗旨，为发展主体提供恰如其分的价值导向和精神支柱，形成人与社会协调发展的德性人格。

二、发挥知识分子在德育中的作用

自党的十一届三中全会召开以来，邓小平在观察和分析国际国内发展态势的基础上，更为关注知识分子在中国特色社会主义事业中的定位和意义，关心青年一代的自由全面发展。在邓小平看来，无论是哪个行业、哪个层次和哪个阶段的社会主义建设者和接班人，都应当具备德才兼备的优良品质。这是因为，社会主义社会作为一种从资本主义社会向共产主义社会过渡的社会形态，它必须与旧社会遗留下来的痕迹作不懈的斗争，为最终过渡到共产主义社会提供物质支持和精神条件。一方面，要以知识分子作为联系物质生产者的纽带和桥梁，在继承旧社会遗留下来的物质条件的基础上，逐步提升劳动者的综合素质，将不断发展的科学技术引进社会物质生产过程，从而提升劳动生产率，为向共产主义社会过渡奠定坚实的物质基础；另一方面，社会主义要有分辨性地继承和发展优秀传统文化遗产，逐步建立社会主义精神文明，在对广大知识分子进行德育的同时，引导其生产和传播符合社会发展需求的精神产品，从而为社会主义事业提供更为完善的精神条件。

知识分子作为特殊的社会阶层，对社会主义现代化建设具有动力作用。一是知识分子能够发展物质生产，投身于社会经济建设的主战场，采取更新换代的科学技术武装广大的物质生产者，大幅度地提高物质生产率，改善社会的经济面貌。二是知识分子承载了发展社会主义精神文明的历史任务，能够整合社会上的理论、思想、文化、科学、教育等精神产品的各种信息，以此为社会主义现代化建设做出自身的独特贡献。三是知识分子具有逐步消除脑力劳动和体力劳动之间本质区别的纽带作用。毛泽东认为，在社会主义建设的过程中，逐步消灭工农之间、城乡之间、脑力劳动与体力劳动之间的本质区别，使工农分子知识化，知识分子工农化。四是知识分子具有教育者的作用，服务社会的功能性体现在具备教育一代新人的社会责任。为了抓好社会主义精神文明的工作，邓小平反复强调，要尊重知识分子，尊重知识。这是因为知识是人所创造的，是被人掌握的，而知识得以传播和服务社会，需要尊重创造知识和掌握知识的群体。邓小平积极支持与鼓励当代青年抓住滚滚历史的发展机遇，担负起中华民族复兴的历史重任，加强社会主义现代化建设的责任感和使命感，努力做跨世纪的建设者和接班人。以江泽民同志为核心的党的第三代中央领导集体坚持和运用邓小平关于发挥知识分子作用的思想，并在社会实践中予以新的说明和落实。党的十四大报告中强调，知识分子作为工人阶级中掌握科学文化知识较多的群体，是先进生产力的开拓者，在改革开放和现代化建设中起重要的推动作用。要在全社会努力创造有利于知识分子施展才华的良好环境，形成尊重人才和尊重知识的良好风尚。1994年1月，江泽民在全国宣传思想工作会议上强调，生产精神产品是一项复杂的劳动，需要学者、专家和文艺工作者发挥个人的创新精神，尊重并爱护其辛勤的劳动。宣传思想工作者要担负起"以科学的理论武装人，以正确的舆论引导人，以高尚的精神塑造人，以优秀的作品鼓舞人"的历史使命。党的十五大报告中进一步指出，知识分子是工人阶级的一部分，要努力调动他们在现代化建设中的创造性和积极性。因此，要充分发挥知识分子在德育中的正向作用，培育其自立自强的思想观念、积极向上的心理素质、良善的人际关系、高尚健康的审美情趣，树立崇高的社会理想和道德情操，确立良好的行为方式和生活方式。

三、重视社会主义民主法制教育

江泽民在继承邓小平关于民主法制建设思想的基础上，进一步发展中国特色社会主义民主法制教育观，认为社会主义民主与社会主义法制是辩证统一的相互关系。社会主义民主内在要求建立人与人之间、人与社会之间的平等关系，是社会主义法制的基础。社会主义法制是维护民主的重要保障，为了能够营造全社会学法、懂法、守法的法制氛围，提升全民族的法律素养，维护社会的稳定与发展，江泽民提出"依法治国"的国家战略。"依法治国"旨在依据宪法和法律，采取各种方式方法管理经济和文化事业、社会事务以及其他国家事务，以保障各项工作得以在法律的管控下进行，不因人的身份、地位、观点的转移而改变，使国家与社会的运转在制度化和法制化的监督下进行。江泽民强调社会主义法制建设重在提高广大干部和人民群众的法制观念和法律意识，"如果人们的法律意识和法制观念淡薄，思想政治素质低，再好的法律和制度也会因为得不到遵守而不起作用。"[1]江泽民关注法制思想的教育，提升全民的法制观念，致力于形成全社会学法、遵法、依法的法制氛围，推动依法治国战略的全面实施。不宁唯是，江泽民在强调法制教育的同时，提出将法制教育与思想道德文化建设紧密结合起来，采取法律的强制手段规范人们的行为方式，通过思想教育、文化教育和道德教育的途径解决人们的思想问题和道德问题。这是因为，国家法制建设的实效在相当程度上取决于人的思想道德素质和科学文化素质。事实上，在我国传统德育思想中，历来就存有儒法并用与德刑相辅的传统。如果将法律看作是律他的强制手段，那么，道德可以说是律己的柔性手段。总之，江泽民主张将法制教育与思想道德教育结合起来，进一步发展邓小平关于社会主义民主法制教育的思想，认为法律与道德要两者并用。

---

[1]《江泽民文选》(第一卷)，人民出版社2006年版，第512页。

第二节　胡锦涛对改革开放新时期德育建设的原创性贡献

自党的十六大以来，以胡锦涛同志为总书记的党中央在继承毛泽东思想、邓小平理论和"三个代表"重要思想的基础上，围绕"新形势下实现什么样的发展、怎样发展等重大问题"①，推进中国特色社会主义的新征程，富有创造性地形成了以"科学发展观"为理论基础的德育思想，将社会主义荣辱观、"以人为本"、社会主义核心价值体系等德育思想纳入社会主义德育现代化建设内容，产生了深远的历史意义。

一、将社会主义荣辱观融入德育教育内容

我国社会主义现代化建设的过程不仅是一个在政治、经济、军事、国防、生态等方面实现转型的过程，也是一个在思想文化上实现蜕变的过程，社会主义荣辱观对于"什么是光荣的、什么是耻辱的"做出明确而清晰的规定，为人们的世界观、人生观和价值观的科学发展提供了新的理论判据。胡锦涛提出的以"八荣八耻"为主要内容的社会主义荣辱观，是对中华民族优良传统道德的传承，是对社会上已经出现的各种道德问题和道德现状的回应，也是对社会主义公民基本道德规范体系的细化。以"八荣八耻"为主要内容的社会主义荣辱观强化了集体主义的道德原则，弘扬了以爱国主义为核心的民族精神，并且指出党的道德核心是为人民服务，进一步丰富了我国社会主义德育的教育内容，巩固了全国人民团结奋斗的思想基础。"以热爱祖国为荣、以危害祖国为耻"强调的是我国社会主义社会中的爱国主义民族精神，将爱国主义的传统道德纳入社会主义德育的基本内容；"以服务人民为荣、以背离人民为耻"强调的是为人民服务这一社会主义的道德核心；"以崇尚科学为荣、以愚昧无知为耻"强调的是德育与智育之间的关联性，是社会主义道德应然具备与之相对应的对待科学问题的基本诉求；"以辛勤劳动为荣、以好逸恶劳为耻"强调的是社会劳动作为人的本质活动，表明社会主义劳动观的基本要求；"以团结互助为荣、以损人利己为耻"强调的是社会主义社会中集体主义原则的精神要

---

①《中共中央关于党的百年奋斗重大成就和历史经验的决议》，人民出版社2001年版，第15页。

义；"以诚实守信为荣、以见利忘义为耻"强调的是社会主义诚信道德的基本内容；"以遵纪守法为荣、以违法乱纪为耻"强调的是社会主义法治意识和守法理念；"以艰苦奋斗为荣、以骄奢淫逸为耻"强调的是社会主义艰苦奋斗的生活作风和工作作风。总之，"八荣八耻"作为胡锦涛德育思想的基本内容，内在规定社会主义公民的基本道德，进一步发展了邓小平关于爱国主义、集体主义、艰苦奋斗等德育教育的基本内容，是创建社会主义和谐社会的立论基础，也是营造良善社会风气的有力支撑。

二、强调"以人为本"的精神要义

胡锦涛的德育思想围绕和关注的是"为什么发展"和"如何实现好的发展"的问题，是为应对我国德育建设发展困境而提出的，从思想上改变和扭转当前社会存在的资源分配问题的发展理念，协调不同区域和城乡之间的发展问题、社会秩序的流动有序、社会结构的优化合理，实现人民的自由平等和社会的公正法治。科学发展观的实质是追求符合经济社会发展规律和体现社会主义本质的发展，追求实现人的全面发展与经济社会发展的良性互动，"以人为本"是科学发展观的核心和本质要求。发展的根本目的在于实现人的解放和全面发展，科学发展观的要义是为广大人民群众的根本利益谋求发展，保障人民群众的经济、文化和政治权益，提升人民群众的思想道德素质和科学文化素质。将"以人为本"与德育相结合，核心在于尊重和唤醒人的本性，最充分地发挥人的潜力，最大程度地调动人的积极因素，最广泛地激发人的创造力和想象力，其目的是实现人的自由而全面发展。"以人为本"的德育观念更加注重尊重个性，发挥人的创造潜能，能够体现一种人文关怀和道德情感。

三、倡导社会主义核心价值体系

以邓小平同志为核心的党的第二代中央领导集体坚守原则、高瞻远瞩，将"四项基本原则"的理论创新成果融入社会主义初级阶段的基本路线的主要内容，高度重视社会主义精神文明的发展，培育社会主义"四有"新人，为社会主义核心价值体系奠定了框架基础。社会主义核心价值体系是在鉴于如何培育社会主义接班人的理论高度上提出来的，根据胡锦涛在全国大学生思想政治教育工作会议上的讲话精神，于党的十六届六中全会通过《中共中央关于构建社会主义和谐社会若干重大问题的决定》，其中提出关于"建设社会主核心价值体系"的重要命题。社会主义核心价值体系是基于社会主义物质文明的思想成果和智慧结晶，其理论内容涵盖马克思主义的指导思想、中国特色社会主义的共同理想、以"八荣八耻"为主要内容的社会主义荣辱观、以爱国主义为核心的民族精神和以改革创新为核心的时代精神，展现符合中国特色社会主义主流意识形态的世界观、人生观和价值观，为努力建设社会主义和谐社会提供崇高向上的价值追求和思想认同。2007年10月，胡锦涛在党的十七大上提出将社会主义核心价值体系融入我国的精神文明建设和国民教育的整个过程，"用社会主义核心价值体系引领社会思潮"①，积极做好意识形态的相关工作，求同存异，抵制腐朽错误思潮的不良影响。这也使得社会主义核心价值体系成为中国特色社会主义德育建设的重要内容之一，贯穿于社会主义现代化建设过程的始终。

第三节　习近平对改革开放新时期德育建设的原创性贡献

习近平德育思想是习近平新时代中国特色社会主义思想的重要组成部分。党的十八大以来，习近平在坚持马克思主义的思想指导下，紧扣新时代的德育问题和德育实践，全面总结中国特色社会主义德育建设的基本经验，逐步形成习近平德育思想。立德树人是习近平德育思想的题中要义，解决立德树人的根本问题，要分析德育问题出现的主要原因，例如，理想信念的丧失是德育问题产生的内因；对大德、公德以及私德的关系认识不清晰是导致德育问题的直接原因；多元文化交织的时代背景是引发德育问题的诱因等。新时代，要用习近平德育思想强化理想信念教育，增强对主流意识形态的认同感；要兼顾公德与私德之间的关系，全面提高人的思想道德素质；要坚守马克思主义的话语主导权，共同构建人类命运共同体。

一、将立德树人融入德育教育内容

党内生活中存在的形式主义、官僚主义、享乐主义、奢靡之风的思想观念问题，青少年中存在的理想信念丧失、价值观扭曲、精神空虚甚至陷入抑

---

① 胡锦涛：《高举中国特色社会主义伟大旗帜　为夺取全面建设小康社会新胜利而奋斗》，载于《十七大报告辅导读本》，人民出版社2007年版，第33页。

郁的心理问题，社会生活中的拜金主义、信任危机、道德困惑、道德滑坡、道德沦丧等德育问题的出现，使德育理论与现实遭遇新的挑战，需要新的世界观和方法论的指导。德育是一个提高社会个体对主流意识形态的思想认同和道德认知的过程，也是一个培育对世界、人生和自身价值的认知过程。习近平德育思想是新时代马克思主义中国化的最新理论成果和智慧结晶，比较系统地论述新时代中国特色社会主义德育建设的历史定位、价值目标、战略重点、理论内容等，是系统性、实践性和科学性的有机统一。

习近平在继承邓小平关于培养德智体美全面发展的社会主义建设者和接班人的思想基础上，根据我国新时代的思想问题和道德状况，提出立德树人的德育任务。2017年10月18日，习近平在中国共产党第十九次全国代表大会上提出："落实立德树人根本任务，发展素质教育，推进教育公平，培养德智体美全面发展的社会主义建设者和接班人。"①"立德"一词来源于《左传·襄公二十四年》："太上有立德，其次有立功，其次有立言。"②"三立"的德育价值目标是对理想信念教育的要求，表明古人以德为上的德育理想。新时代立德树人的"德"具有丰富的内涵，既包括一个人的道德素养、道德品质、道德行为、道德情怀，又包括理想信念和价值诉求。习近平的德育思想在继承中华民族传统美德、马克思主义信仰以及中国共产党人的德育思想的基础上，阐释社会主义核心价值观的思想内涵，完善中国特色社会主义德育思想的基本内容，强调德育工作在各项工作中的重要地位。而在解决好"立何之德"的前提下，也要解决"树何之人"的德育问题。"树人"来源于《管子》："一年之计莫如树谷；十年之计莫如树木；终身之计莫如树人。"③"树人"是要将人才的培养放在教育的优先位置，不仅要培养具备专业技能、科学文化知识以及独立思考能力的人才，还要培养品德高尚的全面发展的人才。"树人"是习近平德育思想的根本目的，即培养德智体美全面发展的社会主义建设者和接班

---

① 习近平：《决胜全面建成小康社会　夺取新时代中国特色社会主义伟大胜利》，人民出版社2017年版，第45页。

② 〔战国〕左丘明著，〔晋〕杜预注：《左传·襄公二十四年》，上海古籍出版社2016年版，第602页。

③ 〔唐〕房玄龄注，〔明〕刘绩补注：《管子·权修》，上海古籍出版社2015年版，第14页。

人。新时代的社会主义建设者和接班人是坚守共产主义理想信念，具备专业技能以及能够正确处理国家、集体和个人之间关系的社会主义核心价值观的践行者和传播者。习近平德育思想赋予"树人"新的时代内涵，对解决新时代德育问题和德育困境提供了崭新的思路，丰富了人才培养的基本目标，指明了新时代中国特色社会主义德育事业的未来方向，为全面建设社会主义现代化国家提供了科学指南。

二、处理好大德、公德与私德之间的关系

"国无德不兴，人无德不立"，德育育人的根本在于立德。新时代，对大德、公德以及私德关系的认知误区是导致德育问题的原因之一。2018年5月，习近平在北京大学师生座谈会上强调要提高学生思想水平、政治觉悟、道德品质、文化素养，使学生做到明大德、守公德、严私德。大德、公德和私德是关于处理个体与集体、个体与他者关系的道德行为准则，其区别在于大德和公德涉及的范围主要存在于公共生活和公共领域，而私德涉及的范围主要存在于私人生活。由于我国在以往的历史进程中没有相对发达的公共生活，导致在现代化进程中缺乏相应的文化传统和社会主体，一般表现为公共生活中私人化倾向严重或者对公共生活规则和契约的不尊重甚至野蛮化倾向，这就需要德育对公共生活中社会主体的介入。德育的功能性体现在培养获得公共生活基本常识和社会规则的合格的实践主体。要培养和提高我国社会生活中实践主体健全的公德意识、良性的公德精神和良好的公民精神，在修炼私德的同时要兼顾好大德和公德。这是因为，德育思想的精神实质在于"树人"，处理好大德、公德与私德之间的关系，能够有效提高人的思想道德素质。随着我国现代社会的全面进步，人们的生活区域更加不会局限于家庭生活中，而是存在于公共生活领域，"公共生活越是扩展了政治社会的生活，人的伦理的角色就越是与他的职业的、尤其是公民的角色分离，公民就越是成为一个人在公共生活中的基本的角色。"[1]这就要求人们要妥善处理好公共生活中的公德、私人生活中的私德以及公德与私德之间的关系。尤其伴随着公共生活和公共领域的扩展，处于公共事务中的人的社会责任会比处于私人生活中的

---

[1] 廖申白：《私人交往与公共交往》，《北京师范大学学报(社会科学版)》2005年第4期，第74—79页。

社会责任大得多。因此，习近平强调要把立德树人的成效作为检验学校工作的根本标准，提升学生的思想道德素质和文化素养，以德育人、以文育人、以行育人，真正做到明大德、守公德、严私德。总之，社会个体思想道德素质的提高要兼顾大德、公德以及私德，将社会主义核心价值观贯穿于立德树人的过程中，做到德才兼备和全面发展。

三、提倡构建人类命运共同体

多元文化交织的时代背景成为引发新时代社会主义德育问题的一个诱因。40多年前，邓小平把握和顺应时代发展的趋势，紧扣和平与发展的历史主题，提出改革开放的重大决策，使我国以开放、包容、进步的大国姿态融入世界各国的竞争与合作进程中。改革开放使我国的政治、经济、文化、教育、生态、军事等开始主动地面向世界，融入经济全球化、政治多极化和文化多元化的大时代背景下，包含了经济硬实力的接纳和被接纳，也包含了文化软实力的融入和融合。如果把硬实力的竞争比作是"看得见的战争"，那么文化软实力的竞争可以说是"看不见的战争"，导致意识形态领域的竞争成为国与国之间实力较量的关键阵地。马克思主义是在与反马克思主义的不间断斗争中逐步成熟起来的，新自由主义、民主社会主义、历史虚无主义、普世价值观等反马克思主义思潮以不同的身份不断地企图削弱马克思主义在中国的话语主导权，对新时代中国特色社会主义的德育理论和德育实践形成了新的冲击和挑战。2018年5月4日，习近平在纪念马克思诞辰200周年大会上强调马克思主义始终是中国共产党人理想信念的灵魂。实践证明，世界历史的进步打破了过去自给自足和闭关自守的生活状态，而代之以各民族的相互交流和相互依赖，社会的物质生产和精神生产都发生了变化，而马克思主义就是在这样的世界文化背景下的精神产物。由于其科学性和划时代的进步意义，所以马克思主义"在世界的一切文明语言中都找到了拥护者"①。

2017年1月20日，习近平在日内瓦万国宫高级别会议上强调要共同构建人类命运共同体，实现共赢共享。和平与发展，是全人类的基本诉求和共同愿望，是各国应对世界大发展和文明大变革的应有态度，也是走对话而不对

---

①《马克思恩格斯选集》(第4卷)，人民出版社1995年版，第21页。

抗、结伴而不结盟的时代主题。"人类命运共同体"的概念包含丰富的内涵：其一，摒弃过去的强权政治和冷战思维，建立人类相互依存、相互成就的共同体意识；其二，尊重世界文明的多样性，文明没有优劣、高低的区别，只有地域、特色之分，推动不同文明之间的相互对话、共同交流；其三，倡议共商共建共享的全球治理观，致力于实现国际关系的民主化。总之，习近平德育思想是马克思主义在中华民族文化土壤中生根发芽的精神产物，成为中国共产党德育理论体系的重要组成部分，针对"培养什么样的人、如何培养人、为谁培养人"的根本问题，在掌握人类社会发展规律和中国特色社会主义历史必然性的前提下，用科学的理论成果培养德智体美全面发展的中国特色社会主义建设者和接班人，并以开放、包容、互惠的心态融入世界文明的浪潮，倡导共同构建人类命运共同体。

小　结

加强社会主义德育建设是一个长期而艰巨的历史任务，这是由我国社会主义初级阶段的思想道德状况和社会主义事业的复杂性决定的。德育作为一个庞杂的系统化工程，伴随我国社会主义事业历史发展过程的始终。改革开放新时期的德育理论作为中国特色社会主义德育理论体系不可分割的组成部分，不是一个封闭而孤立的体系，而是在继承毛泽东德育理论的基础上，不断解决新的德育问题，充实新的德育理论，指导新的德育实践。

第八章

共进与创新：改革开放新时期德育建设的当代价值

第八章 共进与创新：改革开放新时期德育建设的当代价值

2017年10月18日，习近平在党的十九大报告中指出，要落实立德树人的根本任务，积极发展素质教育，推动教育公平，培育德智体美全面发展的社会主义建设者和接班人。改革开放新时期的德育理论中包含政治教育、思想教育、道德伦理教育、法律教育、心理健康教育等，其德育建设的架构突显出五重理论价值与实践价值：一是以"求用尚效、聚焦民心"为依据的实用价值；二是以"对话沟通、和而不同"为意旨的交往价值；三是以"崇实尚行、与时俱进"为要旨的实践价值；四是以"求知求做、德文合一"为判据的人文价值；五是以"薪火相传、形上诉求"为旨意的情感价值。改革开放新时期德育建设的实用价值主要表现在从"本质主义"转变为"实用主义"，交往价值主要表现在突破社会主义与资本主义之间的制度壁垒，实践价值主要表现在德育的有效性取决于改革开放和社会主义现代化建设的历史实践，人文价值主要表现在德育的自由维度、解放维度、审美维度、全面发展维度、劳动维度等，情感价值主要表现在德育与爱国主义、集体主义、社会主义之间的紧密联系。

第一节 "求用尚效、聚焦民心"为依据的实用价值

实用价值是一种侧重于经验实在性的功利价值所在，"实用主义"思维与"本质主义"思维实质上迥然不同。"本质主义"思维注重的是事物的定义、内涵以及概念等，而"实用主义"思维注重的是内容是否有用，关注事物的现实功效。邓小平在架构其德育思想的过程中，在遵循德育的理论内涵和基本规

律的基础上，更加关注德育能够产生的实践效用，促使中国特色社会主义德育思想由先验理想型向经验实在型更迭，也促使中国社会主义的发展形态由结构型走向功能型。之所以做出这样的重大转变，原因在于以往对社会主义的认知和行动陷入了一个误区：认为社会主义只要能够固守某种先天的完善结构，就可以拥有与之相对应的某种理想功能。但是，无功能的社会主义结构只会使社会主义在逻辑上成为忽视现实和疏远人民的空中楼阁。在邓小平看来，判断一种结构的好坏，主要的判据为其功用效率，主要表现为以解放生产力与发展生产力为根本，倡导物质利益与革命精神相结合，实现人民共同富裕的理念。

一、解放生产力与发展生产力为根本

道德一般是指通过人们的习惯、信念、传统、社会舆论和教育制约个体、集体以及社会活动的行为规范。"善"是道德的标准，但"善"并不是抽象的，它是具体的、历史的，是建立在社会现实的物质基础上。这也就是说，不同的阶级在不同的历史阶段对"善"的定义与标准也不同。邓小平的德育思想虽然不能在马克思主义经典著作中找到直接答案，但这并不意味着它不能在经典文本中找到相应的理论渊源和思想启迪。马克思和恩格斯曾经提出："我们首先应当确定一切人类生存的第一个前提……第一个历史活动就是生产满足这些需要的资料，即生产物质生活本身。"[1]我国属于发展中国家，人口众多和经济基础较为薄弱的发展状况使得很多地区在改革开放之前还未解决温饱问题。对此，邓小平一直强调："贫穷不是社会主义，发展太慢也不是社会主义。"[2]这一点也延伸到他对德育思想的逻辑架构，提出紧扣发展生产力是马克思主义基本准则的这一原理，社会主义的优越性就体现在它的生产力比资本主义要更快、更高。"仓廪实则知礼节，衣食足则知荣辱"[3]，德育作为社会主义精神文明的一个有机组成部分，需要以一定的物质基础为依托，内在地要求不断地解放生产力、发展生产力。

---

[1]《马克思恩格斯选集》(第1卷)，人民出版社2012年版，第158页。
[2]《邓小平文选》(第三卷)，人民出版社2001年版，第255页。
[3]〔唐〕房玄龄注，〔明〕刘绩补注：《管子·牧民》，上海古籍出版社2015年版，第1页。

邓小平的"三个有利于"的理论是他"不搞争论"的具体表现。"不搞争论"就是暂且搁置各种无谓的争议，这是因为与其纠结于社会主义的概念和本质，即"是什么"，不如转换一种新的思维，用社会主义事业发展的成效来说明社会主义的本质，即"怎样是"。其一，通过建立社会主义市场经济体制发展社会生产力，激发国内市场和国际市场的内在活力和潜力。我国长期以来建立的计划经济体制产生了一种思想误区：认为"平均主义"的社会实践才能体现人与人之间的"平等"关系，才能称之为社会主义的道德原则；而实行市场经济的资本主义社会必然产生极端利己主义，最终导致社会道德水平的滑坡。对此，邓小平一针见血地强调："计划多一点还是市场多一点，不是社会主义与资本主义的本质区别。"①世界经济发展史和我国市场经济的社会实践证明了市场经济作为一种经济手段，并不是无序经济，而是一种有序经济，只是这种有序不像计划经济那样明显和突出。社会主义市场经济的有效化和合理化运行不仅需要法制来规范行为主体，也需要道德来规范行为主体。因而，市场经济内在地要求诚实守信、平等友善、互惠互利、扶贫济困等道德规范。其二，通过对外开放发展社会生产力，发挥国际国内两种资源的效用。邓小平提出全方位的对外开放战略，要求向包括西方国家、前苏联东欧国家以及第三世界发展中国家在内的一切国家学习，引进先进的科学技术、资金和管理经验等。对外开放使中国人放下"夜郎自大"的历史包袱，正视现实的差距和不足，曾经引以为傲的成绩已经随着世界科技的进步成为历史。与此同时，这也激发中国人民发愤图强、不甘落后的民族精神，强化中华民族的内在自信心和自尊心，提高独立自主和自力更生的思想意识。在"八五"期间，我国的进出口贸易总额超过了10000亿美元，仅在前4年，签订利用外资项目19.03万个，协议资金金额达3060.5亿美元，实际使用外资金额达1129.3亿美元，成为世界上仅次于美国的第二大外资吸收国。其三，通过科学技术发展社会生产力，以物质生产促进德育进步。历史实践证明，理论研究一旦取得重大突破，就可能给生产和技术带来巨大的进步，尤其是自然科学技术的发展，正以空前的速度和规模应用于生产，使社会的物质生产的面貌焕然一

---

①《邓小平文选》（第三卷），人民出版社2001年版，第373页。

新。邓小平曾经在会见捷克斯洛伐克的总统胡萨克时讲道:"(科学技术)恐怕是第一生产力。"①他认为:"四个现代化,关键是科学技术的现代化。"②只有实现科学技术的现代化,才可能实现工业的现代化、国防的现代化、农业的现代化。要运用现代化的科学技术大力发展新型工业,例如原子能工业、半导体工业、电子计算机工业、宇航工业、高分子工业、激光工业等,使先进的技术转化为社会生产力,以生产力的进步提升德育发展的实效性。总之,社会生产力的全面发展是促使我国社会主义德育进步的物质基础,充分挖掘和激发社会生产力,才能真正改善我国的思想状况和社会风气。

二、倡导物质利益与革命精神相结合

在我国传统社会主义观中存在一个思想误区:过度强化人民群众思辨理性的精神力量,认为只要实行社会主义公有制和计划经济,就能够建立一个理想的社会主义国家。毛泽东认为,我国的社会主义建设是在物质基础薄弱的社会条件下开始的,不具备使用物质手段作为激发人们劳动积极性的客观条件。在特定的历史时期,倡导无私奉献、艰苦奋斗的革命精神成为调动人们生产积极性的有效动力。但是,在某些具体实践中过度强调精神动力的作用造成的后果是力图用超经济的精神力量解决经济工作中的一切问题,当已有的观念与现实的实践效果出现偏差的时候,首先被反思的是人民群众的道德观念和思想觉悟。实际上,这种把社会主义建设寄托于人们的思想道德水平和主观意志的观念并不是符合客观经济规律的社会主义观,它违背了社会存在决定社会意识的唯物史观,表现为片面强调人的主观意志,夸大人的主观能动性,比如"不怕做不到,就怕想不到""要高山低头、要河水让路"等。这就会造成与一切从实际出发、实事求是的精神不符,大大降低全社会生产和生活的效率。"思想、观念、意识的生产最初是直接与人们的物质活动,与人们的物质交往,与现实生活的语言交织在一起的。"③这就是说,要强化德育思想的功能性,不能只在德育的基本内容上"原地打转",要消除人们对"精神万能论"的盲目推崇,从其深层次的物质基础出发,才能在本质上溯清德育

---

①《邓小平文选》(第三卷),人民出版社2001年版,第275页。
②《邓小平文选》(第二卷),人民出版社1994年版,第86页。
③《马克思恩格斯选集》(第1卷),人民出版社2012年版,第151页。

问题的根源。邓小平倡导物质利益与革命精神相结合，例如，在教育领域上，他大力提高知识分子的经济待遇，并恢复和实施考试制度、稿费制度、学位制度、奖金制度等，重奖那些有突出贡献的科技工作者，1978年的春天甚至被称赞为"教育的春天"。经济待遇在一定程度上代表了政治待遇和政治地位，科学有效的政策使知识分子感受到自身工作的价值和尊严，激发其献身于科学研究和教育事业的创造性和主动性，也激发了为中华之崛起而读书，为社会现代化而攻关，报效祖国、争创世界一流的赤子情怀，使艰苦奋斗、自强不息、顾大局、爱人民成为知识分子良好的行为规范。1992年，我国相当于国际水平的科研成果占世界总量的比例由5.3%上升至10%以上。美国的科技情报所为此专门发表一篇题为"中国，醒来的科学巨人"的报道。一系列的发展成果再次证实了邓小平在改革开放时期将物质利益与革命精神相结合的政策的正确性。因而，解决物质利益的问题是从根本上处理德育问题的前提条件。德育要取得实效性，必须从物质根源出发，解决物质利益与革命精神之间的关系。同时，德育取得的成效与社会所处阶段的发展程度具有相当强的关联性。德育的"有效性"与思想认识的"客观性"不仅与人们的思辨理性相关，而且与社会实践紧密相连。过去超阶段、超规律地发展社会生产力，盲目拔高社会主义生产关系，竭力推崇纯粹的社会主义社会模式，结果造成严重的"左"倾错误。社会生产的规律如此，德育发展的规律亦是如此，德育只有结合历史现实，才能发掘问题所在，找到合理化的治理之道，真正解决德育过程中出现的思想问题或者政治问题。

三、实现人民共同富裕的理念

贫富悬殊在人类历史上已经存在数千年之久，而达成共同富裕是人类为之长期奋斗的一个理想境界。自1516年英国托马斯·莫尔的《乌托邦》到中国近代康有为的《大同书》，都曾提出过类似于共同富裕的美好憧憬。观察社会主义社会之前的各种社会形态，其共同特征是长期存在人剥削人的社会制度和客观现象。现存资本主义社会的生产力虽然取得较大的发展，但基本制度的本质依然是剥削制度。剥削就意味着财产占有和分配的不平等和不公正，导致社会贫富分化日趋严重。邓小平提出，我国确立的社会主义制度，不仅是因为"社会主义有条件比资本主义更快地发展生产力"，而且"只有社会主义才能消除资本主义和其他剥削制度所必然产生的贪婪、腐败和不公正现象"。① 1984年,邓小平再次明确指出:"在社会主义制度下,可以让一部分地区先富裕起来,然后带动其他地区共同富裕。"②这是因为实现共同富裕的重要前提是生产力的高度发展,共同富裕不可能与低生产力和低效率并存,是生产力取得较大发展条件下的产物。就如蛋糕少,无论如何分配,总是无法脱离贫困;只有将蛋糕做大,再以合理的方式进行分配,才有可能使每个人得到较大的份额,最终实现共同富裕的社会目标。共产主义社会作为社会主义的高级阶段,是建立在高度发达的社会生产力的基础上,而高度发达的社会生产力只有通过解放生产力和发展生产力才能得以实现。脱离生产力的发展或者生产力低效,无法实现共同富裕,产生的是空想或者贫穷的社会主义。

如何实现社会主义的共同富裕,首先要了解和认识社会主义的本质是什么。邓小平关于社会主义本质论的论述主要涵盖两个基本点:其一是解放生产力,发展生产力;其二是消灭剥削,消除两极分化,最终达到共同富裕。共同富裕是指引入竞争机制,使一部分地区、一部分企业和一部分个体采取合法经营和诚实劳动的方式率先富裕起来,通过先富带动后富,实现共同富裕的发展目标。共同富裕属于社会主义的本质内容和根本原则,是社会主义社会在生产关系方面的发展要求,也是实现效率与公平相统一的道德目标。可以说,共同富裕既是经济问题,也是政治问题和道德问题。这是因为,一方面,对每一个个体人格的尊重,满足人们基本的生存权和发展权都需要建立在一定的物质基础之上,为实现个体的自身价值创造基本的物质条件;另一方面,共同富裕是社会主义与资本主义相区别的显著特征。共同富裕的发展理念体现了集体主义的道德原则,具体表现在:首先,邓小平提出先富帮后富的政策,优先富裕起来的地区可以通过多缴纳利税和技术转让等方式来支持不发达地区;其次,这里的"部分"并不完全指个人,而且包括了地区和企业,本身就包含有集体的性质;最后,部分先富的最终目的并不是两极分化,而是全体人民群众的共同富裕。为此,邓小平还提出关于经济发展的波

---

① 《邓小平文选》(第三卷),人民出版社2001年版,第143页。
② 中共中央文献研究室:《邓小平思想年谱》,中央文献出版社1998年版,第303页。

浪式前进的规律，逐步实现"温饱、小康、富裕"的"三级跳"。不可忽视的是，先富裕起来的个体或企业大部分是通过合理化的经营方式获取财富的，但是，也存在一部分人是采取非法投机手段暴富，导致诚信劳动的人们反而没有富裕起来，造成社会上不公平的现实困境。

回顾邓小平提出共同富裕政策40多年来的发展历程，社会上出现了贫富差距和两极分化的问题，甚至部分先富的人没有带动贫困的人走向共同富裕，外在原因在于：其一，我国目前的社会发展水平尚未达到与共同富裕相匹配的发展程度，人们的思想文化素质和道德水准还未达到与之相匹配的思想基础，也没有足够坚实的物质基础和客观条件去强迫先富带动后富；其二，在社会改革和财富积累的过程中，对社会财富的分配与再分配没能及时跟上社会发展的步伐，在分配上还未完全处理好"做大蛋糕"和"分好蛋糕"两者的关系；其三，一部分人对邓小平理论的误读和误解，认为邓小平提出"效率优先，兼顾公平"强调的是优先提高社会效率和发展社会生产力，而不顾及公平。对此，我们对共同富裕理念的理解不能僵化和绝对化，要以发展的眼光看待"先富带动后富"的理论，对于改革开放过程中的发展困境，实事求是地破除发展障碍，激发人们的劳动积极性和活力。在社会生活中，贫富差距逐步拉大在一定程度上与邓小平"先富带动后富"理论的精神要义不符，也与改革开放和社会主义现代化建设的初衷相背离，出现这种情况的思想动因主要在于：一是在思想上认为平均主义就是实行人民公社的体制，担忧重新走上过去平均主义的老路，为了打破平均主义，激励人们从事社会生产和改善自身生活的积极性，在推动一部分人先富的改革过程中，自然会产生贫富差距扩大的问题。然而，平均主义这种分配方式的物质基础已然并不存在，改变贫富差距造成的不平等不公正现象才是改革要面临的主要问题。二是认为"差距越大，效率越高"，适当的差距确实能够激发人们的生产积极性，提高生产效率，进而改善生产条件和扩大生产力。但是，现实的状况是，过大的贫富差距不仅不能提高劳动生产效率，反而会降低劳动生产效率。这是因为，收入上的贫富差距过大容易增加人们在心理上的不公平感，无形之中产生高收入者与低收入者之间的对立，对低收入者和整个社会都可能产生消极的影响。实际上，邓小平提出"先富带动后富"的理论是为打破人民公社体制下"平均主义"的发展困境而提出的，对于打破思想禁锢和激发社会活力起到积极的推动作用，可以说是改革中的"加速器"。他提出"先富"是一种通向共同富裕的手段，"共富"则是其最终归宿和目的。如今，我国正处于全面深化改革的关键时期，也是让更多的人脱贫致富的决胜阶段，在现有的生产和生活中，既要重视效率，也要注重公平，二者都不可偏废，这样才能使贫富差距不至于过大，逐步缩小不同地区、不同行业以及城乡之间的收入差距。我国为了实现共同富裕的发展目标，既要"做大蛋糕"，又要"分好蛋糕"。而"把蛋糕做大"是共同富裕的前提和基础，"做大蛋糕"才能扩大就业，增加居民收入，改善人们生活；而"分好蛋糕"要体现社会的平等公正，若在社会分配中不能充分体现平等公正，则易造成社会矛盾的积累，长此以往会危及社会的稳定与和谐。

在我国，共同富裕的实现需要经历一个较长的历史发展阶段，短期内无法实现同步富裕。各地区资源分配不均衡，以及生产单位和劳动者的内部条件和外部环境不同，缺乏实现同步富裕的客观基础。只有实现部分先富，先富带动后富，才是实现共同富裕的有效途径。值得注意的是，孤立地、片面地强调"部分先富"是违背社会主义的公平原则的现象，存在两极分化的风险。社会主义的共同富裕是公平的富裕，要避免贫富分化的日趋严重，必须对先富起来的个体和集体进行必需的引导和限制。对先富起来的个体和集体，运用舆论宣传手段对其进行社会主义和集体主义的思想教育，鼓励其履行应当担负的社会责任，并且，要及时征收个人所得税和企业所得税，运用法律手段依法惩处各种犯罪分子和腐败分子，处理好效率与公平的问题，争取更早地实现人民共同富裕的社会目标。为了落实共同富裕的发展目标，邓小平还制定了"三步走"的扶贫政策，第一步是在80年代以解决贫困地区的温饱问题为主；第二步是在90年代以脱贫致富为主，努力在20世纪末解决温饱问题，多数人能够过上比较富裕的生活；第三步是在2000年全国基本上实现小康水平，先发展起来的地区充分带动后发展起来的地区，最终实现共同富裕。2016年1月18日，习近平在省部级主要领导干部学习贯彻党的十八届五中全会精神的专题研讨班上指出，共享理念的实质是坚持以人民为中心的发展思想，体现逐步实现共同富裕的要求。2017年2月21日，习近平在十八届中央政治局第三十九次集体学习中强调，农村贫困人口能够如期脱贫、贫困县要全部摘帽、解决好区域性整体贫困，是我国全面建成小康社会的底线任务。自2015年到2020年，我国中西部的22个省区市中，河北、四川、山西、黑龙江、内蒙古、海南、湖南、贵州、重庆、陕西、甘肃等15个省区市内的242个贫困县已正式宣布脱贫摘帽。解决贫困问题，消除贫困人口，是迈入全面小康社会的基本要求，也是实现共同富裕的关键。因此，贫富差距和两极分化问题是在改革过程中产生的，也只有在深化改革的过程中得以解决。邓小平之所以提出"先富带动后富"的政策是基于解放生产力和发展生产力，是为最终通向共同富裕的手段和途径，以效率层面作为考量的主要出发点。习近平提出实现全体人民的共同富裕，是基于我国已经步入全面建成小康社会和迈入社会主义现代化阶段而提出的，在具备主客观历史条件的前提下，以社会公平作为考量的出发点，让全体人民能够共享改革开放带来的发展成果，从而获得更多的幸福感和获得感。总之，社会主义事业不能否定和忽视人民群众的现实利益，要尊重人民群众的首创精神，充分满足人民的物质需求和精神需要，彰显社会主义在制度和功能层面的优越性。

第二节 "对话沟通、和而不同"为意旨的交往价值

邓小平的德育思想不仅蕴含着实用价值，而且蕴含着独特的交往价值。如果说邓小平的德育思想是以"求用尚效、聚焦民心"为归依的实用价值，那么，其交往价值则体现在以"对话沟通、和而不同"为意旨。以消解"二元对峙"的辩证思维实现社会主义与资本主义的对话沟通，开创和而不同、平等交流、尊重差异、形成共识的政治样态，打破社会主义现代化建设的发展僵局，实现社会主义事业从封闭走向开放、从独白自语走向互通有无，从经济低潮走向日渐繁荣。

一、打破两种社会制度的意识形态壁垒

对任何事物的认识要经历一个从表象到根源的认知深化过程，在这个深化过程中，要破除原有思想上的旧有观念和旧的思维方式，才可能找到解决问题的新的突破与生机。从马克思与恩格斯创造的科学社会主义理论诞生180

多年以来，世界社会经历由三次工业革命引发的政治、经济以及文化等多方面的深刻转变，资本主义也从自由资本主义、垄断资本主义过渡到现代资本主义，世界社会主义运动经历了相应的发展阶段，社会主义和资本主义的理论与实践、社会主义与资本主义之间的关系也发生了亘古未有的复杂变化。由科学技术促进现代化的全球进程，已经突破民族国家的地域界线，资本主义国家与社会主义国家之间已经开始相互借鉴、相互交融，如果对两种制度的认识仍然停留在过去的社会发展阶段，势必会造成资本主义与社会主义之间抽象为绝对对立的关系，从而阻碍民族国家以及世界的发展进程。打破以往对社会主义与资本主义的固有观念是邓小平卓越眼光和世界视野的鲜明体现。他提出的关于解放思想、实事求是的思想路线以"对话沟通"打破以往社会主义与资本主义的制度壁垒，使我国的社会主义建设逐步由封闭走向开放。僵化的苏联模式和中国的"左"倾问题使得中国的社会主义发展一次次地陷入低潮，这也成为邓小平倡导解放思想的一个基本动因。而邓小平能够拨正中国特色社会主义现代化建设的正确航向在于他改变非此即彼、故步自封的僵化思维，转变为互动交流、有来有往的对话思维。事实证明：在邓小平的眼中，社会主义与资本主义并不是截然对立的双方，落后国家可以跨越资本主义的发展阶段，社会主义最终能够战胜资本主义，这不等同于社会主义可以跨越资本主义产生的一切文明成果。这是缘于：一方面，社会主义是一个能够不断更新和发展的开放体系，并不是脱离世界文明成果的自话自说的孤立体系；另一方面，必须采取科学的态度对待社会主义与资本主义之间的关系，大胆汲取资本主义发达国家的一切能够反映社会生产规律的先进生产方式、方法、经验等。因此，突破对社会主义制度和资本主义制度的认知壁垒是展开国家与国家之间、民族与民族之间、人与人之间对话沟通的扼要。

邓小平德育理论的交往价值的另一个核心要义是"和而不同"。"和而不同"是指截然不同的几种要素或者事物之间达成一种新的沟通、和谐和契合。"和"不是对事物或要素的差异性的消解，而是使其达成一种新的平衡和统一，即"只有几种异合在一起形成统一时才有和"。① "和而不同"的本质在于求同

---

① 冯友兰：《中国哲学简史》，北京大学出版社2013年版，第168页。

存异、认同差异和共生发展。邓小平在构建德育思想的过程中，将"和而不同"的思维贯穿其中，不仅与马克思主义经典对话，而且继承中国传统的德育思想，扬弃西方传统的德育思想，吐故纳新，去粗取精。在国际交往中，邓小平主张采取"主权属我、搁置争议、共同开发"的思想解决国际上的争端问题，转变过去的对抗态度，不搞"意识形态"争论，倡议"南南合作"和"南北对话"，成为中国与世界交往史上的一个重要突破和转折。他在对待香港、澳门回归和台湾统一问题上，创新性地提出"一国两制"的政治战略，采取"和而不同"的开放性思维，打破国内领土问题上的政治僵局，维护我国的主权以及领土完整，保障港澳台的稳定与繁荣，彰显出邓小平"和而不同"思维的强大生命力。

二、汲取人类德育文明的优秀成果

世界文明是在沟通融合中发展起来的，是在各国的开放共享中生长起来的。一方面，世界文明的多样性造就各个民族国家辉煌灿烂的德育文明成果；另一方面，世界文明的统一性也决定了人类德育文明可以相互借鉴和相互交流的前提条件。在新中国成立的初期，由于当时纷繁复杂的国内外形势、党内外存在的矛盾和历史任务，我国的社会主义建设自觉或者不自觉地排斥一切资本主义国家创造的人类文明成果，造成社会主义理论空间变得愈来愈狭小而闭塞，难以发挥社会主义在制度上的自身优越性。这是源于对社会主义与资本主义关系的认知误区造成的，社会主义对资本主义的否定，不能只看到两者相互斗争的一面，简单粗暴地抛弃资本主义的一切，而是要看到两者相互联系的一面，社会主义是跨越资本主义和超越资本主义的一种新的社会形态，在继承资本主义积极因素的基础上发展和壮大起来。邓小平在思索近百年来世界国家兴衰发展史的基础上，强调一个国家的建设不能孤立于国际社会之外，在封闭僵化的状态下无法实现国家兴盛。1978年3月18日，邓小平在全国科学大会上指出："独立自主不是闭关自守，自力更生不是盲目排外。"[1]在邓小平看来，任何一个国家和民族都需要学习其他国家或者民族的长处。在对待人类文明成果的态度上，既要吸收借鉴、大胆学习，又要批判

---

[1]《邓小平文选》（第二卷），人民出版社1994年版，第91页。

扬弃，不盲目盲从、全盘接受。1978年12月以来，改革开放政策的实施，给我国在独立自主地建设社会主义事业的基础上，合理吸收人类创造的包括资本主义国家的优秀文明成果，紧跟时代发展的步伐，发挥社会主义制度的优越性，注入了强大的发展动力和发展潜力。

全球化是当今世界发展的总趋势，在给发展中国家带来一切优秀文明成果的同时，也产生了各种各样的风险、矛盾和挑战。资本主义国家往往抱着唯我独大或者老殖民主义的思想，企图压制社会主义国家的日渐强大，压缩社会主义的生存空间，在政治、文化、经济、教育、军事、外交等各个方面渗透资本主义的思想，给社会主义国家的发展和进步制造阻力和障碍。然而，任何一个谋求国富民强的国家都不可能由于潜在的风险而游离于全球化的发展之外，应对的选择就是主动打开本国开放的大门，融入全球化的发展潮流。人类的实践证明，社会文明只有在继承前人创造的优秀文化遗产的基础上才能承续长存。无论古代的还是现代的，国内的或者国外的德育文明成果，我们都应当有分辨地、有原则地加以继承，以促进我国社会主义德育文明的持续进步。社会主义并不是一个离开世界文明而故步自封、僵化封闭的体系，而是一个不断完善的开放体系。邓小平强调，中华民族素来以礼仪之邦著称，有着丰富的民族文化传统，德育必须在吸取我国优秀的文化遗产和文明成果的基础上，学习资本主义国家的优秀文化遗产和文明成果。在汲取人类德育文明的优秀成果的全球化过程中不能摒弃自身的民族特色，或者忽视本国的国情而一味地简单趋同，要在保留自身民族特色的前提下，善于从复杂变幻的全球化信息中独立思考，分辨真伪，去粗取精。

三、抵御各种腐朽文化思想的侵蚀

实践的过程是一个勇于探索、勇于试错、勇于改正的过程，也是一个积极探求事物发展规律的过程。对外开放的政策一实施，优秀的文明成果进来了，资产阶级自由化的思想也进来了。资产阶级自由化在经济上奉行资本主义私有制，反对实行社会主义公有制；政治上鼓吹资本主义的民主、自由、平等，主张议会制和多党制；道德上崇尚个人主义、唯钱是逐，否定集体主义的道德原则，否定以为人民服务为宗旨的社会主义道德；思想上提倡意识形态多元化，传播资产阶级的价值观和人生观，否定马列主义、毛泽东思想的指导地位。资产阶级自由化分子总是想方设法地把资本主义的思想文化渗透到我国的经济领域、政治领域、文化领域、社会生活当中,在人民群众中制造思想混乱,混淆是非曲直,瓦解理想信念,助长了形形色色的个人主义、离心离德和消极涣散的不良情绪。不仅如此,他们还与国际上西方敌对势力推行"和平演变"的政治战略相呼应,推波助澜,里应外合,合谋颠覆社会主义的制度,妄图推翻中国共产党的领导,妄图破坏国内安定团结的政治局面,遏制我国社会主义现代化建设的发展。

资产阶级自由化作为与四项基本原则相对立的政治思潮,实质是主张资本主义制度,反对共产党的领导,否定社会主义制度。1979年3月,邓小平在理论工作务虚会上第一次明确提出坚持四项基本原则,并系统抨击了资产阶级自由化的思潮。1983年10月,邓小平针对我国文艺界和理论界出现的严重混乱现象,提出:"精神污染的实质是散布形形色色的资产阶级和其他剥削阶级腐朽没落的思想,散布对于社会主义、共产主义事业和对于共产党领导的不信任情绪。"[1]1985年,邓小平指出:在社会主义精神文明的建设过程中,思想界要增加好的精神产品的产出,坚决抵制坏的精神产品的生产和进出口。此后,他又多次强调资产阶级自由化思潮的危害和破坏力,认为反资产阶级自由化会是一场持久战,"在整个四个现代化的过程中都存在一个反对资产阶级自由化的问题。"[2]因此,要采取道德教育和政治引导的方法,反对资产阶级自由化对我国社会主义德育建设的侵蚀。一是以史育人,以史为鉴,用中国的历史发展走向使人们明晰资本主义的道路是行不通的,社会主义道路是历史进步的必然选择。二是加强思想道德教育和思想政治教育,提升我国的人民尤其是党员干部的思想领悟力和行动力,自觉与资产阶级自由化作斗争,抵制资产阶级自由化的思潮。三是理清社会主义民主与资本主义民主的根本区别。我国的社会性质决定我国的民主只能是社会主义民主,社会主义民主的本质在于为人民谋利益;而资本主义民主的本质在于为资产阶级谋利益。四是引导人们成为有理想、有道德、有文化、有纪律的人民,发挥人民群众在社会主义建设中的主动性和创造力。五是反对资产阶级自由化最根本的是

---

[1]《邓小平文选》(第三卷),人民出版社2001年版,第40页。
[2]《邓小平文选》(第三卷),人民出版社2001年版,第208页。

解放生产力和发展生产力，发挥社会主义在制度上和功能上的独特优越性。总之，社会主义现代化建设过程中的德育事业要坚决抵制资产阶级自由化等各种腐朽文化思想带来的消极影响，这是原则问题，也是底线问题。

第三节 "崇实尚行、与时俱进"为要旨的实践价值

邓小平的德育思想来源于实践，又服务于实践，紧紧围绕我国社会主义现代化建设的中心任务，同时以德育实践作为检验其有效性的标准，着眼于经验化的求实尚行，而非概念化和范畴化的思辨认知，强调行为变革的现实力量而非意志和理念的观念维度。因而，邓小平的德育思想内蕴"崇实尚行、与时俱进"为要旨的实践价值。

一、依法治国与以德治国相结合

当代，我国正处于社会经济发展的深度转型期，以西方发达国家的现代化历程作为参照物，可以得出此时正是利益矛盾突出和激化时期的结论。改革开放的前30年在邓小平先富带动后富的战略构想的引导下，部分地区和部分群体已经走上摆脱贫困、实现富裕的康庄大道。继之而起的后30年，不同所有制经济资源分配的差距、区域之间的差距、社会群体之间的差距等构成社会上的突出矛盾。党的十八大以来，以习近平同志为核心的党中央直面改革开放和社会发展的多重矛盾，将国家治理的重心转移到依法治国和以德治国相结合，着力于将国家制度优势转化为国家治理效能。将依法治国与以德治国相结合，涉及德育与法制、德育与法治的关系问题。

（一）关于德育与法制的关系

后工业社会和市场经济的物质主义、科技主义、效率至上现象的越界泛滥，诱发人们对物质文明的无限追捧和对道德发展、精神文明的压抑与贬损，尤其是历史上长期存在的个性压抑和物质贫困，一旦进入市场经济的环境中，在主体反思的醒悟之中，必然在物质与精神、主体与客体、权利与义务、目的与手段、个体与社会、效率与公平、科学与人文等关系的认知与处理上，产生急功近利的价值观和矫枉过正的偏执认识。这种扭曲的个体主体性，很容易陷入现存国家、民族、宗教和区域利益的冲突之中，卷入社会思潮和意

识形态的涌动之中。1985年10月23日，以亨利·格隆瓦尔德为团长的美国企业家代表团曾向邓小平提问：中国共产党一直以来教育人民要大公无私、为人民服务，现在教育人民致富，却出现少数滥用权力和贪污腐败的现象，是否反映出社会主义与市场经济之间潜在的矛盾？对此，邓小平明确提出：社会主义制度与市场经济之间不存在根本矛盾，产生的问题可以采取教育和法律两种手段来解决。① 教育和法律实质上都是国家进行政治统治的工具，也是国家上层建筑的两种职能。历史唯物主义认为上层建筑包括两个部分：一是政治上层建筑，即政党、政权、警察、军队、法庭、监狱等；二是思想上层建筑，即道德、宗教、艺术、哲学等。政治上层建筑是通过强制手段维护社会秩序和阶级统治秩序。思想上层建筑是通过说服教育的方式论证社会制度的合理性，从而教育人们遵守社会所规定的阶级道德，以达到维护和稳定社会秩序的目的，通常被称为疏导的职能，其中德育就起到疏导职能的功用。总而言之，德育和法制都是阶级统治治国安邦的必要手段。一方面，德育是法制的基础和前提。国家要保持安定和团结，要用科学的观念、理论、思想引导和培育人们的世界观、人生观和价值观，规范人们的生活方式和行为方式。这就要求既要晓之以理，用摆事实讲道理的方法影响人们的思想，也要动之以情，能够抓住人们意识中的非理性因素对人的思想的影响，以达到良好的宣传教育的效果。另一方面，法制为德育创造良好的社会环境和基本保障。法制建设的状况能够影响人们的思想政治状况，立法、执法和遵法的贯彻落实有助于社会秩序的稳定，从而人们的思想状况也容易趋于相对平稳。

(二) 关于德治与法治的关系

德治是我国古代儒家竭力推崇的治国思想，强调道德在国家治理中发挥的效用，主张统治阶级通过唤起人们的道德情感实现教化的目的。儒家提倡国家治理以德为主、以法为辅的基本原则，即德主刑辅。先秦时期，法家最早提出法治的政治思想，主张以法治国，以法律为准绳处理国事。德治与法治都是国家治理的手段和方式，两者相互区别，又相互联系，在一定的社会

---

① 《邓小平文选》(第三卷)，人民出版社2001年版，第148页。

条件下能够相互转化。党的十六大报告提出要将依法治国与以德治国相结合的理念，这是因为两者具有同向性和同质性：第一，德治与法治具有共同的价值理念，道德是法的原则与理念形成的基础，正是合乎道德精神才让法律存在了合理性和合法性。第二，法律是从社会基本的道德要求中演化而来，不能脱离道德而存在。道德与法律之间不存在绝对的界限，可以说法律在一定程度上反映出人们的某些公共道德要求。第三，德治与法治相结合不仅能够充分发挥各自的效用，而且可以实现两者的互补关系。党的十九大报告强调，全面推进依法治国要贯彻并落实"依法治国和以德治国相结合"的基本原则。德治与法治相协同是马克思主义哲学丰富和发展的思想成果，也是马克思主义与我国社会实践相结合的具体表现。

然而，德治与法治之间也存在一定的差异：第一，两者形成方式不同。法治是由国家的立法机关按照既定的法制程序规定的，其内容界定了国家的制度形式、机构组成和公民的权利义务关系等。而德治并不具备相应权威的内容和程序。第二，两者的规范方式不同。法治是利用法律制度作为行为规范的尺度和标准，以此判断人的行为是否合乎法律的规范，并不依据人的内心动机。道德则是根据社会约定俗成的道德规范判断人的行为是否合乎道德，主要依靠人的自觉意识和公共舆论进行约束。第三，两者在国家治理体系中的地位和作用也不同。邓小平在解决党内的特权、权力过分集中、官僚主义问题时，积极采取法治的途径解决，发表《党和国家领导制度的改革》一文。在邓小平看来，"克服特权现象，要解决思想问题，也要解决制度问题"。[①]总之，德治和法治都是为了满足社会发展的现实需求，体现符合大多数人民群众的利益诉求和主观愿望，表明国家对人权的基本保障和尊重，共同致力于国家的稳固和发展。在我国社会主义现代化建设的过程中，需要在现有的法治基础上不断调节法律与道德之间的关系，把握好两者之间的合理张力。

二、德育为全面深化改革提供思想保证

邓小平的德育思想以马克思主义实践观为依托，在改革开放的过程中以德育实践为先，在不断试错的过程中总结德育实践的经验，提升对我国德育

[①]《邓小平文选》（第二卷），人民出版社1994年版，第332页。

事业的认识，并以新的认识指导德育实践，这也是一个从实践到认识、再到实践的循环往复的发展过程。因此，要使改革开放能够顺利地一以贯之，必须采取科学而正确的行为方针作为其运行的思想保证。

其一，解放思想，实事求是。"解放思想，就是使思想和实际相符合，使主观与客观相符合，就是实事求是"①。邓小平提出解放思想的思想路线就是要消除对"精神万能论""唯意志论""本本主义"的盲目崇拜，从而使得"实践论"代替"唯意志论"。而"实事求是"的意旨在于用"实践理性"代替"思辨理性"。在社会主义发展史上，苏联等社会主义国家的经验教训表明对人的主观能动性的评估过高，对国家所处的社会主义发展阶段判断失误，对社会主义的规律认识不清是社会主义建设过程中的通病。一言以蔽之，过去我国在社会主义建设中面对的曲折一方面是由于过分强调人的主观能动性，盲目突出人的主观意志；另一方面是由于超阶段地发展社会生产力，过度拔高社会主义的生产关系。因此，解放思想才能突破对僵化机制和固有观念的羁绊，摆脱纯理论层面上抽象争论的束缚，做到真正的实事求是，促进全面深化改革进程的稳定推进。

其二，不断试错，步子稳妥。改革开放是我国历史上一次伟大的尝试，在实施过程中难免遇到新的境遇、新的困难、新的问题，既没有现成的文本理论可以借鉴，也没有现成的模式能够照搬照抄，并且，充满了诸多的不确定性。因而，从一定意义上来说，改革开放是一个"不断试错"的过程，即"摸着石头过河"。对此，邓小平提出"胆子要大，步子要稳"的实践原则，对改革开放中的实践不断地加以稳妥地调试，及时总结实践经验，避免改革开放陷入盲目激进的发展境地。

其三，独立自主，勇于创新。经验可以参考，却不能照搬。邓小平强调："中国的事情要按照中国的情况来办"②，无论是过去的教训，还是当下的发展，抑或是对未来的筹谋，独立自主都是一个国家维护稳定和提升国力的立身之本。正是基于独立自主、勇于创新的理性思维，邓小平将"社会主义本质论""先富共富论""社会主义初级阶段论""一国两制论""社会主义市场经济

---

①《邓小平文选》(第二卷)，人民出版社 1994 年版，第 364 页。
②《邓小平文选》(第三卷)，人民出版社 2001 年版，第 3 页。

论"等发展成为马克思主义与我国特定历史境遇相结合的优秀成果，从根本上突破了社会主义道路选择和如何建设社会主义历程中盲目依附文本和他国经验的历史局限性，使我国的社会主义道路走向自主型，使改革开放的事业充满前所未有的开创性和前瞻性，也使我国成为世界上其他发展中国家效仿和借鉴的榜样。

三、德育与社会主义精神文明建设协调统一

马克思主义哲学既坚持世界的物质统一性，又承认意识的能动作用。社会主义物质文明和社会主义精神文明是社会全面发展的有机组成部分，德育作为精神文明建设的重要分支，决定社会主义精神文明的发展方向。这是因为，社会的物质生产总是会受到政治思想、文化思潮、道德观点的制约和影响，我国的现代化建设是社会主义性质的现代化建设，必须坚持社会主义的方向不动摇。这就需要社会主义精神文明为社会主义现代化建设提供智力支持和精神动力，其中，科学文化教育为社会主义精神文明提供智力支持，而德育则为社会主义精神文明提供精神动力。1986年9月28日，《中共中央关于社会主义精神文明建设指导方针的决议》中关于社会主义现代化建设的总体布局提出：以经济建设为中心，坚持进行经济体制改革，坚持进行政治体制改革，坚持加强精神文明建设，并使这几个方面互相促进，互相配合。并且，在《决议》中提出，我国的社会主义精神文明建设是推动社会主义现代化建设的精神文明建设，是促进全面改革和对外开放的精神文明建设，是坚持四项基本原则的精神文明建设。其中，思想政治工作是经济工作和其他一切工作的有力保证。这阐明了德育对社会主义精神文明建设具有重要的现实指导意义，我们的现代化是社会主义的现代化，我们的市场经济是社会主义的市场经济。坚持现代化建设的社会主义方向，就必须在思想政治上坚持四项基本原则。

第四节 "求知求做、德文合一"为判据的人文价值

邓小平的德育思想内蕴"求知求做、德文合一"为判据的人文价值，具体表现在德育与自由的关系、德育与人的解放的关系、德育与人的全面发展的

关系、德育与劳动的关系等。

一、德育与自由相结合

德育与自由相结合，首要回答德育过程中道德的底线和规则的问题。这就可能面临道德相对主义和道德绝对主义的风险。"绝对"是指必然的、确定的和无条件的，可以用来描述真命题和假命题，也可以用来表述道德与法律。"相对"是指可以有变化的，价值会随着地点、时间、情境等发生变化。在道德范畴中，相对主义提出，道德应属于个人，不应当质疑其他人的道德标准。道德相对主义的代表人物伯纳德·肖恩指出，不要试图用自身希冀别人对待自己的方式去要求别人，因为每个人的鉴赏力是不一样的。然而，道德绝对主义认为，道德原则应当是绝对的、正确的，"应当是什么"与"是什么"之间存在着必然的联系。然而，道德绝对主义面临的问题在于如果一个社会团体将某个道德规则看作绝对，另一社会团体将与这一道德规则相矛盾的规则视为绝对，如何处理两者之间的差异？道德相对主义面对的问题在于如果每个单独的个体都有自身的一套道德标准，人类的普遍伦理能否存在？它认为伦理原理并不具有真实性，是没有具体答案的。基于道德相对主义和绝对主义的各自缺陷，伦理学家们提出一条折中路线，即关于温和派的观点。道德相对主义和绝对主义论争提出的关键性问题在于如何使道德与道德体系相对稳定地带来安全感和秩序，并考虑到团体和个人的自由与个性。在温和派看来，矛盾的关键在于如何认知道德，道德成为经验型命题中的道德命题。社会上需要确立一套具备准绝对性质的道德原则，而准绝对则意味着通过具备说服力的论证，使每一个道德原则能够存在合理的例外，这也成为道德原则一个合理的自由限度。在马克思看来，国家中的个人自由只是对统治阶级范围内发展的个人是存在的，他们之所以能够获得自由，就是因为他们是这一阶级的个人。这也给"自由"的区间范围做出一个合理的"度"的科学阐释。绝对的自由是不科学的，也是不存在的，这是因为，其一，人始终无法成为"纯粹"的个人，每个人都是生活在具体历史条件和社会关系中的人；其二，由于人生活在一定的共同体中才得以全面发展，因而人也只有在共同体中才能获得自由。而德育的意义在于从伦理道德和政治思想方面对人的自由做出合理性的约束，独立其精神，塑造其灵魂，释放其个性，从而创造实现人的自由和全面发展的充分必要条件。邓小平在继承马克思主义"每个人自由的发展"的理论基础上，没有脱离生产力的水平抽象地谈论自由，而是在现有生产力发展水平的社会基础上，建构能够促进每个人自由发展的制度基础和道德原则。

二、德育与人的解放相结合

人的解放是指解放束缚人们自由发展的思想，并以制度的形式规定下来，从而确保人们在生产关系中的地位，自由而全面地发展。在邓小平的德育思想中，将德育与人的解放相结合主要在于回击和应对长期以来国内思想界存在的思想僵化问题。这是因为，思想僵化存在一些潜在的社会问题：其一，出于不愿承担责任或者无法承担责任的种种因素，思想上的僵化极易造成随风倒社会现象的增多；其二，思想上的僵化会使得各种各样的条条框框频出，束手束脚，限制人们想象力和创造性的发挥；其三，思想上的僵化还会造成本本主义，不能从客观事实出发来解决业已出现的问题。邓小平积极号召思想解放，围绕"什么是社会主义和怎样建设社会主义"的历史课题，倡导人们科学看待物质利益，树立"致富不是罪过"的思想观念，投身于社会主义现代化建设。与此同时，人们的生活理念、价值取向、行为方式、职业选择日益多元化，人们的创新能力、审美能力、沟通能力、实践能力、智力、体力、道德力都将获得更为全面的解放。

长期以来，人们在认识物质文明和精神文明相互关系的过程中，往往会把精神文明归结于为物质文明服务的工具和手段，将物质文明的进步看作是精神文明建设的归宿和终极目的，而忽视精神文明在人的解放与发展历程中的地位和作用。随着社会朝着更加科学化和全面化的发展方向迈进，人们对物质文明和精神文明的认识产生了一定的转变，物质文明与精神文明都是社会主义建设的有机组成部分，相辅相成，缺一不可。这也就说明人的全面发展与本质解放是物质文明和精神文明共同作用的结果。在社会主义初级阶段，人的自我解放是从被自然界的支配下解放出来的，使用现代化的科学技术改造自然，探索和挖掘自然界的内在潜力，推进物质文明建设的发展进程，建立与人的生存与发展相匹配的物质基础；人的自我解放是从陈旧的社会体制和社会制度的束缚中解放出来，通过符合社会客观规律的改革，创造有助于充分发挥人的创造性的体制、机制和制度；人的自我解放也是从阻碍社会进步的错误思想和剥削阶级的道德桎梏中解放出来,促进人的全面发展和本质实现。因此,人的解放是物质文明和精神文明协调运行、共同发展的结果。德育作为社会主义精神文明的有机组成部分,对人的解放具有精神引领的作用。改革开放以来,我国的德育现代化建设取得了突出的成效,主要表现在:一是人们的利益观发生显著的转变。摆脱我国传统观念上"君子喻于义,小人喻于利"、谈"利"色变的普遍现象,在经历改革开放和市场经济的洗礼之后,人们逐步确立一些更为健康的利益观,即富裕不是罪恶,贫穷不是光荣;凡是合理合法的收入,就可以大胆地拿来。二是人们的消费观发生明显的变化。在改革开放之前,人们的消费主要集中在衣、食、住、行等社会基本生活开支上,一般没有足够的经济能力或者并不愿意将收入投资在其他生活开销上。随着人们收入水平的不断提高和思想观念的转变,人们愿意将更多的收入消费在教育、体育、旅行、房产等方面。三是人们的就业观也发生深刻的转变。过去,人们往往追求稳定而有保障的就业方式,将进入国家机关和事业单位几乎作为就业的唯一途径。而现在,人们会把私营企业、民营企业、国有企业、外资企业等都看作是就业的途径,不会拘泥于是不是事业单位,稳定性和有保障不再是人们择业的首要标准,而是追求能够创造更多的财富积累和造福整个社会。四是人们的生育观念也发生显著的转变。人们不再受到中国传统农业社会"男尊女卑""养儿防老""多子多福"观念的影响,而是建立起相对科学而健康的生育理念,例如,"只生一个好""生儿生女都一样"等等。五是人们的时间观发生显著的变化。在社会主义建设初期,一部分人在思想上缺乏一定的守时观念,存在效率低下、办事拖沓的问题;在实施改革开放政策之后,竞争日趋激烈的社会环境下,人们已经基本树立"时间就是金钱"的时间观念,注重效率,办事守时。六是人们的行为方式和生活方式也发生了显著的变化。人们过去往往崇尚的是安逸、平静、恬淡的生活,在行为方式上追求四平八稳、慢条斯理、不出差错。而现在,人们更加追求有创造性、有挑战性、有成就感的工作和快节奏的生活方式。人们更加期待敢闯敢干、雷厉风行、办事公道、果敢决策。总之,得益于改革开放以来社会主义德育现代化建设的发展成果,在一定程度上实现了人们从思想观念、行为方式到生活方式上的进一步解放和发展。

三、德育与人的全面发展相结合

古往今来,"社会本位"的德育传统从产生伊始延续至今。"社会本位"主要表现为动态上的"动力本位"和静态上的"秩序本位"。在这样的德育过程中,人更大程度上成为工具性的存在,集"动力"和"秩序"的特性于一身,受教育者通过接受德育,以更好地从事社会要求的基本活动和维护社会公共秩序。正因为此,社会本位便具有了"任务本位"的具体表现,当人们在完成某些具体任务,需要较强的行为动力支撑时,创造性和主动性就成为第一位,秩序是为动力发挥保障作用的存在;而当社会表现出明显的动乱风险时,维护相应的社会秩序便成为第一位,动力则服务于秩序的维护。不可否认,"社会本位"的德育观对社会的稳定和发展是起到积极作用的,然而,它在重视人的工具价值的同时,也易造成对人的全面发展的忽视,使人的发展面对陷入误区的危险。马克思主义关于"人的全面发展"的理论内在地要求德育目的要回归到主体自身,完成从"社会本位"到"主体本位"的转变,这既是对传统德育目的观的反思,也是实现德育现代化、人的现代化和社会现代化的必然趋势。要克服私有制的旧式分工下人的发展的局限性,致力于实现人的全面发展,它将人的发展分为三大阶段,分别是"具有原始丰富性的人""异化的人""全面而自由发展的人",并且,提出人的发展阶段与社会生产力的发展水平具有相当大的关联性。1978年3月,邓小平在全国科学大会的开幕式上提出:"人是生产力中最活跃的因素"①。人的全面发展是实现社会全面发展的目的,社会的全面发展是实现人的全面发展的重要保障。马克思主义指出,人类生存的第一个历史前提是能够生活,而为了能够生活就需要首先从事第一个历史活动,即生产物质生活。社会的进步发展需要一个漫长的进化历程,当社会处于生产水平低下的情况时,人们勉强解决温饱问题,并不具备实现人的全面发展的历史条件。只有不断地解放和发展生产力,人的全面发展才可能具有现实的物质基础。因而,邓小平强调全社会要高度发展生产力,才能创造推动人的全面发展的客观条件。

在我国的德育历史上,毛泽东在继承马克思主义关于人的自由全面发展

---

①《邓小平文选》(第二卷),人民出版社1994年版,第88页。

的思想基础上，从当时社会主义建设的实践出发，提出要培养全面发展的社会主义新人的教育目标。毛泽东认为，领导干部要"又红又专"和"德才兼备"，学生要德智体全面发展。邓小平在继承马克思主义和毛泽东关于人的全面发展的基础上，从我国社会主义现代化建设的实践出发，结合我国的基本国情，提出"四有"新人这一发展目标。他的培养"四有"新人的思想与毛泽东关于培养德智体全面发展的社会主义劳动者的思想，在理论渊源上实质是一脉相承的，其理论依据是关于培养全面发展的人的理论学说。1978年4月，邓小平在全国教育工作会议上的讲话中强调，我国社会主义建设培养人才是有标准的，即毛泽东同志所说的，"使受教育者在德育、智育、体育几方面都得到发展，成为有社会主义觉悟的有文化的劳动者。"①实质上，德智体美是一个相互关联的有机整体，德育塑造灵魂，为智育、体育和美育提供思想保证和动力支持，制约其他方面的发展数量和质量；反之，智育、体育和美育的发展状况也会影响德育的发展实效。1999年6月，《关于深化教育改革全面推进素质教育的决定》中指出，全面推进素质教育，必须把德育、智育、体育、美育等有机统一在教育活动的各个环节，使各方面教育相互渗透、协调发展，促进学生全面发展。2001年，江泽民在《庆祝中国共产党成立八十周年大会上的讲话》中详细论述了实现人的全面发展的现实途径和辩证关系，并且强调社会主义发展的根本目标是实现人的全面发展。2003年，胡锦涛在全国宣传思想工作会议上强调，宣传思想工作应当着眼于实现人的全面发展和社会的全面进步。2018年9月，习近平在全国教育大会上强调要努力构建德智体美劳全面培养的国家教育体系，将立德树人贯穿于思想道德教育、文化知识教育和社会实践教育的环节。因此，人的全面发展要平衡德育与智育、体育、美育、劳动之间的相互关系，相互促进、相互补充、相互协调。

（一）关于德育与智育之间的关系

在我国的传统文化中，儒家教育思想提出教学内容应当包括"四教"，即文、行、忠、信。古希腊时期，柏拉图非常重视算术、天文、几何、音乐等学科在道德教育中的作用，算术、天文、几何和音乐被并称为"四艺"。柏拉

---

① 《邓小平文选》（第二卷），人民出版社1994年版，第103页。

图认为，孩子们到了17岁之后除了需要接受音乐教育之外，还需要学习初步的科学知识。一般情况下，青年到了20岁就基本可以完成学业，而少数发展较好的青年仍会继续学习高深的科学理论，即算术、天文、几何和音乐。他们学习科学知识并不是为了实用，而是为了锻炼人的思维能力，使其从感性世界转变到理性世界。提高人的思维能力有助于发展人的理性，以正确地认识事物，从而免受无理性的干扰，成为有理性的人，这就是古希腊时期以智育促德育的教育智慧。邓小平高度重视我国的科学文化教育，他认为无论是在什么样的政治制度和经济制度下，所有阶级和所有国家都可以学习使用科学技术，而且，发展智育与发展德育两者之间并不冲突。十一届三中全会之后，我国的社会主义建设重新协调德育与智育之间的相互关系，重视科学研究在现代化建设中的战略地位，使得当代的自然科学正在以前所未有的速度和规模应用于社会生产，科学技术正发展成为日益重要的社会生产力，使我国的社会物质生产领域焕然一新。在邓小平的倡议下，重建国家科学技术委员会和兴办学术期刊，强调学术问题要百家争鸣；全国重点大学要加大对科研的投入，成为科研事业的重要后备力量。1975年8月30日，胡乔木在邓小平的支持下，起草恢复中国科学院哲学和社会科学部的"国务院第142号令"，他在文件中提出成立一个独立的科学学院的计划，这就是后来的中国社会科学院。此项计划在1977年得到了落实执行，中国社会科学院终于从长达十年的停滞和混乱中解脱出来。在1977年到1978年间，邓小平已经意识到科学和教育对一个国家的意义所在，开始着手抓这方面的工作，"教育要狠狠地抓一下，一直抓它十年八年。我是要一直抓下去的。我的抓法是抓头头，抓方针。"①邓小平开始不断会见全国各地的领导干部，对于如何养成尊重人才、促进国家的新风气提出具体的意见和措施。邓小平在党的十二大报告中提出：思想建设决定精神文明建设的社会主义性质。邓小平不仅狠抓科学文化教育，而且强调德育在学校教育中的重要性，进一步阐释正确的政治方向与科学文化之间的辩证关系，提出学校的教育必须始终把坚持正确的政治方向放在第一位，思想政治教育和学习科学文化知识在本质上并不冲突，学生的政治觉

---

①《邓小平文选》（第二卷），人民出版社1994年版，第70页。

悟愈高，学习科学文化知识就会更加自觉。因而，德育与智育是相辅相成、交融共通的辩证统一关系。

(二)关于德育与体育之间的关系

自新中国成立以来，我国越来越重视德育在社会发展中的首要地位，这是因为德育问题是关系到培养什么样的人、如何培养人的基本问题，也是关系到党和国家的前途与命运的重大问题。新中国成立初期，针对青少年普遍不重视体育而导致片面发展的社会状况，毛泽东在《新青年》上发文提出德育、智育、体育应当互为基础、协调发展的思想；为此，毛泽东还提出关于"三好"青年的培育标准，即身体好、学习好、工作好的培养目标；他在《关于正确处理人民内部矛盾的问题》中强调："应该使受教育者在德育、智育、体育几方面都得到发展，成为有社会主义觉悟的有文化的劳动者。"①1978年4月，邓小平在全国教育工作会议上指出，培养人才的标准就在于"使受教育者在德育、智育、体育几方面都得到发展"②。这里，邓小平在强调德育重要性的同时，再次强调体育对人的全面发展的影响。在邓小平看来，德育与体育是相辅相成、相得益彰的辩证关系。德育实践已经证明，思想道德素质虽是一个人成长成才最重要的素质，但也离不开体育锻炼强健体魄和增强体质的功用，从而能够更好地服务社会和实现自我。妥善处理好德育与体育之间的辩证统一关系，不仅能够拓展德育的内涵和外延，而且可以为德育工作的发展提供更广阔的活动空间和发展平台。

(三)关于德育与美育之间的关系

儒家提出"六艺"，即礼、乐、射、御、书、数。孔子认为："志于道，据于德，依于仁，游于艺。"③儒家以为，知识固然重要，可是人并不能只依靠知识生活，还需要情感的满足。荀子认为音乐是道德教育的工具，这也成为一直以来儒家奉行的音乐观。柏拉图在吸收雅典经验的基础上，把教育分为体育和音乐教育，其中的音乐教育除了通常理解的音乐外，还包括诗歌、文学、阅读、写作和算术等。柏拉图认为悲剧和史诗等神话和传说能够给儿童

---

① 《毛泽东文集》(第7卷)，人民出版社1999年版，第226页。
② 《邓小平文选》(第二卷)，人民出版社1994年版，第103页。
③ 〔春秋〕孔丘：《论语·述而》，杨伯峻译，中华书局2008年版，第106页。

的内心留下深刻的印象，对儿童的性格产生较大的影响。合适的音乐教育能够陶冶人的心灵，中和人的性情，使人对美好的有秩序的事物产生一种有节制的和谐的爱，培养人具备理性和节制的品格。他构想的理想国中的儿童在入学年龄应当接受音乐教育，年满14岁就可以进入体操学校，接受三年的体育教育。这里的体育主要包括饮食、卫生的教育和体操教育。体操教育可以通过锻炼身体，培养勇敢、坚强、无畏等心理品质，使身体健康的人不至于因为体弱而影响心灵的健全发展。他认为，培养善德、修养心性和锻炼身体、陶冶情操是相互关联的。"用音乐照顾心灵，用体育照顾身体"①，促使人的身心形和谐一致地发展，为青少年的品格形成打下基础。

德育与美育相结合的道德教育理论，肯定了人类生活的最高境界是与审美存在必然联系的，德育与美育相结合的主要目的在于将德育的内容和形式进行审美化的改造，"德育就能够成为一幅美丽的画，一曲动听的歌的话，那么与这幅画、这首歌相遇的人，就会在欣赏中间自由地接纳这幅画、这首歌的内涵。"②道德教育是内化和唤醒的和谐统一，通过对道德规范的理解，调整人的伦理心理结构，进而达成人与环境之间的相互影响，实现道德结构的质变。审美活动是德育活动的一个中介，它的主体和对象具有达善性，即审美活动的直接结果应当是"人在审美活动中实现超功利的主体自由"，并且，审美活动要求主体的先决条件之一是"人对当前功利的拒绝"。③ 这就意味着，人在处于超功利的状态时才能称得上审美，达善性的前提之一是审美活动达到超功利性。

在德育过程中，对德育内容和德育活动的审美化改造，也是立美的过程。立美是人类创造活动真与善的平衡统一。美的规律要符合人类活动形式合规律性和合目的性的统一。这就是说，德育内容和德育活动的呈现要符合美的规律，即道德人格的智慧美和道德文明的智慧美。德育美学观的贡献在于道德教育可以走出一条中间路线，让艺术形式能够参与到其中，反对自由放任

---

① [古希腊]柏拉图：《理想国》，郭斌和、张竹明译，商务印书馆2017年版，第123页。
② 檀传宝：《美学是未来的教育学》，《中国德育》2014年第2期。
③ 檀传宝：《德育美学观》（增订版），教育科学出版社2006年版，第107页。

和理论灌输。一方面,德育美学观强烈反对自由放任。另一方面,德育美学观坚决反对理论灌输,认为理论灌输会违背道德发展的一般规律,侵犯教育者的个性、权利和尊严。因而,道德教育应当走出一条中间路线,这条路线包括文艺、绘画、诗歌等合适的艺术形式,借助审美精神改造德育过程,从而形成自由向善的气质。邓小平科学论证了文艺与政治的关系,提出要尊重文艺工作者的创作权利和文化发展的客观规律,赋予文艺创造更多的主动性和个性,同时,也强调文艺不能脱离政治。我国的文化事业要坚持"双百"方针和"二为"方针,丰富和繁荣社会主义文化,满足人民群众的精神文化需求。文艺创作要始终以社会效益为最高的准则,保持与人民群众的紧密联系,从人民群众的社会实践中汲取创作的灵感,同时用人民群众创造的历史哺育自身的文艺创作。

综上可知,德育与智育、体育、美育等存在相当紧密的关联性,一个人的全面发展不能孤立地发展德育,要看到德育与其他教育方面的辩证统一关系,充分地发挥德育的功用,实现人才培育的质的飞跃。党的十八届三中全会强调,"坚持立德树人,加强社会主义核心价值体系教育"①。在德育过程中,将立德树人作为根本任务,提升受教育者知识技能的同时,坚守以人为本的基本方针,提升思想道德、意志品质、情感因素等综合素质,培育德智体美劳全面发展的社会主义建设者和接班人,使德育与全面发展得以结合。当今的新时代是一个科技迅速崛起的知识经济时代,要想实现人的全面发展,从根本上要努力解放和发展社会生产力,遵循党的十八大绘制的全面建设小康社会的宏伟蓝图,推动文化、教育、科学、卫生事业的繁荣与振兴,更大程度地满足民生德育诉求,完善并构建与德育相适应的强大社会结构,形成德育发展的良性生态环境,促进德育的持续健康发展。当文化繁荣、教育先行、科技兴盛、医疗先进之时,人们的思想道德素质和科学文化素质能够得以相应提升,摆脱思维定势、封建迷信、资产阶级自由化、个人主义、拜金主义等思想观念的禁锢和束缚,建立与社会主义现代化建设相匹配的思想观念和良性健康的价值观,实现人们从思想观念到行为方式的转型,即人的解

---

① 中国共产党第十八届中央委员会第三次全体会议文件汇编:《中共中央关于全面深化改革若干重大问题的决定》,人民出版社 2013 年版,第 62 页。

放与全面发展。总之,德育的发展并不是抽象的,要处理好德育与经济、政治、社会、生态之间的辩证关系,与智育、体育、美育、劳动等协调发展,实现德育与人的全面发展的融合统一。

四、德育与劳动相结合

马克思提出劳动存在积极的一面,也存在消耗人的一面,只有消除异化劳动,延长人的娱乐休闲时间,才能实现人类解放和人的自由。这一点契合邓小平关于劳动的主张,他曾在接受美国记者迈克·华莱士的采访中明确表示自己每天工作"两个小时"。他认为只有在大力发展生产力的前提下,满足人们的生产、生活和休闲需要,增加工作以外可自由支配的娱乐时间,才能具备实现人的全面发展和人民群众幸福生活的现实基础。这是因为,生产力得到更充分的发展,劳动时间进一步缩短,能够创造出更多的休闲时间,才能逐步消灭阶级和冲突。邓小平对劳动与休闲的关系的思考并不止步于此,他还提出将劳动与休闲结合起来,认为应当允许人们根据兴趣爱好发挥个人积极性和劳动热情,进而实现劳动自由的追求。1995 年,全国范围内开始推行每周工作 5 天、休息 2 天的作息制度。1999 年 9 月 18 日,国务院颁布《全国年节及纪念日放假办法》,规定春节、五一、十一各休假 3 天,使每年的休息日高达 114 天;2007 年 12 月 7 日,国务院在国内大范围展开民意调查的基础上,将清明、中秋、端午等节日纳入国家法定休息日,同时强调休假制度要体现社会公平,带薪休假充分考虑民众的旅游需求,让全体公民共享发展的成果。

根据《休闲绿皮书:2017—2018 年中国休闲发展报告》(以下简称《休闲绿皮书》)表明,2017 年中国人每日的平均休闲时间不足欧美各国的一半。《休闲绿皮书》指出,根据国家统计局发起的关于"中国经济生活大调查",2017 年除去工作和睡觉的时间,每日的平均休闲时间为 2.27 小时,相比较 2014 年的 2.55 小时有所减少。而美国、英国、德国等发达国家的国民每日的平均休闲时间大约为 5 小时,是中国人休闲时间的 2 倍以上。而在我国大城市居民每日的休闲时间甚至更短,如北京、上海、广州居民每日的休闲时间分别为 2.25、2.14、2.04 小时。根据北京市对于休闲时间不充分的原因调查显示,居民有业群体的法定节假日制度、带薪休假制度、周休制度完全落实率分别占 59.2%、62.9%、79.2%，可以完全享受三类休假制度的群体只占 34.2%。其中，"工作太忙，没有时间休假"成为主要原因，比例占到 45.6%；"单位无带薪休假制度"的比例占到 20.0%；"竞争压力太大，担心失业"的比例占到 12.8%。[1] 如果劳动时间与休闲时间的问题长期得不到解决，人们的幸福感便会受到影响。在《休闲绿皮书：2018—2019 年中国休闲发展报告》中指出，休闲具有较强的国家战略性和社会文化性，既是能够满足人民美好生活需要的重要内容，也是经济新常态下实现高质量发展的必然需求。[2] 马克思反对庸俗经济学将劳动与休闲截然对立的主张，认为两者可以具备同一性，生产劳动可以给每个个体表现自身能力和全面发展的机会，这样的劳动不再成为奴役人的一种手段，反而成为解放人的手段，使其从负担变为快乐。习近平在纪念马克思诞辰 200 周年的大会上提出：社会需要"给所有的人提供健康而有益的工作，给所有的人提供充裕的物质生活和闲暇时间"[3]。随着未来社会的日趋进步，劳动应该逐步发展成为个体以本能的和喜爱的感受自身价值的方式而存在，由内心驱使行为，为内心的信仰提供坚实的客观基础，这也成为德育与劳动相结合的思想起点。

第五节 "薪火相传、形上诉求"为旨意的情感价值

在情感德育理论中，人的情感往往与道德相关，人类开始接收道德信息是一种情绪活动，道德价值的重要学习方式是情感体验，能够引发道德行为的关键因素在于情感，以情感作为核心的动机确信个人道德的良性发展。德育可以发展与道德相关的情感，培育情感性的道德人格。一方面，情感德育理论起初是源于对道德情感的反思，道德教育探索道德情感的生成和发展过程，需要剖析道德情感的不同维度和内涵。道德情感的形成经历了一个"脑神

---

[1] 中国社会科学院财经战略研究院、中国社会科学院旅游研究中心：《休闲绿皮书：2017~2018 年中国休闲发展报告》，《人民日报》2018 年 7 月 13 日。

[2] 中国社会科学院财经战略研究院、中国社会科学院旅游研究中心：《休闲绿皮书：2018~2019 年中国休闲发展报告》，《经济日报》2019 年 8 月 5 日。

[3] 习近平：《在纪念马克思诞辰 200 周年大会上的讲话》，人民出版社 2018 年版，第 20 页。

经活动—建构个性心理基质—实践社会道德生活"的发展过程，即从物质本体到心理导体，再到伦理实体对外部客体的认识与改造过程。在道德信息输入之后，个性心理基质会与道德信息相互作用，通过同化和顺应的具体过程将道德信息内化为一种价值准则。"脑神经的活动为道德情感的生成提供前提，个性心理机制的建构则使道德情感的生成成为可能，社会伦理关系则将道德情感现实化，"①由此道德情感从生理到心理、再到社会的三个层面就形成了，突出了道德情感的社会性和主体性。另一方面，从情感德育理论的角度看，德育的过程是一个情感教育的过程，是诉诸情感的过程，关注人的情绪状态和情感体验。情感教育关乎一个人的情感和情绪状态，需要引导和培育，关系到人的道德、智力、审美、精神等方面的情感品质。在道德教育的过程中，如何使人的情感机制、思维机制与生理机制达到最佳状态，如何使情感产生新质，需要认可西方关于道德理性的认识，培养情感教育的意识，把自然亲情与社会伦理和谐地融合在一起。我国的道德教育不仅具有意识形态性，还包含鲜明的思想性：追寻人生存在的意义。这种意义感在情感上往往表现在处理人与自然、人与自我、人与他人、人与社会之间的关系上。在社会关系和个人行为中，德育可以成为人们满足精神需求和表达内在情感的一种恰当途径。总之，情感德育理论关注人的情绪，注重人的自然本性，关注情感体验的道德学习方式，培育合乎规范的道德行为。

时代的往复变迁使德育面临新的挑战与危机，人们的价值世界充斥了难以权衡的矛盾和冲突。一些人陷入被海量信息包裹、受广告驱动、以消费为生活目的的文化迷茫和信仰缺失的状态中不能自拔，使得个人生活伦理被置于消费性之下；城镇化、市场经济体制和大规模的人口流动带来的贫富差距问题，使得有些人陷入心理失衡和内心善妒的不良情绪之中；学校德育在教育内容、教育理念、教育途径、教育方法上难以适应个体自我价值选择多元化的时代趋势，造成主体创造性发展的价值引导不足等现实问题。新时代，邓小平德育理论的基本内容对中国特色社会主义的德育实践仍具有现实意义和借鉴价值。在德育的教育目标上，邓小平提出要培育"四有"新人，关注德

---

① 侯慧：《美好人性的道德情感期待——读〈情感德育论〉》，《思想理论教育》2008年第6期。

育与理想的关系、德育与审美的关系、德育与劳动的关系、德育与认知的关系等，以实现人的解放和自由全面发展；在德育的教育过程中，邓小平认为要在重视知识传授的同时，注重爱国主义、集体主义和社会主义价值取向的构建；在德育的教育目的上，他重视道德知识的输入，培育道德行为的养成，注重个体的情感体验和生命感知。总之，邓小平的德育思想内蕴"薪火相传、形上诉求"为旨意的情感价值。

一、德育的爱国主义情怀

爱国主义是千百年来沉淀下来的对祖国的一种深厚情感，是中国人民的崇高美德和光荣传统，是中华民族赖以生存和发展的精神动力。它产生于辉煌灿烂的中华文明，根植于我国悠久的历史之中，具有强大的凝聚力和向心力，引领无数中华儿女历经磨难而不衰，久经挫折而不倒。古往今来，无数的英雄人物在爱国主义情怀的激励下，奋勇向前，慷慨奉献。

邓小平对国家和人民的挚爱情怀可以从他的朴实无华的言语中表露出来，从新民主主义革命时期到社会主义现代化建设时期，牢记为国家谋复兴、为民族谋发展、为人民谋幸福的历史责任，他强调："必须发扬爱国主义精神，提高民族自尊心和民族自信心。"[1]自尊心是中华民族得以生存和进步的内生力量，是中华民族的文化价值展现出来的民族尊严，也是中华民族屹立于民族之林的精神支柱。民族自信心是坚定的民族意志的有力体现，是战胜敌人和取得革命胜利的思想武器。有自信的民族才是有希望的民族，中国几千年的文明历史，从我们的祖先披荆斩棘，开垦神州亘古荒原，到建立华夏文明，直至一代代华夏子孙承续这种文明，几度更替兴衰，都未被分裂、被征服，正是源于中华民族强烈的民族自尊心和自信心，促使爱国主义情怀始终厚植于人们的内心深处。国以民为本，邓小平的爱国主义情怀还体现在他对实现人民幸福的不懈追求和对人民群众的深厚情感。邓小平将消除贫困、使全国人民能够过上美好生活作为自身矢志不渝的奋斗目标和不可推卸的历史重任。在改革开放之前，我国社会主义经济发展的速度相对缓慢，大多数人们的生活依旧处于贫困的状态，贫穷不仅放缓社会和人们的发展速度，也限制人们

---

[1]《邓小平文选》（第二卷），人民出版社1994年版，第369页。

生产和生活的创造性和主动性。邓小平认为，坚持社会主义首先要发展生产力，使社会主义脱离贫困，使人民群众的物质生活得到实实在在的改善。他针对人民生活的生存困境指出，不能墨守成规，而要抓住历史机遇谋求发展。爱国主义是中华民族源远流长的优良传统，是团结我国各族人民的精神支柱。爱国主义是一个动态的概念，在不同的时代被赋予不同的历史使命和深刻内涵。新时期以邓小平同志为主要代表的中国共产党人赋予了爱国主义新的思想内涵和鲜明的时代特征：首先，爱国主义与社会主义相结合，是邓小平爱国主义思想的主要特征。爱国主义与社会主义统一于建设有中国特色的社会主义实践过程中，爱国的实质是热爱社会主义。邓小平认为，将爱国主义与社会主义相对立的思想和行为都是错误的。其次，爱国主义与改革开放政策相结合，是邓小平爱国主义思想的经济动力。邓小平从民族利益和发展局势出发，提出实施改革开放的政策，开启一条实现民族崛起的复兴之路。十一届三中全会以来，我国在坚持四项基本原则的基础上实行改革开放的政策，将社会主义制度和市场经济的发展方式相结合，努力解放和发展社会生产力，抓好社会主义物质文明和精神文明，使各项事业相互促进、协调发展。最后，爱国主义与"一国两制"相结合，是邓小平爱国主义思想的具体体现。维护祖国的完整统一，反对国家分裂是中华民族自古以来的优良传统，也是爱国主义的基本内容。邓小平提出的"一国两制"是指在大陆实行社会主义制度，而在香港、澳门、台湾保持原有的资本主义制度和生活方式长期不变。这一构想是建设有中国特色的社会主义理论的新内容，把爱国主义原则的坚定性和政策策略的灵活性结合起来，扩宽了新时期爱国主义的新内涵，也体现出我国为实现祖国的和平统一而孜孜不倦的开创精神和博大胸怀。新时期爱国主义的主题是投身于社会主义现代化建设之中，为祖国建设贡献智慧和力量是作为中国人民的民族自尊心和自信心所在。他提出："以热爱祖国、贡献全部力量建设社会主义祖国为最大光荣，以损害社会主义祖国利益、尊严和荣誉为最大耻辱。"①邓小平在深入分析国内外形势的前提下，加快经济建设的发展步伐，亲自设计并规划我国社会主义现代化建设的总蓝图和"三步走"的发

---

① 《邓小平文选》（第三卷），人民出版社2001年版，第3页。

展战略,把国家富强、民族振兴、人民富裕作为新时期爱国主义的根本目标。

2015年12月30日,习近平在中共中央政治局第二十九次集体学习中强调,实现中华民族伟大复兴的中国梦是新时代爱国主义的鲜明主题。伟大的事业需要伟大的精神,应当大力弘扬爱国主义精神和以改革创新为核心的时代精神,为实现中国梦提供强大的精神动力和精神支柱。全球化的时代背景下,世界各国与各地区之间的联系愈益紧密,全方位地影响着人们的生产和生活方式。与之前传统的爱国主义内容相比,新时代的爱国主义更加注重开放性、包容性和理性,既是传统爱国主义的延续,又增添了新的时代内容。在当前的历史境遇中,无论是从社会条件、生存环境、发展条件等方面,与之前抑或是同时代的国家相比,我国都有着得天独厚的优势条件,时代为每个人的发展提供了施展才能的历史机遇。但是,世界上还存在不同意识形态和社会制度的对立,国际社会中多个利益集团和政治力量的利益冲突,特别是一些国家意图称霸世界、崇尚强权政治的斗争等各种现实因素,使得国家的独立与安全时常面临挑战。因此,历史机遇是人们建功立业的一个客观条件,要以爱国主义的责任感和使命感把握时代的脉搏,为实现自身的理想和抱负付出锲而不舍的追求,将个人的发展规划与国家的安危兴衰联系在一起,努力把国家建设成富强民主文明和谐美丽的社会主义现代化国家。

二、德育的集体主义观照

集体是一个社会主义的概念,是社会主义社会中最主要的组成部分,是建立在协调原则和共同目的基础上的联合体。从伦理学的意义上来看,集体是指具有共同利益的人们按照一定的社会关系构成的联合体,"自我不得不在社会共同体中和通过它的成员资格发现它的道德身份"[①]。社会中每一个个体都生活在一定的集体之中,这个集体与个体自身利益密切相关,而个体对集体有义不容辞的责任、义务和权利。集体主义是社会主义道德的价值导向,是处理人与集体、人与社会之间相互关系的基本原则,它以一种潜移默化的力量约束着人们的行为方式,并协调着我国社会主义现代化建设各个部门之间的关系。集体主义反映了无产阶级和劳动人民的根本利益,体现了个人利

[①] [美] A. 麦金太尔:《德性之后》,龚俊、戴扬毅等译,中国社会科学出版社1995年版,第279页。

益与集体利益之间的辩证关系。在马克思主义发展史上，斯大林第一次明确提出"集体主义"的概念。1934年，他在与英国作家谈话时讲道："个人利益和集体利益之间没有而且也不应当有不可调和的对立。"①只有在集体中，个人才能获得全面发展的条件。毛泽东在总结苏联建设社会主义的经验教训的基础上提出，集体主义的原则是兼顾好国家、集体以及个人的利益，协调个人利益与集体利益之间的关系。邓小平提出："必须把国家、集体和个人利益结合起来，才能调动积极性"②。他从思想上对集体主义的原则进行符合客观实际的调整，并且在改革开放的实践中认可和实现人民群众的个人利益的合理性。随着改革开放的深入推进，社会上出现了违背集体主义原则的极端做法，甚至将个人利益凌驾于国家利益和集体利益之上。对于新时期的社会主义建设，应当如何处理局部利益与整体利益、个人利益与集体利益、眼前利益与长远利益之间的关系，邓小平对此提出：在社会主义制度下，"个人利益要服从集体利益，局部利益要服从整体利益，暂时利益要服从长远利益"。③事实上，倡导社会主义的集体主义原则，并不否定个人利益、局部利益和眼前利益的合理性。这是因为，在社会主义制度下，个人利益和集体利益在根本上是一致的，局部利益和整体利益在根本上是一致的，眼前利益和长远利益在根本上是一致的。

个体与集体的伦理关系的实质，是受到社会尊重和无差别对待与其所属社会共同体之间的伦理关系，在内涵上包括三个方面，"即基于人格平等的尊重、普遍的契约责任和完善有效的法律机制"④。个体受到社会无差别对待的前提是其人格平等得到社会的充分尊重，而获得人格的平等需要履行合法的契约，而契约的普遍性则要求引入完善有效的法律约束。在处理国家利益、集体利益和个人利益三者的关系上，邓小平主张用"统筹兼顾"的原则协调各利益方的利害关系，倡导集体主义的原则，鼓励人们以正确的思想观念和道德理念投身于社会主义现代化建设之中。首先，邓小平从思想上和道德上肯

---

① 《斯大林选集》（下卷），人民出版社1979年版，第354—355页。
② 《邓小平文选》（第二卷），人民出版社1994年版，第351页。
③ 《邓小平文选》（第二卷），人民出版社1994年版，第175页。
④ 焦国成：《公民道德论》，人民出版社2004年版，第137页。

定了人民群众个人利益的合理性。当个人利益与国家和集体利益产生矛盾时，个人利益在服从国家和集体利益的同时，也应当尊重和肯定个人的正当利益，并且要尽可能地满足个人的正当利益。其次，邓小平科学论证了人们追求个人利益的正当性。在邓小平看来，追求个人正当的物质利益的终极目标是满足全体人民的物质利益和实现国家的进步发展，这也是他创造性地提出共同富裕理念的具体表现，即"先富"可以带动"后富"，最终实现全体人民的共同富裕。更为可贵的是，合理合法地追求个人利益能够有效地激发人们的生产和生活积极性，"多劳多得"和勤劳致富式的发展方式也赋予了人们平等劳动和公平竞争的市场意识和道德理念，人们获得了一种采取自主劳动改善生活和提升成就感与幸福感的权利，是社会主义集体主义精神实质和价值目标的充分体现。最后，集体主义原则从根本上是由我国公有制为主体的社会主义经济制度决定的。这是因为，我国的社会性质和社会生产规律共同决定了以公有制为主体的经济制度。公有制与私有制的本质区别在于大多数生产资料是劳动者共同占有还是集体或者个人的排他性占有。大多数生产资料掌握在广大劳动者手中就使得劳动者掌握了一定的主动权，在个人利益与集体利益或者国家利益发生冲突的时候，遵循集体主义的原则，统筹兼顾三者之间的相互关系。因此，集体主义原则并不意味着"平均主义"，事实证明，追求绝对的平等和公正，反而导致绝对的贫穷。只有尊重个人劳动，倡导"效率优先，兼顾公平"，才能做到集体主义关照下的平等和公正。并且，集体主义反对的是个人主义，而不是个人的正当利益。重视个人的正当利益，维护个人的自身尊严和价值，使社会成员的个性得到自由全面的发展是社会主义道德原则的重要内容。每个个体作为人的正当利益得到保障，作为人的主动性和积极性得到充分发挥，国家的前途和集体的事业才能得到蓬勃发展，才能使社会主义制度的优越性在我国的现代化建设中得以充分体现。

三、德育的社会主义聚焦

在改革开放的进程中，要走什么样的道路是方向问题。邓小平开创的改革之路是社会主义性质的改革，是对社会主义制度的自我革新与发展，目的是为更好地巩固和完善我国的社会主义制度。在改革的道路问题上，既不能走自我限制的回头路，也不能走否定四项基本原则的邪路。1982年9月1日，邓小平在《中国共产党第十二次全国代表大会开幕词》中提出"建设有中国特色的社会主义"的发展目标。新时代，习近平在中国共产党第十九次全国代表大会上强调："中国特色社会主义是改革开放以来党的全部理论和实践的主题"①。依据于此，我们的改革必须一以贯之地坚持社会主义的方向，矢志不移地走中国特色社会主义道路。在我国，社会主义与爱国主义在本质上具有一致性，这是因为，爱国主义并不是抽象的，它总是与一定的社会形态相联系。80年代初期，邓小平针对社会上出现的资产阶级自由化的言论，提出："有人说不爱社会主义不等于不爱国。难道祖国是抽象的吗？"②习近平在中共中央政治局第二十九次集体学习中指出，爱国要与爱党、爱社会主义相结合，爱国主义才是鲜活的。祖国的命运与党的命运以及社会主义的命运是紧密联系在一起的。社会主义制度是历史的选择，也是社会发展不可逆转的趋势。社会主义具有制度上的优越性，是祖国逐步走向富强繁荣的根本政治保证。社会主义的本质体现了为全体人民谋利益的社会理想，在价值取向上表现为高度的集体主义。实践证明，爱国主义为社会主义奠定了坚实的思想基础，社会主义为爱国主义指明了正确的发展方向。因此，发展社会主义事业要弘扬爱国主义的情怀，坚守集体主义的原则，推动社会的全面进步和实现人的自由全面发展。

当然，对德育的社会主义聚焦过程并不是一路坦途。关于对德育的社会主义方向的质疑、歪曲甚至否定的言论一直没有停止过。对此，邓小平认为，中国的改革可以分为两种，其一是在中国共产党领导下的坚持社会主义道路的改革，其二是一些资产阶级提倡的"私有化"和"自由化"的资本主义改革。我国的改革必须是以问题为导向，坚持中国共产党的领导和四项基本原则，是为国家谋复兴、为人民谋幸福的社会主义改革。要将具体化的政策和做法落实到改革过程中，不能触及四项基本原则的底线，保证德育的社会主义方向。党的十八大以来，以习近平同志为核心的党中央围绕新时代中国特色社会主义德育建设提出了一系列的新思想、新论断、新观念，弘扬和培育社会主义核心价值观，提出"德智体美，德育为先"，着重强调在全面深化改革的

---

① 本书编写组：《党的十九大报告辅导读本》，人民出版社2017年版，第16页。
② 《邓小平文选》（第二卷），人民出版社1994年版，第392页。

过程中坚守以人民为中心，抓好精准扶贫，致力于实现富强国家、振兴民族和幸福人民，发展社会的公平正义，努力诠释我国现代化建设的社会主义性质。总之，社会主义是德育的根本原则、基本立场和发展方向，在解决德育问题的过程中不能否定和偏离社会主义的航向，否则，就会出现颠覆性的历史错误。德育要秉持社会主义的原则，坚守社会主义的方向，高举科学社会主义的旗帜，将德育与完善社会主义制度相结合，实现中国特色社会主义的伟大复兴之路。

小　结

总而言之，改革开放新时期的德育范畴从学校教育扩展到社会教育，打破唯有教育者做德育工作的封闭体系，积极动员全社会的综合力量参与德育工作，形成独具特色的"大德育"思想体系。改革开放新时期的德育建设内蕴着"求用尚效、聚焦民心"的实用价值，"对话沟通、和而不同"的交往价值，"崇实尚行、与时俱进"的实践价值，"求知求做、德文合一"的人文价值，"薪火相传、形上诉求"的情感价值。新时代要全面落实党的德育目标，必须以社会主义为价值导向，以马克思主义为政治信仰，培育爱国主义情怀，用正确的思想、科学的理论、高尚的道德等作为德育的基本内容，引领和塑造人们的政治觉悟、思想理念和精神境界，将符合社会发展规律和时代未来趋势的进步思想转化为人们的思想意识，处理好德育与自由、德育与人的解放、德育与人的全面发展、德育与劳动之间的关系，增强人们敢闯敢干的创新精神、为民服务的社会责任感和追求美好生活的幸福感，培育信仰执着、品德优良、本领过硬、知识丰富的新时代高素质人才，致力于全面深化改革和中华民族伟大复兴事业的实现。

结　语

改革开放新时期的德育理论在继承和发展新中国成立以来德育理论的思想基础上，改变过去关于我国德育问题的一些教条式的理解和悖论，使国家和人民从"左"倾和右倾的泥潭中抽离出来，使我们对社会主义德育的观念和理解产生了重大的思想转换。曾经一段时期内的思想观念主张"天下大乱，达到天下大治"，社会主义被阐释为一种阶级斗争为纲、政治运动不息的运作机制。改革开放新时期以来，以秩序求前进、以稳定促发展才是社会主义得以生存和发展的前提。关于社会主义德育建设的探索对于我国革除错误思想观念、树立正确思想观念具备某种"范式转换"的历史意义，在深度、广度、准确度、完备度上都有了较大的提升。我国德育的发展过程历经一个由不成熟到逐步成熟的循序演进的过程，正如任何一种社会形态，都是一个从初级阶段过渡到高级阶段的逐步提升的历程。然而，从人类文明社会发展的历程来看，社会生产力的发展程度与社会的道德水平并不总是同步运行的。道德作为意识形态中的重要内容，一般体现为超前和落后的两种情况：超前是指在国家经济并不景气的时候，人们的道德素质反而较高的情况；落后是指道德有时不会随着繁荣的经济景象而即刻"繁荣"，甚至在特殊的历史时期，会随着经济的繁荣反而出现道德的沦丧和行为的失范。新的道德观念的出现还会造成传统道德遭受挑战和冲击。在社会转型期，社会上人们开始表现出心态不稳、迷惘、躁动，价值观发生重大转变，尤其是在"物质利益"得到认可的前提下，开始怀疑"不计报酬，无私奉献""为人民服务"等口号是否还有意义；病态的竞争意识不断蔓延；阶层固化产生的人与人之间的距离；某些失德行为被媒体放大引发的道德恐惧等。改革开放新时期的德育理论结合马克思主义的视野眼光和世界格局的变幻形势，聚焦我国处于社会主义初级阶段的基本国情,以现代化的思维和开放的意识,把握社会主义德育发展的基本规律,把马列主义、毛泽东思想关于德育的科学理论发展到一个全新的历史阶段,提高人们对社会主义德育的基本认识,丰富马克思主义的科学社会主义学说,为我国的社会主义德育现代化建设指明了政治方向和发展道路。更为可贵的是,改革开放新时期,将人作为社会进步的根本动因和终极目的,注重提升对人的主体性地位的肯定,把提高社会主体的综合素质作为实践目标,竭力实现物质文明与精神文明的辩证统一,体现合目的性与合规律性的辩证统一,完善人的全面发展与社会进步的辩证统一。

  一个国家要屹立于世界民族之林,不但需要强有力的物质文明做经济支柱,而且需要独具特色的精神文明做思想后盾。改革开放新时期的德育理论与实践,既要防止"左",又要警惕右,掌握好改革开放的"度",处理好中国文化、马克思主义以及西方文化之间的关系,才能保证现代化建设的社会主义方向。改革开放新时期的德育理论在批判地继承中外传统德育理论的基础上,突破陈规旧俗,赋予其符合时代诉求的发展理念和现代意识,促使时代精神与民族精神相融合,开启马克思主义中国化的新篇章。进入新时代以来,党和国家对德育建设做出了重要的决定和部署,德育发展又进入一个新的历史起点。以习近平同志为核心的党中央更是将思想政治工作与党的领导以及群众路线共同称为社会主义制度的三大政治优势。德育规范着我国各种各样的社会关系,推动了历史的不断前行。在新的历史条件下,社会生活纷繁复杂、变幻不定,东西方文化激烈碰撞,社会关系丰富多元,我们要贯彻习近平新时代中国特色社会主义思想,培育爱国主义情怀,坚守集体主义的道德原则,平衡个人与国家、集体之间的关系,自觉地把为中国特色社会主义现代化建设事业而奋斗作为人生理想,为实现"中国梦"砥砺前行。

参考文献

一、领袖著作与文献：

1.《马克思恩格斯选集》第1—4卷，人民出版社2012年版。

2.《列宁全集》第13卷，人民出版社2017年版。

3.《列宁全集》第39卷，人民出版社2017年版。

4.《斯大林文集》，人民出版社1985年版。

5.《毛泽东选集》，人民出版社1991年版。

6.《毛泽东文集》第1—2卷，人民出版社1993年版。

7.《毛泽东文集》第7—8卷，人民出版社1999年版。

8.《邓小平文选》第一卷，人民出版社1994年版。

9.《邓小平文选》第二卷，人民出版社1994年版。

10.《邓小平文选》第三卷，人民出版社2001年版。

11.《江泽民文选》，人民出版社2006年版。

12.《胡锦涛文选》，人民出版社2016年版。

13.《习近平谈治国理政》，外文出版社2014年版。

14.《习近平谈治国理政》第二卷，外文出版社2017年版。

15.《习近平谈治国理政》第三卷，外文出版社2020年版。

16. 中共中央文献研究室：《邓小平年谱》(1975—1997) 上、下卷，中央文献出版社2004年版。

17. 中共中央文献研究室：《三中全会以来重要文献选编》上、中、下卷，中央文献出版社2011年版。

18. 中共中央文献研究室：《十二大以来重要文献选编》上、中、下卷，中央文献出版社2011年版。

19. 中共中央文献研究室：《十三大以来重要文献选编》上、中、下卷，中央文献出版社 2011 年版。

20. 中共中央文献研究室：《十四大以来重要文献选编》上、中、下卷，中央文献出版社 2011 年版。

21. 中共中央文献研究室：《十五大以来重要文献选编》上、中、下卷，中央文献出版社 2011 年版。

22. 中共中央文献研究室：《十六大以来重要文献选编》上卷，中央文献出版社 2005 年版。

23. 中共中央文献研究室：《十六大以来重要文献选编》中卷，中央文献出版社 2006 年版。

24. 中共中央文献研究室：《十六大以来重要文献选编》下卷，中央文献出版社 2008 年版。

25. 中共中央文献研究室：《十七大以来重要文献选编》上卷，中央文献出版社 2009 年版。

26. 中共中央文献研究室：《十七大以来重要文献选编》中卷，中央文献出版社 2011 年版。

27. 中共中央文献研究室：《十七大以来重要文献选编》下卷，中央文献出版社 2013 年版。

28. 中共中央文献研究室：《十八大以来重要文献选编》上卷，中央文献出版社 2014 年版。

29. 中共中央文献研究室：《十八大以来重要文献选编》中卷，中央文献出版社 2016 年版。

30. 中共中央文献研究室：《十八大以来重要文献选编》下卷，中央文献出版社 2018 年版。

31. 中共中央文献研究室：《十九大以来重要文献选编》上卷，中央文献出版社 2019 年版。

32. 中共中央文献研究室：《建国以来重要文献选编》1—20 册，中央文献出版社 2011 年版。

33. 本书编写组：《中共中央关于全面深化改革若干重大问题的决定》，

人民出版社 2013 年版。

二、学者论著：

1. 冯刚主编：《改革开放以来高校思想政治教育发展史》，人民出版社 2018 年版。

2. 陈继安：《邓小平谈革命人生》，红旗出版社 2018 年版。

3. 程中原、夏杏珍：《1975 邓小平主持整顿》，人民出版社 2017 年版。

4. 杨耕等：《马克思主义哲学基础理论研究》，北京师范大学出版社 2017 年版。

5. 陈先达：《走向历史的深处》，中国人民大学出版社 2016 年版。

6. 李君如：《邓小平治国论》，人民出版社 2016 年版。

7. 陈万柏、张耀灿：《思想政治教育学原理》，高等教育出版社 2015 年版。

8. 李崇富等：《邓小平理论的马克思主义解读》，中国社会科学出版社 2015 年版。

9. 檀传宝、王啸主编：《中外德育思想流派》，人民教育出版社 2015 年版。

10. 石仲泉：《我观邓小平》，上海人民出版社 2014 年版。

11. 邓榕：《我的父亲邓小平（战争年代）》，三联书店 2013 年版。

12. 顾海良：《马克思主义发展史》，中国人民大学出版社 2009 年版。

13. 李康平：《当代中国马克思主义德育思想研究》，社会科学文献出版社 2009 年版。

14. 李康平：《当代中国马克思主义德育思想研究——改革开放 30 年党的德育理论发展研究》，社会科学文献出版社 2009 年版。

15. 刘建军主编：《中国共产党思想政治教育的理论与实践》，中国人民大学出版社 2008 年版。

16. 石云霞：《新中国成立以来中国共产党思想理论教育历史研究》，中国社会科学出版社 2007 年版。

17. 李康平：《德育发展论》，中国社会科学出版社 2004 年版。

18. 苏台仁主编：《邓小平生平全纪录》，中央文献出版社 2004 年版。

19. 许门友：《科学社会主义理论与实践》，西北大学出版社 2003 年版。

20. 马启民：《国外邓小平理论研究评析》，高等教育出版社 2002 年版。

21. 宋景堂：《邓小平哲学思想新论》，中国社会科学出版社 2002 年版。

22. 聂锦芳、刘秀萍：《超越"后发展"困境：现代化理论图景中的邓小平发展观》，北京大学出版社 2002 年版。

23. 郭德宏：《中国马克思主义发展史》，中共中央党校出版社 2001 年版。

24. 庄福龄主编：《简明马克思主义史》，人民出版社 2001 年版。

25. 李康平、张吉雄：《邓小平德育思想研究》，中国社会科学出版社 2001 年版。

26. 朱小玲、吴军红：《邓小平社会主义精神文明建设理论研究》，中央文献出版社 2000 年版。

27. 许门友、薛新娅主编：《邓小平理论与实践》，西北大学出版社 2000 年版。

28. 武市红、高屹主编：《邓小平与共和国重大历史事件》，人民出版社 2000 年版。

29. 余世诚：《邓小平与毛泽东》，中共中央党校出版社 1995 年版。

30. 宗峻：《总设计师》，中共中央党校出版社 1993 年版。

31. 中共中央政策研究室党建组：《毛泽东邓小平论中国国情》，中共中央党校出版社 1992 年版。

32. [美]傅高义：《邓小平时代》，冯克利译，生活·读书·新知三联书店 2013 年版。

33. [德]康德：《道德形而上学》，张荣、李秋零译，中国人民大学出版社 2013 年版。

34. [英]理查德·伊文思：《邓小平传》，武市红等译，上海人民出版社 1996 年版。

35. [美]A. 麦金太尔：《德性之后》，龚俊、戴扬毅等译，中国社会科学出版社 1995 年版。

36. [美]莫里斯·迈斯纳：《毛泽东与马克思主义、乌托邦主义》，中央文献出版社 1991 年版。

37. [古希腊]亚里士多德：《尼各马科伦理学》，苗力田译，中国社会科学出版社 1990 年版。

三、期刊论文：

1. 齐卫平：《邓小平与马克思主义中国化的"第二次结合"》，《当代世界与社会主义》2022 年第 1 期。

2. 刘水静：《接续奋进建成文化强国——改革开放决策前后邓小平布局文化发展的历史经验与深刻启示》，《湖北社会科学》2021 年第 10 期。

3. 韩晓青：《重温邓小平对起草第二个历史决议的指导——基于树立正确党史观的视角》，《党的文献》2021 年第 4 期。

4. 杨胜群：《邓小平对中国特色社会主义理论与实践的开创性贡献》，《党的文献》2021 年第 4 期。

5. 张瑜，蒋婷婷：《邓小平塑造社会主义新人思想及其当代启示》，《社会主义核心价值观研究》2021 年第 1 期。

6. 石仲泉：《邓小平与新中国七十年》，《中共党史研究》2020 年第 2 期。

7. 桑东华：《邓小平的和平思想及其时代意义》，《马克思主义与现实》2020 年第 3 期。

8. 杨德广：《习近平总书记关于教育的重要论述对毛泽东和邓小平教育思想的传承和发展》，《重庆高教研究》2020 年第 5 期。

9. 李晓璐：《邓小平解放思想的两层含义及其逻辑关系》，《晋阳学刊》2020 年第 5 期。

10. 蒋永清：《邓小平小康社会理论：产生过程、主要内容及深远影响》，《邓小平研究》2020 年第 4 期。

11. 宋周尧：《邓小平的战略思维方法：构成基础、主要内涵和现实意义》，《邓小平研究》2020 年第 3 期。

12. 张慧、杨建军：《邓小平民族理论基本构架与德育启示》，《中学政治教学参考》2020 年第 18 期。

13. 秦益成：《不忘初心、牢记使命与党的基本路线——从毛泽东、邓小平与四项基本原则的确立说起》，《中国延安干部学院学报》2020 年第 2 期。

14. 侯远长、常希梅：《改革开放：中国共产党的一次伟大觉醒》，《学习论坛》2020年第1期。

15. 胡伟：《国家治理体系和治理能力现代化的纲领性文献——纪念邓小平〈党和国家领导制度的改革〉发表40周年》，《理论月刊》2020年第7期。

16. 李宁、杨丽：《邓小平人民观的内在逻辑及历史影响》，《学习论坛》2020年第1期。

17. 曲培栋：《邓小平改革思想与习近平全面深化改革思想的一脉相承性探析》，《中学政治教学参考》2020年第6期。

18. 文大山：《邓小平在1975年全面整顿中的理论探索》，《邓小平研究》2020年第3期。

19. 樊超、王珂：《"间接消耗战略"：20世纪80年代中国对苏联安全战略再考察》，《国际政治研究》2020年第1期。

20. 赵士刚：《邓小平、陈云和中国改革开放道路的伟大开创》，《党的文献》2020第1期。

21. 张文杰、许门友：《当代青年的自我认同与价值引领》，《人民论坛》2020年第21期。

22. 李捷：《总结过去、开辟未来的经典之作——重温〈关于建国以来党的若干历史问题的决议〉》，《湘潭大学学报(哲学社会科学版)》2020年第1期。

23. 杨胜群、孔昕：《邓小平对中国社会主义改革开放和现代化建设的若干基本设计》，《当代中国史研究》2019年第1期。

24. 张红、田天亮：《邓小平时代观的形成及其当下价值》，《思想理论教育》2019第3期。

25. 李正华：《陈云的核心意识与邓小平理论的形成》，《毛泽东邓小平理论研究》2019年第5期。

26. 张文杰：《马克思恩格斯平等公正思想及其当代价值》，《人民论坛》2019第14期。

27. 魏强、张学维：《论邓小平的群众意见观》，《思想理论教育导刊》2019年第6期。

28. 李捷：《邓小平理论面对的时代性课题》，《毛泽东思想研究》2019年第3期。

29. 马福运：《论邓小平思想政治工作理论的精髓》，《思想理论教育导刊》2019年第12期。

30. 姜义军：《比较视域中的毛泽东邓小平哲学思想》，《湖南社会科学》2019年第4期。

31. 朱益飞：《邓小平的中央权威观及其对新时代的启示》，《马克思主义研究》2019年第1期。

32. 杨胜群、孔昕：《邓小平作为改革开放和现代化建设"总设计师"的历史地位和历史贡献》，《邓小平研究》2019年第2期。

33. 李辽宁：《新中国70年我国社会主义意识形态建设的基本经验》，《社会主义研究》2019年第6期。

34. 王常柱：《论习近平新时代中国特色社会主义思想的价值诉求——中国特色社会主义理论体系价值诉求的传承与发展视角》，《科学社会主义》2019年第6期。

35. 赵鸣歧、郑国玉：《中国特色社会主义是实用主义吗？——国外学者对中国特色社会主义的"实用主义"误读述评》，《毛泽东邓小平理论研究》2019年第12期。

36. 杨胜群、孔昕：《邓小平对我国社会主义改革开放和现代化建设的若干基本设计及其深远意义》，《党的文献》2018年第6期。

37. 严世雄、喻芒清、胡雪黎：《邓小平理论对新时代中国特色社会主义建设的当下价值》，《学校党建与思想教育》2018年第24期。

38. 李卓、胡椿：《邓小平德育思想研究综述》，《大理大学学报》2016年第3期。

39. 王亚娟：《从邓小平的义利观看德育的有效途径》，《毛泽东思想研究》2011年第5期。

40. 杨天一：《论邓小平的德育理论》，《科学社会主义》2009年第1期。

41. 李彩虹、张立显：《论邓小平德育思想对新时期高校德育实践的意义》，《广西大学学报（哲学社会科学版）》2009年第S1期。

42. 邱永琼、易连云：《邓小平对学校德育理论的创新探索》，《探索》2009 年第 2 期。

43. 李建森：《论解放思想的实践反思意识》，《理论导刊》2009 年第 1 期。

44. 刘建业：《邓小平德育思想及对学校德育工作的启示》，《黑龙江史志》2008 年第 10 期。

45. 张传辉、姚远：《邓小平德育思想对高校实施素质教育的发展》，《思想政治教育研究》2008 年第 5 期。

46. 姜正国、郑小鸣：《邓小平系统思维与科学发展观》，《求索》2008 年第 12 期。

47. 宋振东：《中国特色社会主义理论体系的形成和历史地位》，《云南社会科学》2008 年第 S1 期。

48. 赵艳霞：《邓小平德育思想的当代价值》，《思想政治教育研究》2007 年第 6 期。

49. 阎志民：《坚持和发展中国特色社会主义理论体系》，《科学社会主义》2007 年第 6 期。

50. 王守猛、唐钰成：《邓小平德育思想研究》，《文史博览（理论）》2007 年第 8 期。

51. 郭平：《邓小平学校德育思想的主要特征》，《毛泽东思想研究》2007 年第 4 期。

52. 李文秋：《邓小平、江泽民德育思想理论比较研究》，《黑龙江社会科学》2007 年第 2 期。

53. 李景国：《邓小平的思维特征对高校德育工作的指导作用》，《教育探索》2007 年第 6 期。

54. 邓朴、冯文全：《邓小平德育思想对当前我国学校德育改革的启示》，《毛泽东思想研究》2007 年第 1 期。

55. 张宝林：《邓小平德育思想的两个视角：爱国主义与国际主义》，《毛泽东思想研究》2005 年第 6 期。

56. 蔡立彬：《以邓小平德育理论为指导 探索实践育人的德育模式》，《青年探索》2005 年第 4 期。

57. 许门友、李宏、张珊红：《论邓小平社会主义本质论的新发展》，《西北大学学报(哲学社会科学版)》2004年第5期。

58. 李万鹏、李建森：《邓小平社会发展评价论探析》，《理论导刊》2004年第7期。

59. 杨平：《浅析邓小平德育思想》，《兰州学刊》2004年第6期。

60. 何丽萍：《论邓小平新时期青少年德育思想》，《毛泽东思想研究》2004年第6期。

61. 刘维鸿：《浅谈邓小平德育理论对大学生德育工作的指导意义》，《毛泽东思想研究》2004年第6期。

62. 张建平、张祝平：《全面理解邓小平德育思想 整体把握思想政治教育构成》，《教育与职业》2004年第28期。

63. 李亚宁：《邓小平主体性德育思想研究》，《教育探索》2004年第10期。

64. 李康平：《邓小平德育思想：指导德育创新的科学理论》，《教育研究》2004年第9期。

65. 邱伟光：《邓小平德育观的理论贡献和实践意义》，《思想·理论·教育》2004年第9期。

66. 徐承英：《邓小平的德育思想与高校人才培养》，《黑龙江高教研究》2004年第8期。

67. 李康平、朱樱琼：《论德育发展研究的内、外部关系及范畴》，《思想理论教育导刊》2004年第8期。

68. 刘涛雄：《用邓小平教育思想指导高校德育实践》，《清华大学学报(哲学社会科学版)》2004年第3期。

69. 周晓波：《邓小平德育思想初探》，《教育探索》2004年第5期。

70. 费江皓、王建：《邓小平德育思想的理论贡献》，《安徽理工大学学报(社会科学版)》2003年第1期。

71. 顾海良、沈壮海：《党的十一届三中全会以来邓小平教育理论研究的回顾与思考》，《国家教育行政学院学报》2003年第2期。

72. 向德平：《社会发展评价尺度：从马克思到邓小平》，《学术论坛》

2002年第2期。

73. 苏寄宛：《邓小平德育思想探究》，《首都师范大学学报（社会科学版）》2002年第S3期。

74. 陈荣、沈昕：《论邓小平德育思想的理论建构》，《安徽农业大学学报（社会科学版）》2002年第6期。

75. 程显新：《运用邓小平教育理论强化学校德育功能》，《教育探索》2002年第9期。

76. 安卫星、王彦平、赵荣霞、张宁：《江泽民德育思想研究》，《教育探索》2002年第8期。

77. 张存库：《邓小平的德育思想与高校德育》，《教育探索》2001年第1期。

78. 戴艳军、孙卓华、黄秀珍：《邓小平德育思想的时代特征》，《大连理工大学学报（社会科学版）》2001年第1期。

79. 楼巍、张恒龙：《学习运用邓小平理论方法论——提高德育教育的有效性》，《上海大学学报（社会科学版）》2001年第1期。

80. 李康平：《论邓小平德育理论的特征》，《江西师范大学学报》2001年第2期。

81. 张典兵：《试论邓小平的德育思想》，《教育探索》2001年第10期。

82. 解兆平：《邓小平德育思想的哲学观》，《政法论丛》2001年第3期。

83. 王增国、夏士雄、管红杰、易汝玲：《邓小平德育思想体系结构初探》，《中国矿业大学学报（社会科学版）》2001年第3期。

84. 李伟明：《邓小平同志德育观初探》，《北京青年政治学院学报》2001年第3期。

85. 杨桦、李康平：《论邓小平德育理论的科学体系》，《求实》2001年第9期。

86. 王萍、牛宏：《以德治国与邓小平的德育思想》，《理论学习》2001年第8期。

87. 陈兴华：《邓小平德育思想初探》，《东北大学学报（社会科学版）》2000年第2期。

⋯⋯理论"三进"与高校德育工作》,《江西社会科学》

⋯⋯小平关于德育地位的战略思考》,《毛泽东思想研究》

⋯⋯泽勤:《邓小平德育思想的立论基础》,《广东社会科学》2000 年第⋯⋯

91. 梁柱:《试论邓小平德育思想的若干特色》,《中国特色社会主义研究》2000 年第 3 期。

92. 袁世俊:《试述邓小平的德育思想》,《江西社会科学》2000 年第 5 期。

93. 梁柱:《试论邓小平德育思想的若干特色》,《北京大学学报(哲学社会科学版)》2000 年第 3 期。

94. 周宏岩:《浅谈邓小平理论进入德育课堂》,《中国高教研究》2000 年第 4 期。

95. 闵春发:《三个面向:21 世纪高校德育创新之路——学习邓小平教育理论的一点体会》,《南京大学学报(哲学·人文科学·社会科学版)》2000 年第 2 期。

96. 陈泽勤:《邓小平德育思想的立论基础》,《现代哲学》2000 年第 4 期。

四、学位论文:

1. 侯洁:《找寻有效依据和基本支点——多样化时期中国道德教育理论构建的研究》,东北师范大学 2019 年。

2. 李政敏:《邓小平马克思主义理论教育思想研究》,陕西师范大学 2011 年。

3. 董蕾:《邓小平德育思想发展研究》,吉林大学 2010 年。

4. 杨炎轩:《中国当代德育理论发展研究》,华中师范大学 2006 年。